ÉCLECTISME

ou

PREMIERS PRINCIPES

DE

PHILOSOPHIE GÉNÉRALE.

Les exemplaires voulus par la loi ont été déposés. — Tout contrefacteur sera poursuivi.

PRINCIPES
DE LOGIQUE,

SUIVIS

DE L'HISTOIRE ET DE LA BIBLIOGRAPHIE

DE CETTE SCIENCE;

PAR LE BARON DE REIFFENBERG.

Recte sapere est et principium et fons. [HORAT.]

BRUXELLES,
LOUIS HAUMAN ET COMP^e, ÉDITEURS.

1833.

A

l'Académie Royale

DES SCIENCES ET BELLES-LETTRES.

Voici le plus humble de tous les livres. Ce n'est guère qu'un recueil de notes prises par un écolier aux leçons de son professeur et revues par lui. Tel est le secret de sa rédaction. En vérité, c'est bien peu de chose.

Mais il n'y a pas que les choses éclatantes qui soient utiles. Nous avons vu assez de supériorités, assez de sublimités qui ne menaient à rien. Ce travail, si modeste qu'il soit, portera peut-être fruit.

Destiné principalement à la jeunesse, il respire un peu le goût des études classiques sans lesquelles toute instruction croule par sa base.

Je n'ignore pas que ces études et, en général, tout ce qui n'offre point de résultat immédiatement pratique, appréciable par sous et par livres, a peu d'attraits pour la jeunesse, dans la disposition actuelle des esprits. Toutefois il ne faut pas se décourager, et, si cette disposition est mauvaise, il est urgent de la combattre, sinon de front, au moins d'une manière oblique et détournée.

Le siècle où nous vivons se flatte d'être par excellence l'ère de la liberté, et je souhaite de tout mon cœur qu'il ne se trompe ni dans ses prétentions, ni dans ses calculs. Raison de plus pour ne pas dédaigner la philosophie, qui seule est capable de fonder, de conserver la vraie liberté, et qui lui ouvrirait encore un asile dans les profondeurs de l'âme humaine, lors même qu'elle serait exilée du monde extérieur.

Je ne dirai ici qu'un mot en faveur de la Logique, sa défense devant se trouver à chaque ligne de ce Manuel : c'est qu'agir en honnête homme, ce n'est guère que raisonner juste.

Un mot aussi pour mon apologie. A une époque où la société se dissout pour se reconstituer, chacun est plus occupé d'ambition et de fortune que de recherches spéculatives. Sans aucun doute, de hautes intelligences me jugeront bien dupe de m'amuser à assembler des pages qui passeront justement inaperçues, tandis que chacun se rue sur les honneurs et la finance. Je mérite en effet leurs railleries; mais cultivant les lettres avec amour, ne leur ayant jamais demandé que le perfectionnement intellectuel et moral des autres et de moi-même, j'aurai, je ne m'en cache pas, l'orgueil de m'applaudir de ma simplicité.

Louvain, le 30 janvier 1831.

Eclectisme

ou

PREMIERS PRINCIPES

DE

PHILOSOPHIE GÉNÉRALE.

LOGIQUE.

§ I.

Qu'est-ce que la Logique ?

1. La logique [1] considère les facultés de l'âme dans leurs moyens (*Psych.* 2). Elle est la science des lois (*Psych.* 29) auxquelles nous soumettons notre raison dans la recherche de la vérité, tant pour nous instruire nous-mêmes que pour éclairer les autres. Il y a aussi la logique du mensonge et de la ruse, mais c'est la détourner de sa destination, c'est la profaner que de la plier à cet usage, c'est la faire dégénérer en rhétorique. La logique est la science du raisonnement.

---

[1] Logique vient du mot grec λόγος qui signifie également *discours*, *parole*, *rapport*, *calcul*. Hobbes a intitulé son traité de logique *computatio*, *calcul*. Ce traité a été traduit en français par M. Destutt-Tracy. Voy. aussi l'édition latine de Hobbes, Ams. jo. Blaeu, 1668, in-4º, t. 1

2. Tout raisonnement est une perception de rapport entre deux jugemens (148).

Tout jugement est une perception de rapport entre deux idées (42).

3. De là la division habituelle de la logique : 1º l'idée; 2º le jugement; 3º le raisonnement auquel on joint 4º la méthode; division qui, pour être vulgaire, n'en est pas cependant plus mauvaise.

PREMIÈRE PARTIE.

L'IDÉE.

§ II.

Des idées et de leur classification.

4. L'idée est ce que chacun sait : *Si non rogas, intelligo* [1]. Les détails qui suivent nous conduiront néanmoins à des notions plus précises (62).

5. Il y a des idées *simples, composées, absolues, relatives, abstraites, générales, collectives,* de *choses,* de *mots,* etc.

---

[1] DESCARTES : L'idée est la forme de chacune de nos pensées, par la perception immédiate de laquelle nous avons connaissance de ces mêmes pensées. — LOCKE : Ce qu'on nomme idée est l'objet de la pensée. — CONDILLAC : Une idée est une sensation transformée. — LA ROMIGUIÈRE : L'idée est un sentiment distinct. — DESTUTT-TRACY : L'idée est une vue, une perception, enfin une connaissance quelconque. — BUFFON : Les idées sont des sensations comparées (60). — BONNET : L'idée est toute manière d'être de l'âme, dont elle a la conscience et le sentiment. — Les idées de PLATON, ἰδέαι, sont les types éternels ou modèles des choses παραδείγματα, et les principes ἀρχαί de notre connaissance, auxquels nous rapportons, par la pensée, l'infinie variété des objets individuels, τὸ ἄπειρον, τὰ πολλα. — KANT a réservé le nom d'idées aux catégories de l'entendement, revêtues par la raison, du caractère de *l'absolu* (137). Beaucoup de philosophes allemands définissent l'idée, la conscience du rapport d'une représentation à son objet, ce qui semble n'admettre que des *idées-images,* quoique rien ne soit plus contraire à la doctrine de ces philosophes.

6. L'idée *simple* est celle qui est parvenue au plus haut degré de décomposition ou qui n'est pas susceptible d'être décomposée : telle est celle du *sentiment* (*Psych.* 43). Y a-t-il beaucoup d'idées véritablement simples? Il n'est pas absurde d'en douter. Pendant des siècles on a cru à l'existence des élémens dans l'ordre physique. Ces élémens étaient le feu, l'air, la terre et l'eau. Les trois derniers sont effacés depuis long-temps de la liste. Reste le feu, auquel on conservera le nom d'élément, si l'on veut, jusqu'à ce que de nouvelles découvertes lui assignent une autre dénomination. Il est permis de soupçonner qu'il en est ainsi des idées simples.

L'idée *composée* est un agrégat, une réunion d'idées : telle est celle de la *mémoire* (*Psych.* 94).

7. L'idée *absolue* correspond toujours à quelque objet, quelque réalité, placée en nous ou hors de nous. Notez cependant que le mot *absolu*, dans la philosophie de Kant, a une acception différente et signifie ce qui est *inconditionnel*, *illimité*.

8. L'idée *relative* ou de rapport suppose, il est vrai, des réalités, des objets, puisqu'elle dérive de deux idées absolues dont chacune a le sien : mais elle n'a pas d'objet qui lui soit propre et distinct de ceux qui l'ont fait naître.

9. Donc il suffit de deux objets perçus en même temps pour avoir trois idées.

10. De plus, les deux termes de la comparaison peuvent changer mille fois et l'idée de rapport rester toujours la même. Par exemple l'idée d'*égalité* nous viendra soit de deux figures géométriques, soit de deux nombres, soit de deux objets physiques.

11. L'idée abstraite exprime un attribut séparé de tous ceux qui conviennent à une même chose.

12. Abstraire, c'est séparer, détacher [1]. Or, la science de l'homme ne se formant que d'une manière successive [2], ce n'est qu'au moyen de l'abstraction qu'il nous est possible de faire le tour du moindre objet et d'en apercevoir les différentes faces. L'abstraction devient alors *analyse* (*Psych.* 13). La faculté qui y correspond directement est l'*attention* (*Ib.* 89).

13. L'homme abstrait nécessairement 1º par les sens, 2º par l'intelligence et 3º par le langage.

14. 1º Par les sens. Si parfait qu'il soit, un sens

---

[1] M. De Chateaubriand s'énonce en ces termes en commençant la préface de ses *Études historiques* : « Je ne voudrais pas pour ce qui me reste à vivre, recommencer les dix-huit mois qui viennent de s'écouler (1831). On n'aura jamais une idée de la violence que je me suis faite : j'ai été forcé d'*abstraire mon esprit* dix, douze et quinze heures par jour, de ce qui se passait autour de moi, pour me livrer puérilement à la composition d'un ouvrage dont personne ne parcourra une ligne. »

[2] Nous avons rapporté ailleurs le sentiment de J. B. Van Helmont, sur a nature de la science de l'homme après la mort, c'est-à-dire, hors du monde phénoménal (*Psych.* 249 note 2).

n'en remplace jamais totalement un autre. Un aveugle-né ne saurait avoir d'idée de la lumière ni de ses phénomènes, et quand celui du Puisaux, dont parle Diderot dans sa *Lettre sur les aveugles*, définissait un miroir, *une machine qui met les choses en relief loin d'elles-mêmes, si elles se trouvent placées convenablement par rapport à elle*, cet aveugle-né, malgré sa sagacité, devait se borner à substituer les sensations fournies par le toucher à celles que procure la vue. Donc chaque sens ne nous met en communication qu'avec certaines qualités prises à part. Donc chaque sens opère une abstraction ou plutôt l'occasionne.

15. 2° Abstraction de l'esprit. On l'a déjà expliquée tout à l'heure. Un exemple rendra la chose plus sensible. Je veux connaître la propriété de l'étendue. J'oublie qu'elle a de la profondeur, pour ne voir qu'une surface. L'objet est encore trop composé. Dans cette surface je ne considèrerai que la longueur, et dans cette longueur même, séparée des autres dimensions, je sentirai peut-être le besoin de ne m'attacher qu'à l'élément générateur, le point.

Praxitèle voulant représenter Vénus, s'en forma le modèle dans son imagination, de toutes les beautés éparses qu'il avait pu abstraire (*Psych.* 113 et 118). Goethe s'exprime ainsi au livre XIII° de ses *Mémoires* (*aus mein leben*) en rendant compte de la composition de *Werther* : « Je m'étais rappelé pendant mon travail, le bonheur de cet artiste, auquel on avait donné la facilité de composer une Vénus, des attraits réunis d'un grand nombre de beautés; je m'étais permis à son exemple, de former le portrait de ma *Charlotte*, sur le modèle et d'après les qualités de plusieurs aimables personnes, sans jamais altérer les traits caractéristiques de cette femme adorée. »

Le mot de Louis XII : *Le roi de France ne venge pas les injures du duc d'Orléans*, est une noble et généreuse abstraction.

Joad, au moment de ceindre le bandeau royal à son jeune élève, lui adresse ses derniers conseils :

> Promettez donc, mon fils, et devant ces témoins,
> Que Dieu sera toujours le premier de vos soins,
> Que, *sévère aux méchans* et des *bons le refuge*,
> Entre le pauvre et vous, vous prendrez Dieu pour juge, etc.

Le troisième vers renferme une abstraction majestueuse.

Dans l'*Avare* de Molière, *Maître Jacques*, cocher et cuisinier tour à tour, est une abstraction comique.

16. 3° On abstrait par le langage. Tout adjectif est un terme abstrait. La plupart des substantifs

sont eux-mêmes des abstractions, de sorte que parler c'est véritablement abstraire, et que Condillac n'a pas dit sans raison que les langues sont des méthodes analytiques.

17. Mais l'abstraction par les sens, l'abstraction par le langage reviennent l'une et l'autre à l'abstraction par l'intelligence, car en dernière analyse c'est toujours elle qui agit, soit au moyen des organes, soit à l'aide des signes, soit par sa propre énergie.

18. L'idée abstraite est d'abord individuelle. Celle, par exemple, que se fait de la douleur un enfant, aux premiers jours de sa vie, n'est d'abord que l'idée d'une certaine douleur, d'une colique dont il souffre ou dont il vient de souffrir; la douleur sera bientôt dans la faim, dans la soif, dans le froid, dans le chaud; et d'individuelle, cette idée abstraite deviendra générale.

19. L'idée *générale* est donc une idée qui nous fait connaître une qualité, un point de vue [1], qu'on retrouve dans plusieurs objets.

20. Toute idée générale est abstraite, mais toute idée abstraite n'est pas générale.

21. Les *Universaux* dont on a tant parlé et qui

---

[1] C'est ce que les Latins appelaient *notio* et les Grecs tantôt ἔννοια, tantôt πρόληψις. « Ea est insita et ante percepta cujusque formæ cognitio, enodationis indigens. » Cic. Top. VII.

ont donné lieu à des discussions si funestes, ne sont que des idées générales [1]. Les idées ont-elles une existence absolue, indépendante de l'esprit, en d'autres termes, existent-elles à *parte rei?* Non, point d'idée hors de la pensée, point d'entités scolastiques, point d'attribut isolé de la substance; les *Universaux* n'existent qu'à *parte mentis*, et les *Nominalistes* étaient plus près de la vérité que les *Réalistes* [2].

22. Cependant les *Réalistes* qui s'étaient mis sous la protection du grand nom d'ARISTOTE, furent presque toujours matériellement les plus forts, et quand, au XVe siècle, Louis XI s'occupa de la réforme de l'université de Paris, le savant WESSELUS GANSFORTIUS de Groningue, qu'il avait fait venir à cet effet, supprima, autant qu'il était en lui, les écrits des *Nominaux*. Le triomphe de sa secte

---

[1] DESCARTES, *Principes de la philosophie*, I, 58, 59.

[2] Les différentes histoires de la philosophie déjà citées (*Psych.* p. 223) exposent cette querelle avec plus ou moins de détails. Depuis, la trad. du manuel de Tennemann par M. Cousin a offert de nouveaux secours aux personnes qui ne savent pas l'allemand. En outre, ce sujet a été traité particulièrement par CHR. MEINERS, *de nominalium ac realium initiis in Commentatt. societ. Gottingens.* t. XI; par JACQUES THOMASIUS, *oratio de secta nominalium* dans ses *orationes*, Lips. 1683, in-8º; par JOH. SALABERTUS, *philosophia nominalium vindicata*, Paris, 1651 et dans un livre imprimé à Oxford, en 1673, in-12, sous ce titre : *Ars rationis ad mentem nominalium*, etc.

On consultera avec fruit, dans les mémoires de l'Acad. de Berlin, 1801, pp. 129, 145, celui de M. Engel *sur la réalité des idées générales ou abstraites.*

exerça au moyen âge une pernicieuse influence sur les sciences naturelles, la littérature et les arts qui en dépendent. En physique, le froid, le chaud, le sec, l'humide, etc., devinrent des êtres réels; en poésie, la vertu et les vices personnifiés, se disputant entre eux comme sur les bancs, furent presque les seules fictions reçues. Le *Roman de la Rose* et la plupart des autres poëmes alors célèbres, en administrent la preuve; ses acteurs principaux sont Amour, Doux-regard, Bel-accueil, Beau-semblant, Male-bouche ou Médisance, etc. La danse même subit la loi commune, et dans les fêtes somptueuses de la cour de Bourgogne, on vit des ballets exécutés par la *Grâce-Dieu*, la foi, la charité, la justice, la tempérance, etc. [1].

23. Ce qu'on vient de lire est applicable aux classes, aux genres, aux espèces, dans lesquels nous rangeons des objets qui nous offrent des qualités dont nous sommes semblablement affectés, ou un point de vue commun.

24. Des notions isolées ne constituent point la science : ordre, union, rapport, harmonie, voilà ses conditions essentielles.

25. Les classifications sont donc la plus haute importance. Basées sur des rapports de ressem-

---

[1] *Mémoires de J. Du Clercq*, édition de Bruxelles, 1, 104. Voy. l'analyse du *Roman de la Rose* par Tressan, *œuvres choisies*, VII, 318-345.

blance, elles ne sont encore que des idées générales.

26. Et pourtant rien n'est absolument semblable. Ce que nous appelons similitudes, ce sont les différences qui nous échappent ou les moins apparentes.

27. Il est donc, en thèse générale, plus aisé d'apercevoir en quoi les choses se rapprochent que les dissemblances qui les séparent.

28. L'habitude de saisir les rapprochemens frivoles et superficiels a donné naissance en littérature aux pointes, rébus, *concetti, calembourgs.*

29. Devant Dieu, tout est individuel, rien n'est absolument pareil; en conséquence, il ne gouverne point par des volontés générales ou par des idées générales [1]; autrement il participerait de la faiblesse de l'homme. Son intelligence suprême procèderait comme notre intelligence bornée, s'il n'agissait pas sur chaque être d'une manière spéciale, puisqu'il les connaît dans toute leur spécialité : il serait *Jupiter* et non *Jéhovah.*

30. L'*espèce* est une collection d'individus en tant qu'ils offrent un point de vue commun.

31. Le *genre* est une collection d'espèces, à la même condition.

---

[1] « Il est à croire, a dit J.-J. ROUSSEAU, que les événemens particuliers ne sont rien aux yeux du maître de l'univers, que sa providence est seulement universelle, qu'il se contente de conserver les genres et les espèces, et de présider au tout sans s'inquiéter de la manière dont chaque individu passe cette courte vie. » *Lettre à Voltaire.*

32. L'espèce devient genre par rapport à une collection moins nombreuse, de même le genre devient espèce par rapport à une collection plus étendue.

Par exemple, animal est un genre, quadrupède une espèce; mais cette espèce deviendra genre relativement à une classe inférieure et qui lui est subordonnée, telle que quadrupède pachiderme, ou ongulé qui ne rumine pas. Les naturalistes, dans les espèces, reconnaissent des variétés qui désignent des êtres du même nom parmi lesquels on remarque des différences inconstantes et passagères.

33. L'idée *collective* est distincte de l'idée générale : elle consiste dans la répétition d'une même idée. Telles sont les idées *d'un* sénat, *d'une* armée, *d'une* forêt, *d'une* ville, etc.

Je ne dis pas *de sénat*, *d'armée*, etc., ces dernières idées sont générales; elles expriment ce qu'il y a de commun entre les sénats de Rome, de Carthage, d'Athènes, de Venise, etc., entre les armées belge, française, allemande, entre les forêts du nord et celles du midi, etc.; au lieu que l'idée *d'un sénat* est la répétition de l'idée de sénateur; l'idée *d'une armée*, la répétition de l'idée de soldat; l'idée *d'une forêt*, la répétition de l'idée d'arbre, etc.

34. On divise encore les idées en :

Vraies ou fausses,

Claires ou obscures,
Distinctes ou confuses,
Complètes ou incomplètes,
De *choses* et de *mots*.

A l'exception de celle-ci, ces divisions ne sont point particulières à la langue philosophique.

35. Un exemple fera connaître en quoi consistent les idées de *choses* et de *mots*.

Reportons-nous à l'origine de la législation du langage. Lorsque le besoin et la société auront donné lieu à l'invention d'un certain nombre de signes, il se sera rencontré des esprits méditatifs qui auront observé que, parmi ces signes, les uns désignent les êtres, les autres leurs qualités, ceux-ci leurs rapports, ceux-là leurs actions; de là les *substantifs*, les *adjectifs*, les *prépositions*, les *verbes*, etc. Or, les idées d'être, de qualité, d'action, etc., sont des idées de choses, celles qu'on a du *substantif*, de l'*adjectif*, du *verbe*, etc., sont des idées de mots; ainsi aux premières répondent des êtres ou quelques-unes de leurs qualités et modifications; aux secondes répondent les signes verbaux de ces êtres, modifications ou qualités. Et pour en revenir à l'exemple que nous venons d'alléguer, nous citerons ce passage des *Femmes savantes*, qui vient à l'appui de notre définition.

BÉLISE.

La grammaire du verbe et du nominatif,

Comme de l'adjectif avec le substantif,
Nous enseigne les lois.

MARTINE.

J'ai, Madame, à vous dire
Que je ne connais pas ces gens-là.

PHILAMINTE.

Quel martyre !

BÉLISE.

Ce sont les *noms* des *mots*, et l'on doit regarder
En quoi, c'est qu'il les faut faire ensemble accorder.

§ III.

Extension et compréhension des Idées.

36. Une idée peut être considérée sous le rapport de son *extension* et de sa *compréhension*.

37. L'*extension*, c'est le nombre de tous les individus auxquels l'idée convient. La totalité extensive est l'*omnis* des Latins.

38. La *compréhension*, c'est l'assemblage de toutes les idées particulières qui composent l'idée dont on s'occupe. La totalité compréhensive s'exprime en latin par *totus*.

39. Augmentez la compréhension d'une idée et son extension diminuera : agrandissez l'extension, et la compréhension va se restreindre.

Par exemple, la compréhension de l'idée d'*être*

est très-bornée, attendu sa simplicité, mais son extension est immense puisqu'elle embrasse tout ce qui a existé, tout ce qui existe, tout ce qui peut exister. Descendons d'un degré et à l'être en général substituons *l'être-homme ;* à l'idée d'existence se joint celle du mode d'existence, la compréhension s'est accrue, mais l'extension s'est resserrée, puisqu'au lieu du tout, elle ne renferme plus qu'une partie. Descendons encore et en place de *l'être-homme*, mettons *l'être-homme-européen*, nous obtiendrons le même résultat.

40. Ce qui fait dire que la *compréhension et l'extension sont toujours en raison inverse l'une de l'autre.*

41. Ajoutons que ce qui est vrai d'une idée sous le rapport de l'extension, ne l'est pas nécessairement sous celui de la compréhension, et que ce qui est vrai sous le rapport de la compréhension ne l'est pas constamment sous celui de l'extension. Quand je dis *l'homme est mortel*, cela signifie que tous les individus compris dans l'idée *homme* sont soumis à la mort, mais *la force intelligente*, élément principal de l'être humain, doit-elle tomber dans la même dissolution que le *corps qui la sert* (*Psych*. 26 et 261)?

SECONDE PARTIE.

LE JUGEMENT.

§ IV.

Du Jugement et de sa forme.

42. Dès que deux idées sont présentes en même temps à l'esprit (*Psych.* 106), il en résulte un jugement qui n'est que la perception d'un des rapports qui peuvent exister entre elles : en d'autres termes, juger, c'est reconnaître qu'on est fondé à attribuer à un objet telle ou telle manière d'être.

43. Je ne sais pas ce que je penserai demain, ni dans tous les instans subséquens de ma vie, mais si j'ignore la nature de mes jugemens, j'en puis d'avance connaître la *forme*.

44. Ces formes ou, si l'on veut, ces lois universelles de nos jugemens, ont reçu d'Aristote le nom de *catégories* [1] et Kant le leur a conservé,

---

[1] Κατηγορία. Prædicatum. La liste des lois de la pensée dressée par Aristote n'a été pour les esprits frivoles qu'une nomenclature aride et pédantesque, tandis qu'elle est l'effort le plus hardi de l'analyse. Kant, *Kritik der reinen Vernunft*, II, 2, 9, la trad. latine de F. G. Born, et sa bro-

tout en réduisant leur nombre et en les disposant dans un meilleur ordre.

45. L'ancienne école reconnaissait dix catégories que l'on représentait dans ces vers ridicules :

1   2   3   4   5   6
Arbor tres servos ardore refrigerat ustos.

7   8   9   10
Ruri cras stabo, sed tunicatus ero.

Ce qui signifiait :

1	La substance,	6	La passion,
2	La quantité,	7	Le lieu,
3	La relation,	8	Le temps,
4	La qualité,	9	La situation,
5	L'action,	10	La manière d'être.

46. KANT a réformé de la manière suivante ce classement, où il est facile de voir que plusieurs membres rentrent les uns dans les autres.

---

chure intitulée : *De Sciencia et Conjectura*, Leip. 1805, in-8°, p. 25 et suivantes. On peut consulter aussi :

SELLE. *De la réalité et de l'idéalité des objets de nos connaissances*, Mém. de l'Acad. de Berlin, 1786-87, p. 577. — MÉRIAN. *Parallèle historique de nos deux philosophies nationales*, ibid. 1797 (Phil. spec. p. 53). — SCHWAB *Des progrès de la métaphysique en Allemagne, depuis Leibnitz et Wolf*, Berlin, 1796; cet ouvrage partagea le prix double proposé par l'Académie. — J. KINKER. *Essai d'une exposition succincte de la critique de la raison pure*, Amst. 1801, in-8°, p. 35 et suivantes. — CH. VILLERS. *Philosophie de Kant*, Metz, 1801, in-8°, p. 282 et sui-

I. Ou, conduits par la conscience de notre unité propre (*Psych.* 40), nous considérons ce qui nous affecte comme ne faisant qu'*un seul ensemble;* comme pouvant être vu et saisi tout à la fois sans égard de parties, et alors nous *jugeons* l'objet comme *un*, ou nous le *jugeons* comme *plusieurs;* ou enfin réunissant ces deux manières de juger et considérant *plusieurs* dans *un* ensemble, nous jugeons celui-ci comme *tout*.

Exemples : 1° *un* homme; 2° *plusieurs* hommes; 3° *tous* les hommes. Il n'y a pas moyen d'imaginer une quatrième classe pour les jugemens de QUANTITÉ.

47. II. Ou nous considérons un objet comme *ayant réellement une certaine qualité* que l'on peut affirmer de lui, et nous jugeons qu'*il est ainsi;* ou *comme privé de telle qualité*, et nous jugeons qu'*il n'est pas ainsi;* ou enfin, réunissant ces deux sortes

---

vantes. — DESTUTT-TRACY. *Rapport à l'Institut de France, sur le système de Kant, dans les Mémoires de cette compagnie.* On a publié à Pavie, en 1822, in-12°, *Principi Logici*, c'est-à-dire, principes de logique et mémoires sur la métaphysique de Kant, par M. DESTUTT-TRACY. — MASSIAS. *Lettre à M. Stapfer sur le système de Kant*, Paris, 1827, in-8°. — L. F. SCHOEN. *Philosophie trascendentale*, Paris, 1831, in-8°, pages 96 et suivantes.—Préface mise par M. FARCY au devant de sa traduction du 3ᵐᵉ vol. de la *Philosophie de l'Esprit humain*, de DUGALD STEWART. — C. J. TISSOT. *Principes mét. de la morale, tr. de Kant*, Paris, 1830, in-8°. — L'article de Kant par M. STAPFER dans la *Biographie Universelle*, XXII, 229-257. Les matériaux de cette intéressante notice étaient dus à M. CH. VILLERS.

de jugemens, nous considérons l'objet comme étant d'une certaine *manière où il n'a pas telle qualité*, et nous jugeons qu'*il est différent de certains autres*, ce qui établit dans l'universalité des objets une *limite*, une séparation, d'un côté de laquelle ils *ont* telle qualité, tandis que de l'autre ils ne *l'ont pas*.

Exemples : 1º L'or *est* ductile; 2º il *n'est pas* cassant; 3º il est non *non*-diaphane.

KANT avoue que cette troisième espèce de jugemens se confond avec la première, pour la forme, et avec la seconde pour le sens; mais il enseigne que la logique transcendentale doit les en distinguer, attendu qu'au lieu d'énoncer directement la qualité de la chose, ils déterminent indirectement ce qu'elle est, en énonçant ce qu'elle n'est pas, raison pour laquelle il les appelle *indéfinis*. Point de quatrième forme possible pour les jugemens de QUALITÉ.

48. III. Ou nous considérons plusieurs objets en relation entre eux, tellement que les uns sont *immuables* et *persistans*, tandis que les autres *varient* et *changent continuellement*, de manière que les premiers sont jugés par nous être comme le *fond* et le *support* [1] des seconds [2]; ou dans une relation telle qu'ils se *suivent* et se *déterminent* en-

---

[1] *Substantia, substractum, subjectum, suppositum.*
[2] *Accidentia, attributa, prædicata.*

tre eux, et nous jugeons que les uns *produisent les autres* [1] ; ou enfin, réunissant ces deux points de vue, nous jugeons que les objets qui existent sont entre eux dans une relation de mutuelle dépendance ou de *réciprocité d'action*.

Exemples : 1° Lucain, à l'imitation de Virgile, a peint le bonheur d'un vieillard sans ambition et préférant la médiocrité des champs à l'opulence des villes; cette pièce commence ainsi :

Felix qui patriis ævum transegit in agris,
Ipsa domus puerum quem videt ipsa senem :
Qui baculo nitens, in qua reptavit arena,
Unius numerat sæcula longa casæ.

Quelle différence entre ce vieillard qui s'avance péniblement appuyé sur son bâton, et l'enfant qui rampait presqu'un siècle auparavant dans le même lieu ! que de changemens, que de vicissitudes, entre ces deux termes de la vie ! et cependant ce vieillard et cet enfant ne sont qu'une seule et

---

[1] La relation de *cause* et *d'effet* a inspiré au sceptique Hume des observations qui ont mis Kant sur la voie de la philosophie transcendentale ou autothétique, ainsi que l'appelle plus convenablement Bouterweck par opposition à la science des choses en elles-mêmes ou des *noumènes*, science qu'il nomme *hétérothétique* et non pas *trascendante* comme l'a fait le philosophe de Kœnigsberg. Ne pouvant découvrir la loi de causalité dans l'empirisme, et décidé à n'admettre aucun principe inné dans l'entendement, il avait conclu que cette causalité est une simple fantaisie de notre part, une sorte d'habitude qui nous portait à voir les choses ainsi !

même personne. Le sujet est permanent, ses *accidens*, les *attributs seuls ont varié*. Les métamorphoses morales sont souvent complètes :

Il tourne au moindre vent, il tombe au moindre choc,
Aujourd'hui dans un casque et demain dans un froc.

BOILEAU.

Néanmoins l'*identité* (*Psych.* 97) *du sujet persiste*, quoique l'homme d'aujourd'hui renie l'homme d'hier.

Prenez le fer d'une faux, forgez-en un glaive :

Et curvæ rigidum falces conflantur in ensem.

VIRGILE.

Qu'on mette ce fer en fusion, qu'on le calcine, la *substance reste, il n'y a que les accidens qui aient changé.*

2º En 1647, PASCAL engage PÉRIER, son beau-frère, à monter, avec le tube de TORRICELLI, sur la montagne du Puy-de-Dôme, voisine de Clermont, et haute d'environ cinq cents toises. Le 19 septembre 1648, l'expérience eut lieu. A mesure qu'on s'élevait sur le coteau du Puy-de-Dôme, le mercure baissait dans le tube, tandis que la colonne d'air qui pesait sur la cuvette diminuait proportionnellement. Donc la pesanteur de l'air est *cause* de l'ascension du mercure dans le baromètre [1].

[1] NEWTON décrit ainsi la notion de cause : *Ea causa putanda est, qua posita, ponitur effectus, qua sublata, tollitur, qua mutata, mutatur.*

3º Un corps qui frappe un autre corps en est repoussé; il y a entre eux *action* et *réaction*. Telles sont les trois seules formes de jugemens de RELATION.

49. IV. Ou, considérant un objet, *suivant le degré de réalité que nous nous trouvons fondés à lui attribuer*, c'est-à-dire, suivant son mode, sa manière d'être à l'égard de notre sentiment intime, nous jugeons qu'un objet est *possible*, quand il ne répugne pas à la pensée, c'est-à-dire, que le sujet et l'attribut (66) ne s'excluent pas mutuellement; ou qu'il est *effectif* et *réel*, s'il concorde avec les conditions de notre sensibilité, c'est-à-dire, si nous le percevons dans l'*espace* et dans le *temps*; ou enfin, réunissant ces deux manières de juger, s'il concorde tout à la fois avec les conditions de notre intelligence et avec celles de notre sensibilité, nous prononçons qu'il est *nécessaire*.

Exemples : 1º Il est *possible*, ainsi que l'a dit FONTENELLE, que les planètes, autres que la terre, soient habitées. Un espace fermé par deux lignes droites est *impossible*; 2º l'arbre que je vois est *effectif*, il *existe* ; le monstre d'HORACE

Humano capiti cervicem pictor equinam, etc.

n'existe pas; 3º la clarté est *nécessaire* dès que le soleil est présent; il n'est pas nécessaire qu'il pleuve aujourd'hui, cela n'est que *contingent*.

Telles sont les trois seules manière d'être des

choses par rapport à notre intelligence, c'est-à-dire qu'il ne peut y avoir que ces trois formes pour les jugemens de MODALITÉ.

50. Quel que soit donc un objet, dès que nous en portons un jugement, nous prononçons bien ou mal sur sa *quantité*, sa *qualité*, sa *relation* et sa *modalité* ; nous voudrions en vain nous soustraire à cette nécessité de notre nature, la loi ne saurait être éludée : il arrive trop souvent qu'on l'applique mal, mais son application est inévitable.

Ces catégories, dans la terminologie kantienne, sont appelées *pures* et *à priori* ou indépendantes de l'expérience, et *subjectives*, c'est-à-dire conditions internes des conceptions du *moi*, du *cognitif* ou du *sujet qui connaît*, et n'ayant qu'en lui une réalité immédiate. DUGALD STEWARD donne à de pareilles formes le nom de *vérités intuitives*, mais l'expression est peu exacte, attendu qu'il n'y a *vérité* que lorsqu'un résultat de l'expérience s'associe à ces formes mêmes, et vient en quelque sorte s'y mouler.

Les voici résumées en tableau synoptique :

51. Catégories du jugement ou lois de l'entendement pur.

I. QUANTITÉ.

1. *Unité*.
2. *Pluralité*.
3. *Totalité*.

II. Qualité.

1. *Affirmation.*
2. *Négation* ou *privation.*
3. *Limitation* ou *détermination.*

III. Relation.

1. *Substance* et *accident* ou *sujet* et *attribut* [1].
2. *Causalité* ou *loi de cause et d'effet*
3. *Action* et *réaction*, *réciprocité* ou *communauté.*

IV. Modalité.

1. *Possibilité* et *impossibilité.*
2. *Existence* et *non existence.*
3. *Nécessité* et *contingence.*

52. Selon M. Cousin, ces catégories peuvent se réduire à deux, savoir, la loi de la substance et celle de la causalité dont toutes les autres ne sont qu'une dérivation [2].

53. Quoi qu'il en soit, en jetant un coup d'œil sur le tableau qui précède, on remarque une conformité très-sensible entre les catégories de quan-

---

[1] Voici sur ce point la langue philosophique du cartésianisme, *Princip. Phil.*, I, 56. « Per *modos* planc idem intelligimus quod alibi per *attributa* vel *qualitates*. Sed cum consideramus *substantias* ab illis affici, vel variari, vocamus *modos*; cum generalius spectamus tantum ea substantiæ inesse, vocamus *attributa*. Ideoque in Deo non proprie modos aut qualitates, sed attributa tantum dicimus esse. »

[2] *Fragmens philos.* 1826, in-8°, XX, et trad. italienne, Lugano, 1829, in-8°, p. 22.

tité et celles de qualité; de même une opposition très-apparente entre elles et celles de relation et de modalité. Les premières déterminent le *combien* d'un objet, sa grandeur *extensive* (qui s'engendre progressivement par addition des parties) ou *intensive* (qui, donnée tout à la fois, se mesure en nombres ou en degrés); les secondes déterminent le *comment* des objets et se rapportent à leurs modes d'existence. Ce qui a donné lieu à KANT d'appeler les unes *mathématiques* et les autres *dynamiques* ou *potentielles*.

§ V.

Des jugemens qui répondent aux catégories.

54. Des concepts, formes, moules ou lois de l'entendement pur, dérivent douze espèces de jugemens correspondans et qui prennent des noms divers quoique la plupart rentrent, pour la forme, les uns dans les autres.

I. Quantité.

1. Jugemens *singuliers* ou *individuels*.
2. Jugemens *particuliers* ou *pluriels*.
3. Jugemens *généraux*.

II. Qualité.

1. Jugemens *affirmatifs*.

2. Jugemens *négatifs* ou *privatifs*.
3. Jugemens *limitatifs, déterminatifs* ou *indéfinis*.

III. Relation.

1. Jugemens *catégoriques* ou positifs. Ils semblent se confondre avec les jugemens de quantité, de qualité, et de modalité et, en général, il est impossible d'alléguer un seul jugement qui n'appartienne qu'à une forme unique, puisque chaque jugement doit les subir toutes. Le jugement de quantité ne porte que sur le sujet : celui de qualité sur l'attribut, celui de modalité sur l'existence. Ils ne consomment pas la synthèse du sujet et de l'attribut comme le fait le jugement catégorique (135).

2. Jugemens *hypothétiques*, qui, d'une cause hypothétique ou conditionnelle déduisent son effet immédiat ou éloigné.

S'il existe un juge suprême, le mal doit être puni.

Et dans le *Lutrin*, lorsque la femme du perruquier *Lamour* cherche à la détourner de sa périlleuse entreprise :

Si pour te prodiguer mes plus tendres caresses,
Je n'ai point exigé ni sermens ni promesses,
. . . .
Diffère au moins d'un jour ce funeste départ.

Ce qui n'est qu'une parodie de ces beaux vers que Didon adresse à Énée, dans l'*Énéide* :

Si *bene quid de te merui, fuit aut tibi quidquam*
Dulce meum : miserere domus labentis et istam,
Oro, si *quis adhuc precibus locus, exue mentem.*

3. Jugemens *disjonctifs* ou réciproques qui en renferment deux ou plusieurs, non comme découlant l'un de l'autre, ou comme se servant mutuellement de base, mais comme se trouvant *réciproquement* dans un rapport tel que l'un de ces jugemens exclut nécessairement tous les autres :

Dans le cours de nos ans, étroit et court passage,
Si le bonheur qu'on cherche est le prix du vrai sage,
Qui pourra me donner ce trésor précieux ?
« Dépend-il de moi-même ? est-ce un présent des cieux ?
» Est-il comme l'esprit, la beauté, la naissance,
» Partage indépendant de l'humaine prudence ?
» Suis-je libre en effet ? *ou* mon âme et mon corps
» Sont-ils d'un autre agent les aveugles ressorts ?
» Enfin ma volonté qui me meut, qui m'entraîne,
» Dans le palais de l'âme est-elle esclave *ou* reine ? »
Voltaire, *dixième discours.*

Ou l'homme est né coupable et Dieu punit sa race,
Ou ce maître absolu de l'être et de l'espace
Sans courroux, sans pitié, tranquille, indifférent,
De ses premiers décrets suit l'éternel torrent ;
Ou la matière informe, à son maître rebelle,
Porte en soi des défauts nécessaires comme elle ;
Ou bien Dieu nous éprouve, et ce séjour mortel
N'est qu'un passage étroit vers un monde éternel.
Le même, *le désastre de Lisbonne.*

C'était à un jugement disjonctif que Figaro

voulait ramener sa discussion avec Marceline : *Laquelle somme je lui rendrai, ou je l'épouserai......* laquelle phrase est dans le sens de celle-ci : *ou la maladie vous tuera* ou *ce sera le médecin,* ou bien le *médecin,* etc.

Le Mariage de Figaro, acte III, sc. 15.

IV. Modalité.

1. Jugemens *problématiques.*

> La mort c'est le sommeil.... c'est le réveil peut-être.
> Ducis, *Hamlet.*

> Qu'est la mort? le repos du cœur lassé peut-être?
> Mad. Sw.-Belloc, *d'après* Byron.

2. Jugemens *assertoires.* Dans le *Tartufe*, Orgon parlant de la trahison de cet odieux hypocrite, répond aux doutes de sa mère :

> Je l'ai vu, dis-je vu, de mes propres yeux vu,
> Ce qu'on appelle vu.

3. Jugemens *apodictiques* [1] ou *démonstratifs.*

> Et vous, vous du malheur victimes passagères,
> Sur qui veillent d'un Dieu les regards paternels,
> Voyageurs d'un moment aux terres étrangères,
>   Consolez-vous, vous êtes immortels!   Delille.

§ VI.

Jugemens analytiques et synthétiques.

55. Les jugemens *catégoriques* ou *positifs*, sont de deux espèces :

---

[1] Ἀποδεικτικός.

56. Dans ceux de la première, on affirme d'une chose, ce qui est déjà renfermé dans l'idée que nous en avons, ce qui rend cette idée possible. Ainsi, quand nous disons : *tous les corps sont étendus*, nous exprimons, si l'on veut, deux idées ; mais comme nous ne saurions concevoir l'idée de corps sans celle d'étendue, ni l'idée d'étendue sans celle de corps, nous n'acquérons point une nouvelle connaissance, nous ne faisons que constater ou développer celle que nous avions déjà. Dans les jugemens de cette sorte, on tire la partie du tout, on va du même au même. On les appelle *analytiques*. Ils sont tous *à priori*, car on n'a pas besoin d'en faire l'expérience pour savoir que ce qui est renfermé dans l'idée d'une chose, peut être affirmé de cette chose.

57. Dans la seconde espèce de jugemens, nous affirmons d'une chose, des qualités, des rapports qui ne se trouvent pas nécessairement contenus dans l'idée que nous avons d'elle. Ces jugemens prennent le nom de *synthétiques*, c'est-à-dire d'additionnels, parce qu'ils ajoutent à la somme de nos connaissances. L'un des termes étant donné, l'autre n'est pas explicitement supposé. Ainsi, l'on a eu long-temps l'idée de l'air, avant que Torricelli nous eût révélé sa pesanteur, avant que d'autres savans eussent reconnu son élasticité, sa composition d'oxigène et d'azote ; à chaque fois qu'on

lui a découvert une de ces nouvelles propriétés, on a formé des jugemens *synthétiques*.

58. Or, de ces jugemens, les uns suivent l'expérience ; ils ne naissent que d'elle, soit qu'ils manifestent la vérité, soit qu'ils la tronquent, l'obscurcissent ou l'altèrent : ils sont *à posteriori*. Par ex. : *En France comme en Belgique les affaires correctionnelles sont vingt fois plus nombreuses que les affaires criminelles.* — *L'œil humain se compose du cristallin, de la rétine, de l'iris, de l'humeur aqueuse et de l'humeur vitrée.* — *Selon Montgolfier, une pièce de canon s'échauffe par une décharge, plus que si elle était remplie de charbons incandescens, pendant un tems dix fois aussi long que celui de la décharge.*

59. Les autres précèdent l'expérience. Ils sont *à prori*. A cette classe appartiennent les propositions mathématiques et quantité d'autres jugemens, vrais ou faux, mais auxquels l'expérience ne peut nous avoir conduits, tels que ceux-ci : *le monde est éternel* ou *n'est pas éternel.* — *La matière est* ou *n'est pas divisible à l'infini*, etc.

§ VII.

Que toute idée est, en dernière analyse, un jugement indéterminé.

60. *L'idée*, élément du jugement, ne peut-elle pas être considérée *comme un jugement elle-même?*

(4, note, définition de Buffon). En effet, l'objet dont j'ai l'idée, je le distingue d'un autre, avec un degré plus ou moins grand de netteté et de précision, autrement je n'en aurais point l'idée. L'idée suppose donc un rapport de distinction, elle suppose un terme de comparaison antérieur, celui-ci un autre, ce second, un troisième à l'infini. D'où il suit que je n'aurais pas d'idées, si je n'avais eu des idées et que l'idée se confond identiquement avec le jugement.

61. Mais lorsque l'activité de l'esprit se porte sur un seul objet, cet objet se démêle de tous les autres qui sont comme s'ils n'existaient pas. La relation n'est pas de cet objet à un autre objet, mais de cet objet à ma pensée : elle est du *non-moi* au *moi*. Je n'ai donc pas besoin d'une idée antérieure, ce qui rendrait une idée première impossible, de sorte que si l'*idée* est un jugement, puisqu'elle renferme effectivement un rapport, c'est ma pensée qui en est l'un des termes.

62. Peut-être maintenant sommes-nous plus en état de définir l'*idée* que nous ne l'étions tout à l'heure, et, à défaut d'une définition meilleure, nous sera-t-il permis de dire qu'elle est la conscience du rapport d'un objet à la pensée (4, note). L'idée relative naît donc d'un triple rapport, d'un rapport de chaque objet à la pensée, et d'un rapport entre ces objets qui n'existe aussi que dans

l'entendement (8, 9, 10), car une *idée* n'est qu'un *état* de l'âme, et il faut soigneusement écarter tout ce qui tendrait à la faire regarder comme une *entité*.

§ VIII.

De la Proposition.

63. Une loi de notre entendement veut que, dans nos jugemens, nous dégagions l'accident de la substance, l'attribut du sujet, Or, par une autre fatalité de notre nature, nous ne parvenons à ce résultat, qu'à l'aide de signes qui séparent ce que nous ne pouvons voir qu'uni, car les êtres ne sont jamais sans quelques qualités, et les qualités n'existent point sans les êtres.

64. Une *proposition* est un jugement exprimé par des signes. Pour le former mentalement, des signes ont été aussi nécessaires, car nous parlons notre pensée, comme nous pensons notre langage, mais ici, il s'agit d'un jugement énoncé, communiqué, affirmé. La vérité, a dit ingénieusement Fontenelle, n'appartient pas à celui qui la trouve, mais à celui qui la nomme. Tant qu'un jugement reste dans le sanctuaire de la pensée, il ne prend pas le nom de proposition.

65. Les sons, les couleurs, les qualités tactiles, les gestes, les saveurs, les odeurs peuvent compo-

ser des systèmes de signes [1]. On sait quel parti l'on tire dans l'Orient du *langage des fleurs*. Mais une loi de notre organisation a attaché le langage articulé à la manifestation explicite de la pensée. L'écriture, en le fixant, lui a donné une précision dont toutes les autres combinaisons ne sauraient approcher.

66. D'après ce qui précède, on devine qu'une proposition doit avoir deux *termes*, le *sujet* et l'*attribut* ou PRÉDICAT.

Le *sujet* est ce dont on affirme ou l'on nie quelque chose.

L'*attribut* est ce qui est affirmé ou nié du sujet (49).

Ces deux termes sont unis par le *verbe* être (COPULA) exprimé, sous-entendu ou contenu dans un autre verbe.

67. Telle est la forme logique de la proposition : d'abord le sujet, ensuite le verbe, puis l'attribut.

C'est ce qu'on nomme également l'*ordre analytique* ou *construction directe*, et comme la langue

---

[1] L'alphabet manuel des sourds-muets, tel que l'employait l'abbé Sicard, et dont ils se servent généralement encore, a pour but de représenter des sons qui n'arriveront jamais à l'oreille de ceux qui l'apprennent. M. BÉBIAN, qui fut censeur à l'école des sourds-muets à Paris, a reconnu le vice radical de ce moyen. Au lieu de s'appliquer à peindre la parole, il s'est attaché à figurer le geste. C'est ce qu'il appelle la *mimographie*. Il en a exposé les principes dans une brochure publiée en 1826, Paris, Colas, in-8° de 42 pp. avec 3 planches.

française affectionne cette espèce de construction, on a dit, en l'opposant aux langues fortement inversives, qu'elle était peu d'accord avec l'ordre naturel, qu'elle était par conséquent factice, froide et anti-poétique. Nous n'avons ici qu'à parler de l'ordre naturel qui n'est pas plus l'ordre inversif que l'ordre analytique.

En effet, on peut disposer les idées de deux manières aussi fondées l'une que l'autre dans la nature des choses; ou on les rangera dans l'ordre chronologique, c'est-à-dire, suivant la date de leur acquisition, ou dans l'ordre logique, c'est-à-dire de manière que l'une légitime l'autre. Ainsi, l'ordre chronologique met l'effet avant la cause, l'attribut avant le sujet, parce que c'est des effets qu'on remonte aux causes, que ce sont des modifications qui révèlent une substance, tandis que dans l'ordre logique, la cause précède l'effet qui en découle, le sujet marche avant l'attribut qui est une de ses manières d'être.

Par conséquent, le reproche fait à la langue française, d'affecter une marche contre nature, tombe de lui-même : il reste au contraire prouvé que cette langue est éminemment rationnelle et philosophique; ce qui, au surplus, ne la prive pas des mouvemens de la passion et des tours que l'imagination préfère. Mais cette question n'étant pas de notre compétence, nous l'abandonnons aux littérateurs proprement dits.

68. Conjuguer un verbe actif, c'est déduire une série de propositions, attendu que tous les tems d'un tel verbe impliquent un sujet, l'affirmation d'être, et la modification d'existence : ainsi *j'aime*, AMO, *etc.*, équivalent à *je suis aimant*, EGO SUM AMANS, *etc.*

Le cri animal de la souffrance, du plaisir, de l'admiration, de la terreur, etc., premier rudiment des langues, et type de leurs conventions, exprime des propositions tout entières. Quand je dis *ouf*, ce cri signifie *j'étouffe*, il représente toute la proposition. Si l'homme s'en était tenu à ce grossier langage, il ne se serait guère élevé au-dessus des brutes qui en ont un pareil et qui voient toujours l'attribut enveloppé dans le sujet, sans pouvoir atteindre, par conséquent, aux idées abstraites et générales (*Psych.* 254).

§ IX.

Différentes espèces de propositions et leurs lois.

69. Une proposition n'étant que la traduction d'un jugement, il y a autant d'espèces de propositions que nous avons reconnu d'espèces de jugemens (54).

70. On s'attache principalement à considérer les

propositions sous le rapport de la *quantité* et de la *qualité.*

On a de cette façon des propositions :

Individuelles,
Particulières
Et générales,
Soit *affirmatives*, soit *négatives.*

71. Si on se rappelle ce qui a été dit des genres et des espèces (21), on se convaincra qu'*énoncer* une proposition c'est, sous le rapport de l'extension, placer un individu dans une espèce, une espèce dans un genre, un genre dans une classe plus élevée, ou les en exclure en tout ou en partie, quoique sous le rapport de la compréhension, le sujet contienne l'attribut, et non pas l'attribut, le sujet (36-41, 48).

72. La proposition *affirmative générale* place tout le sujet dans l'attribut. Par exemple : *Tous les hommes sont mortels.*

Ici tout le genre humain est placé dans la classe plus étendue des êtres mortels. De sorte que si on représente l'attribut par un cercle, et le sujet par un cercle plus petit, celui-ci, tout entier, s'inscrira dans l'autre et l'on aura *tout A est B*. (*Voyez fig.* 1re).

Une proposition peut être métaphysiquement ou moralement universelle.

Elle l'est métaphysiquement, toutes les fois que son sujet est pris dans toute son étendue, sans aucune exception; moralement, si le sujet, quoique pris dans toute son étendue, suppose des exceptions. Exemple : *Tous les vieillards sont chagrins*.

Les propositions moralement universelles doivent entrer dans les combinaisons du raisonnement, sous la condition de propositions particulières.

73. La proposition affirmative *particulière* n'insère dans l'attribut qu'une partie indéterminée du sujet, ou, en d'autres termes, son sujet n'a qu'une partie commune avec l'attribut. Exemple : *Quelques philosophes ne croient pas à l'immortalité de l'âme*.

Le nombre de ceux qui ont le malheur de donner dans cette opinion, n'est pas précisé, et, en recourant à nos cercles, on aura *quelque A est B* (*Voyez fig.* 2). Quoique l'attribut exprime une idée plus générale que le sujet, on peut encore figurer cette proposition comme au n° 3.

74. La proposition *négative universelle* exclut tout le sujet de l'attribut. Exemple : *Aucun homme ne peut être sincèrement athée*.

Si un cercle représente l'espèce humaine, un autre, la possibilité d'être sincèrement athée, ces deux circonférences resteront séparées sans aucun point de contact, et l'on aura *aucun A n'est B* (*Voyez fig.* 4).

75. La proposition *négative particulière* n'exclut de l'attribut qu'une partie indéterminée du sujet. Exemple : *Quelques parleurs de vertu ne sont pas vertueux.*

Cette proposition sera figurée par les numéros 2 et 3, en déplaçant seulement la lettre, car il n'est plus question de la partie commune aux deux cercles, mais de celles qui sont disjointes, et l'on aura *quelque A n'est pas B*, (*fig.* 5.)

76. Pour graver plus facilement cette division dans la mémoire, on a désigné les propositions générales par *A, E,* et les particulières par *I, O,* dans les vers techniques suivans :

Asserit A, negat E, verum generaliter ambo ,
Asserit I, negat O sed particulariter ambo.

77. Puisque la proposition *générale* place tout le sujet dans l'attribut, une proposition dont le sujet est *individuel* ne doit pas, ainsi que l'ont cru certains logiciens, être considérée comme *particulière,* mais bien comme *générale.* Si cette proposition, *Bossuet fut un orateur sublime* était particulière, on arriverait à cette conséquence ridicule, que le sujet *Bossuet* n'est pas compris *entièrement* dans

la classe des orateurs vantés pour la sublimité de leur éloquence, et tout le raisonnement dont la proposition ferait partie, serait vicié par cette puérile erreur.

78. Il est essentiel d'observer que dans la proposition *affirmative* l'attribut, eu égard au sujet, ne doit pas être pris dans toute son extension, mais dans toute sa compréhension (34-61). Exemple : *L'homme est un animal.*

Le mot animal embrasse une foule de créatures autres que l'homme, son extension doit donc être restreinte relativement à lui : l'homme n'est pas tel ou tel animal indifféremment, il est un animal d'une espèce particulière déterminée. Au contraire, tout ce qui fait qu'un être est un animal, toutes les idées qui entrent dans celle d'animalité, en général, conviennent à l'homme et la compréhension reste complète.

79. Dans la proposition *négative*, l'attribut est nié du sujet dans toute son extension, mais ne doit pas l'être dans toute sa compréhension, (55-41). Exemple : *L'homme n'est point un être parfait.*

Ici il est évident qu'aucun être parfait ne doit être confondu avec l'homme, sans que néanmoins l'homme ne puisse offrir en lui un ou plusieurs des attributs qui concourent à la perfection.

80. Tout ce qu'on peut affirmer du genre, on

peut l'affirmer de l'espèce. Tout ce qu'on peut affirmer de l'espèce, on peut l'affirmer de l'individu. S'il est vrai que l'animal est sensible, il est vrai que l'insecte est sensible. S'il est vrai qu'il dépend de l'homme de vaincre ses passions, il est vrai qu'il dépend de moi de vaincre ma colère.

81. Mais tout ce qui est vrai de l'individu n'est pas vrai de l'espèce; tout ce qui est vrai de l'espèce n'est pas vrai du genre auquel elle appartient. Quoiqu'il soit vrai que tel corps est vivant, il n'est pas généralement vrai que les corps soient vivans. Quoiqu'il soit vrai que telle espèce d'animaux est bipède, il n'est pas vrai en général, que les animaux soient bipèdes.

82. Au contraire, tout ce qu'on peut nier de l'individu, on peut le nier de l'espèce. Tout ce qu'on peut nier de l'espèce, on peut le nier du genre auquel elle est subordonnée. S'il n'est pas vrai que tel homme soit juste, il n'est pas vrai, en général, que l'homme soit juste. S'il n'est pas vrai que la plante soit sensible, il n'est pas vrai, en général, que l'être vivant soit sensible.

83. Au contraire, on peut nier du genre ce qu'on ne peut pas nier de l'espèce. On peut nier de l'espèce ce qu'on ne peut nier de l'individu. Nier que l'être vivant soit sensible, ce n'est pas nier que l'animal soit sensible. Nier que l'homme soit juste,

ce n'est pas nier que tel homme soit juste.

84. Ces différences viennent de ce que le genre est essentiellement compris dans l'espèce, l'espèce dans l'individu ; au lieu que ni l'individu avec ses propriétés n'est compris dans l'espèce, ni l'espèce avec ses différences n'est comprise dans la simplicité du genre, puisque le genre et l'espèce réunissent seulement les objets par un point de vue commun, qui ne saisit qu'une de leurs manières d'être (23).

85. Ces règles ne sont pas nouvelles, et l'on est étonné que M. DESTUTT-TRACY, faisant la critique de l'art logique, se soit imaginé avoir trouvé la première [1].

86. Les anciens logiciens qui faisaient consister la beauté de la science dans le nombre et l'étendue des nomenclatures, ont divisé la proposition en une multitude d'espèces qu'il est assez inutile de rappeler. Nous nous contenterons de faire connaître les principales et les plus usuelles.

87. La proposition *simple* est celle qui n'a qu'un sujet et qu'un attribut.

88. Elle est *composée* quand elle a plusieurs su-

---

[1] « De plus, il est à remarquer, *et je crois que cela ne l'a jamais été*, que dès que deux idées sont comparées dans une proposition, l'extension de la plus générale est tacitement réduite à l'extension de la plus particulière ; car quand je dis que *l'homme est un animal,* je veux certainement dire qu'il est un animal de l'espèce humaine, et non de tout autre, autrement je dirais une sottise énorme. » *Principes logiques,* Paris, 1817, in-8º, pag. 76.

jets ou plusieurs attributs ; ou à la fois plusieurs sujets et plusieurs attributs. Lusignan à Zaïre :

Je suis bien malheureux ! *C'est ton père, c'est moi,*
C'est ma seule prison qui t'a ravi ta foi !

89. *Complexe* quand son sujet ou son attribut ou tous les deux ensemble, sont affectés de quelques développemens particuliers. Exemple :

« La plus noble conquête que l'homme ait jamais faite est celle de ce fier et fougueux animal qui partage avec lui les fatigues de la guerre et la gloire des combats.... »

Buffon.

La proposition complexe contient une proposition principale et une ou plusieurs propositions incidentes.

Proposition principale : *La plus noble conquête de l'homme est celle du cheval.*

Propositions incidentes. *Le cheval est un animal fier. — Le cheval est un animal fougueux. — Le cheval partage avec l'homme les fatigues de la guerre. — Le cheval partage avec l'homme la gloire des combats.*

90. Si la phrase *incidente* n'a d'autre mérite que celui de rendre plus claire et plus distincte l'idée

du sujet ou de l'attribut, alors on peut la retrancher, sans que pour cela la proposition change de nature. Mais si au contraire elle restreint la signification ou l'idée du sujet ou de l'attribut de la proposition principale, alors on ne peut point la retrancher, parce que celle-ci n'est vraie qu'autant qu'elle renferme l'incidente. Exemple : *L'homme qui trahit sa patrie est indigne de pardon. — La tempérance est une vertu nécessaire aux vieillards.* Dans ce cas, l'idée accessoire, au lieu d'être simplement explicative, est définitive, parce qu'elle ajoute à l'idée principale une particularité qui spécifie la nature ou la qualité de l'objet. C'est donc sur l'incidente définitive que doit se porter l'attention, quand il est question de s'assurer de la vérité d'une proposition.

91. On dit encore que la proposition est *absolue* ou *assertoire* quand elle exprime purement et simplement l'affirmation ou la négation de l'attribut. Exemple : *Les Belges étaient les plus braves des Gaulois ;* et qu'elle est *modale* si elle énonce la manière dont l'attribut est affirmé ou nié du sujet. Exemple : *Le monde n'existe pas nécessairement. — Le soleil n'est pas essentiellement lumineux.*

92. La proposition *hypothétique* ou *conditionnelle* (54) s'appelle aussi *conjonctive*.

93. Un *axiome* est une proposition d'une vérité si claire, si manifeste, qu'elle se pose elle-même.

94. Un *théorème* est une proposition qui énonce une vérité accompagnée de sa démonstration ou *ratio quæ rei dubiæ faciat fidem*, comme dit Cicéron [1]. Un *problème* est une question qui nécessite quelque opération ou quelque démonstration.

95. Un *corollaire* est une proposition déduite d'une proposition démontrée.

96. Un *lemme* est une proposition préliminaire destinée à rendre plus facile la démonstration d'un théorème ou la solution d'un problème.

97. Un *scolie* est une remarque à laquelle une démonstration précédente donne lieu.

« Dois-je me justifier d'avoir négligé l'usage de ces mots, dit Bezout, dans la préface de sa Géométrie. Deux raisons m'ont déterminé, la première c'est qu'il n'ajoute rien à la clarté des démonstrations. La seconde est que cet appareil peut souvent faire prendre le change à des commençans, en leur persuadant qu'une proposition revêtue du nom de théorème doit être une proposition aussi éloignée de leurs connaissances, que le nom l'est de ceux qui leur sont familiers. »

§ X.

Des moyens de vérification applicables aux propositions.

98. Ces moyens sont la *division*, la *définition* ou

[1] Topic. II, 8

description, la *conversion*, la *traduction* et l'*opposition*.

99. La *division* est l'opération logique qui décompose l'extension, celle qui décompose la compréhension s'appelle définition ou description (36-41). Ces deux opérations sont en quelque sorte absorbées dans l'analyse des logiciens modernes.

100. Si l'on me soutient, par exemple, que *toutes les idées naissent de la sensation*, pour savoir si l'attribut *naissant de la sensation*, convient réellement au sujet, il sera indispensable de le diviser dans ses différentes parties, c'est-à-dire de rechercher combien il y a d'espèces d'idées, et si toutes présentent le même caractère d'origine (143).

101. La division doit être immédiate, distincte et complète, c'est-à-dire qu'elle doit commencer par les parties principales ; que les parties ne doivent pas rentrer les unes dans les autres, que plus il y aura d'opposition entre elles et plus la division sera parfaite [1], et enfin qu'on ne doit en omettre aucune, ce qui ne signifie pas, cependant, qu'il faille pousser la décomposition à l'infini : elle ne doit aller ni au delà de nos besoins, ni au delà de nos moyens.

102. Les anciens distinguaient la *partition* de la division. La première est le partage d'un tout dans

---

[1] Ainsi on divisera les substances en substances étendues et inétendues, plutôt qu'en quadrupèdes et en purs esprits.

ses différens membres, la seconde la décomposition d'une espèce en ses individus, d'un genre dans ses espèces, en grec *ιδέαι*, en latin *species* et plus élégamment *formæ* [1]. Exemple de partition, lorsqu'on distingue dans le drame l'exposition, le nœud, la catastrophe. Exemple de division, lorsqu'on admet le drame qui se borne à émouvoir ou à piquer la curiosité par des moyens pour ainsi dire matériels, le drame qui tend au même but par l'exposition de la nature et de la vie réelles, sans les expliquer; enfin, le plus parfait de tous, le drame qui les expose et les explique; autre exemple où la musique se divise en deux espèces : celle qui ne vise qu'à des combinaisons harmoniques ou mélodieuses, sans rapport nécessaire à une situation, à un sentiment donnés; celle qui tend surtout à traduire mot à mot les situations et les sentimens : en un mot *musique italienne* et *musique française*.

103. Une autre division consiste à partager une proposition composée en toutes les propositions simples qu'elle renferme, afin de les vérifier chacune séparément, et à dégager des propositions complexes, les incidentes définitives qui souvent cachent un piége ou une erreur. Par exemple, on vous dit : « La matière qui est susceptible de sensibilité, peut l'être aussi d'intelligence; le corps organisé qui sent

[1] Cicer. Top. v et vii.

peut aussi penser. » Rien de plus captieux, remarque Marmontel [1]; car la proposition principale est incontestable, si vous accordez l'incidente.

104. On sait déjà en quoi consiste la *définition* (99). On peut ajouter que c'est une proposition dont le sujet est le nom de l'attribut. Pour s'assurer qu'une proposition est une vraie définition, il faut en renverser les termes et voir s'ils peuvent se lier par le mot *s'appelle* ou *s'appellent*. Par exemple :

Un cercle est une surface plane fermée par une courbe dont tous les points sont également éloignés d'un seul.
— *Une surface plane fermée par une courbe dont tous les points sont également éloignés d'un seul s'appelle un cercle.*

Si le sujet et l'attribut contiennent plus d'une seule idée, sous deux expressions différentes, il n'y a point définition. Les vraies définitions sont des propositions identiques quant à l'idée, équivalentes quant à la forme.

105. Il faut commencer par définir, dit Cicéron, *Omnis enim, quæ a ratione suscipitur de aliqua re, institutio, debet a definitione proficisci.* De Off. III, 7. Ce précepte ne doit pas être pris à la lettre. *Définir* veut dire limiter, assigner des limites; or, pour assigner des limites à un objet, il faut en connaître toute l'étendue, il faut l'avoir exactement mesuré.

---

[1] *Logique*, leçon cinquième.

Mais il est rare que, dès les premiers pas, on ait une vue aussi nette de son sujet. Il y a même des sciences très-avancées qui ne sont point parvenues à donner une définition fixe et incontestée de leurs principaux élémens. La jurisprudence en est à chercher une telle définition pour le *droit*, la morale pour le *bon* et les arts pour le *beau*. La jurisprudence, la morale et les arts seraient encore dans l'enfance, s'ils n'avaient pris le sage parti de passer outre.

106. *Règle générale.* Si les définitions ne contiennent aucune notion qui aient besoin de développemens préliminaires, commencez par définir, rien ne s'y oppose. Si le contraire a lieu, si les définitions résument la science, réservez-les pour le moment où elles pourront être entendues sans difficulté. Quel fruit, par exemple, se promettrait-on de tirer, en ouvrant un traité de philosophie, de définitions telles que celles-ci : *La philosophie est la science du possible en tant que possible?* Et cependant Wolf en est si charmé, qu'il donne la date précise de sa découverte [1].

107. Mais il est des sciences qui débutent nécessairement par des définitions, des sciences dont les définitions sont la base indispensable, telles que les mathématiques pures qui reposent moins, comme

---

[1] Sur cette définition voir l'ouvrage de Ch. Villers, relatif à la philos. de Kant, p. 27, note.

on l'a cru, sur des axiomes que sur cette espèce de fondement. C'est que leurs objets sont construits par l'esprit, au moyen des formes subjectives de l'espace et du tems, que l'on n'est jamais plus assuré de la perfection d'une analyse que quand c'est sa propre composition qu'on décompose ; tandis qu'il n'en est pas ainsi des objets donnés à l'esprit, dans lesquels une analyse subséquente peut faire découvrir d'autres caractères que ceux fournis par l'analyse primitive, sans qu'on soit jamais assuré que de nouvelles expériences ne rendront pas inutile tout ce travail intellectuel.

108. En ce sens les définitions sont des principes [1], en ce sens le champ des rigoureuses et véritables définitions est celui des mathématiques pures.

109. On demande encore si les définitions sont arbitraires. On peut répondre qu'il est permis à chacun d'appeler les choses du nom qui lui plaît, bien entendu, cependant, que quiconque use de ce droit, court le risque de parler ou d'écrire pour lui seul s'il fait sa langue sans nécessité, sans discernement et sans goût.

110. En général on définit par le genre prochain et la différence prochaine [2].

---

[1] Dugald Stewart, *Philos. de l'esprit humain*, III, 24.
[2] *Sic igitur veteres præcipiunt : « Quum sumseris ea, quæ sunt ei rei, quam definire velis, cum aliis communia, usque eo persequi, dum proprium efficiatur, quod nullam in aliam rem transferri possit. »* Et là dessus Cicéron définit l'héritage et les *Gentiles*. Topica, vi.

Le genre prochain c'est l'attribut de la chose définie qui convient au plus petit nombre possible d'espèces.

La différence prochaine, c'est le principal attribut constitutif et caractéristique de la chose définie.

Exemple : *Un triangle est une surface terminée par trois lignes droites.*

On pourrait dire : un triangle est une *étendue* (*genre*); mais il y a plus de précision dans le mot *surface* (*genre prochain*), qui est l'étendue, abstraction faite de sa profondeur. Surface seule conviendrait également au cercle, au carré, au parallélogramme, etc. Le triangle n'est pas toute surface; c'est seulement celle qui est terminée par trois lignes (*différence*), et qui plus est, par trois lignes droites (*différence prochaine*).

111. Dans les définitions il faut tâcher de saisir deux idées déjà connues, savoir : l'idée qui précède immédiatement celle qu'on cherche, et la modification qui transforme cette première idée; de manière qu'une suite de définitions appartenantes à la même science se lie autant que possible, par le rapport de génération des idées : moyen assuré d'éviter l'arbitraire et de passer constamment du connu à l'inconnu. (*Psych.* 110.)

112. Les définitions doivent être positives. En effet les termes négatifs disent bien ce que la chose n'est pas, mais non ce qu'elle est, d'où il suit qu'ils

servent peu à produire une connaissance distincte.

113. « Souvent, remarque CICÉRON, les orateurs et les poètes, pour donner au style plus d'agrément, définissent par une métaphore.... Aquillius, mon collègue et mon ami, ayant à parler des rivages, que vous autres jurisconsultes, regardez tous comme une propriété publique, répondait à ceux qui lui demandaient ce qu'il entendait par rivage, que « c'était l'endroit où les flots viennent se jouer. » C'est comme si l'on définissait l'adolescence *la fleur de l'âge*, et la vieillesse *le couchant de la vie*. Aquillius parlait ici comme un poète et oubliait les termes de son art [1]. »

Une conversation entre Pépin, fils de Charlemagne, et Alcuin, conversation qui, rapportée par ce dernier, est de nature à faire connaître son enseignement et le caractère scientifique de l'époque, offre grand nombre de prétendues définitions de cette espèce.

« *Pépin.* Qu'est-ce que l'écriture ?
Alcuin. La gardienne de l'histoire.

---

[1] « *Sæpe etiam definiunt et oratores et poetæ per translationem verbi, ex similitudine, cum quadam suavitate.... Solebat igitur Aquillius, collega et familiaris meus, quum de littoribus ageretur, quæ omnia publica esse vultis, quærentibus iis, ad quos id pertinebat, quod esset littus, ita definire « qua fluctus alluderet. » Hoc est quasi qui « Adolescentiam florem ætatis ; senectutem occasum vitæ » velit definire. Translatione utens discedebat a verbis propriis rerum ac suis.* » TOPICA, VII.

Pépin. Qu'est-ce que la parole?

Alcuin. L'interprète de l'âme.

Pépin. Qu'est-ce que l'homme?

Alcuin. L'esclave de la mort, un voyageur passager, hôte dans sa demeure.... »

Les sauvages, peu habitués à l'analyse des idées, et qui s'attachent, avant tout, aux images sensibles, donnent aussi des métaphores pour des définitions. Cette pensée ingénieuse et délicate du sourd-muet Massieu, ne contient pas non plus une définition véritable, malgré sa justesse : *La reconnaissance est la mémoire du cœur.*

114. Lorsqu'on définit le mot par décomposition, dérivation ou analogie grammaticales, cette opération se nomme étymologie, *notatio, veriloquium,* ἐτυμολογία [1].

115. Il y a des définitions de mots et des définitions de choses (35).

116. La *conversion* repose sur cette vérité que la relation ou le rapport qui est entre deux termes est mutuelle et *réciproque,* ou que si A=B, réciproquement B=A ; donc une proposition ne peut être vraie ou fausse sans que sa réciproque ne soit pareillement vraie ou fausse. C'est pourquoi si, lorsqu'on éprouve quelque embarras à réfuter ou à établir directement certaine proposition, on lui donne une

---

[1] Topica, VIII.

réciproque simulée et fallacieuse, elle devient une source de malentendus et de disputes. Exemple : Si après avoir accordé cette proposition *juger, c'est sentir,* vous admettez que la réciproque soit celle-ci : *sentir, c'est juger,* le système des sensualistes sera démontré.

117. Pour se prémunir contre de pareils piéges, il faut ne point perdre de vue la règle suivante : Conserver dans les termes de la réciproque le même sens, c'est-à-dire la même extension et la même compréhension qu'ils avaient dans la proposition convertie.

Quand on dit, par exemple, *juger, c'est sentir,* cela revient à dire que juger, c'est *sentir d'une manière particulière* (78), et la réciproque est celle-ci : *sentir d'une manière particulière, c'est juger.* Proposition qu'on peut admettre, si l'on tombe d'accord que le mot *sentir* embrasse tous les phénomènes de la réceptivité et de l'activité du *moi,* et n'exprime pas seulement ce qu'on éprouve à la présence des corps.

118. On aura une formule générale de conversion en changeant l'actif en passif. Exemple : *Un corps électrisé* ATTIRE *de loin les petits corps mobiles.* — *Les petits corps mobiles* SONT ATTIRÉS *de loin par un corps électrisé.*

119. Si la conversion pure et simple présente quelque embarras, si elle expose à des méprises,

on doit préalablement traduire la proposition, en lui en substituant une qui soit équivalente et cependant plus facile à convertir : ce qui arrive surtout pour les propositions négatives. Exemple : *Quelques écoliers ne sont pas studieux.* Traduction : *La catégorie des êtres studieux ne comprend pas tous les écoliers.* Conversion : *Tous les écoliers ne sont pas compris dans la catégorie des êtres studieux.*

120. Quoique toute proposition déterminée puisse être convertie en une autre proposition réciproque et identique, et que deux propositions réciproques et identiques aient nécessairement les mêmes qualités logiques, cependant l'usage a prévalu, même parmi les mathématiciens, de dire, en certains cas, telle proposition est vraie, mais sa réciproque est fausse.

121. Ainsi, pour concilier les principes avec les locutions vicieuses qui sont, en quelque sorte, autorisées par l'usage, il faudrait distinguer une réciprocité apparente et grammaticale, et une réciprocité exacte ou logique.

Ainsi, une proposition vraie pourra avoir une proposition fausse pour sa réciproque apparente et purement grammaticale, comme dans les cas suivans : *Qui peut le plus, peut le moins.* — *Deux angles alternes internes sont égaux.*

Qui ne voit que ces sortes de propositions sont

loin d'être réciproques avec les propositions suivantes :

Qui peut le moins, peut le plus. — *Les angles égaux sont alternes internes.*

122. Mais lorsque la réciproque grammaticale se confond avec la réciproque logique, lorsque le premier terme ou le sujet a la même extension et la même compréhension que le second terme ou l'attribut, comme dans les définitions et équations, la conversion n'exige aucune précaution ou traduction préalables.

123. La *traduction* dont on vient de parler (119), est encore un procédé analogue à ceux employés par les mathématiciens, qui substituent à l'expression d'une valeur une autre expression propre à faciliter le calcul, une quantité connue à une x inconnue. Elle répond aussi à ce qu'ils appellent réduire une quantité à sa plus simple expression, quand elle dépouille une proposition de l'apparence de profondeur, de gravité et d'importance, ou de l'appareil scientifique qui l'accompagnent, et qu'elle fait sortir une idée usée et triviale d'une maxime solennelle, prétentieuse et éblouissante.

Projicit ampullas et sesquipedalia verba...
Non fumum ex fulgore sed ex fumo dare lucem
Cogitat. Horat.

124. Voltaire a dit que la pierre de touche des

vers est de les traduire en prose, et que s'ils résistent à cette épreuve, alors ils sont bons. Ce moyen de s'assurer de l'exactitude du sens, sans être déçu par la pompe ou l'artifice des formes, n'est pas également applicable à la diction, car la poésie a a langue et sa grammaire à part.

125. La clarté est la qualité essentielle de la langue française. D'autres idiomes se contentent d'une lueur nébuleuse et incertaine. Voulez-vous donc savoir, par exemple, si une pensée allemande est réellement féconde, sublime, traduisez-la en français, je veux dire dans le français des modèles, et si cette transformation laisse la pensée intacte, du moins pour le fonds, admirez-la en toute sûreté de conscience.

§ XI.

Opposition des propositions.

126. L'*opposition* consiste à affirmer et nier en même tems, d'un même sujet le même attribut et sous le même rapport.

127. Il y a deux sortes d'opposition, la *contradictoire* et la *contraire*.

128. L'*opposition contradictoire* est celle qui dit simplement ce qui est suffisant pour réfuter une proposition. Exemple : *Toutes les idées naissent de la sensation. — Quelques idées ne naissent pas de la*

sensation. Les propositions contradictoires sont donc opposées en quantité et en qualité.

129. L'*opposition contraire* est celle qui dit plus qu'il n'est nécessaire pour réfuter la proposition avancée. Exemple : *Toutes les facultés de l'âme sont des sensations transformées.* — *Aucune faculté de l'âme n'est la sensation transformée.* Les propositions contraires sont opposées seulement en qualité.

130. Deux propositions contradictoires ne sauraient être vraies et fausses en même tems.

131. Deux propositions contraires ne peuvent être vraies en même tems, mais elles peuvent être fausses tout à la fois, parce qu'avançant plus qu'il ne faut pour se réfuter mutuellement, il est possible que l'une et l'autre soient exagérées et qu'elles péchent par excès. Entre des propositions contraires il se peut trouver une ou plusieurs propositions mitoyennes qui représenteraient un juste milieu où serait la vérité. Exemple : *Toute liberté est possible.* — *Aucune liberté n'est possible.* — *Quelque liberté est possible.*

132. Les propositions *subalternes* ne diffèrent que par la quantité. Exemple : *Toute liberté est possible, quelque liberté est possible.* — *Aucune liberté n'est possible, quelque liberté n'est pas possible.*

Elles peuvent être toutes les deux vraies, elles peuvent être toutes les deux fausses : avec ces différences que la vérité de l'universelle emporte la vérité de la particulière, et que la fausseté de la particulière emporte la fausseté de l'universelle, sans que cela soit réciproque.

133. Les *sous-contraires* ne diffèrent que par la qualité. Exemple : *Quelque liberté est possible. — Quelque liberté n'est pas possible.* Elles peuvent être toutes les deux vraies, mais elles ne peuvent pas être toutes les deux fausses, car s'il est faux que *quelque liberté ne soit pas possible*, il sera vrai que *quelque liberté l'est.*

TROISIÈME PARTIE.

LE RAISONNEMENT OU LA DIALECTIQUE.

§ XII.

De l'absolu.

134. La *sensibilité*, soit externe, soit interne, à l'aide de sa double forme de l'*espace* et du *tems*, nous livre des intuitions dont s'empare l'*entendement* qui, dans ses fonctions diverses d'attention, de mémoire, de comparaison, de jugement et même d'imagination, les détermine, les lie et en compose des idées ou des concepts que la *raison*, pour couronner l'œuvre de l'intelligence, élève à l'*absolu*, c'est-à-dire, à l'*illimité*, à l'*inconditionnel* (7 et *Pysch.* 122.)

135. Les catégories de quantité et de qualité n'opèrent pas la synthèse ou l'union intime du sujet et de l'attribut (54). Les premières regardent le sujet seul, les secondes l'attribut uniquement. Celles de modalité ne contribuent en rien non plus à la réunion de deux idées, puisqu'elles ne concernent que la possibilité, la réalité ou la nécessité de

l'attribut. Mais il n'en est pas ainsi des catégories de relation qui consomment cette synthèse. La raison s'appliquant au jugement pour donner naissance au raisonnement, ne s'emparera que de leurs formes *catégorique*, *hypothétique* et *disjonctive* (54).

136. Si l'entendement fournit à la raison un jugement *catégorique*, comme l'*air est pesant*, la raison cherche à trouver un sujet qui ne soit plus conditionnel, qui ne soit plus dépendant, elle remonte du particulier au général et ne s'arrête que lorsqu'elle a trouvé une proposition dont le sujet est inconditionnel ou absolu, proposition qui ne saurait être le résultat de l'expérience toujours nécessairement limitée et partielle.

137. C'est ainsi que la raison arrive à la conception d'*unité absolue*, laquelle ne peut être que le *moi* ou le sujet pensant *identique* et *simple*. La catégorie d'*unité*, revêtue du caractère de l'*absolu*, est dite, par excellence, *idée psychologique* (4 note), expression inexacte, puisqu'il n'y a d'*inné* que des dispositions, des propensions à former certaines idées, à les lier, à les combiner d'une certaine manière, et que les idées elles-mêmes ne *naissent* toutes qu'à *l'occasion* de l'expérience (50).

138. Quand l'entendement suggère à la raison un jugement *hypothétique*, dans lequel l'attribut n'est uni au sujet que sous une certaine *supposition* ou *hypothèse*, comme celui-ci : *S'il y a un juge su-*

prême, le crime sera puni; la raison cherche alors une supposition qui ne s'appuie plus sur une autre, une supposition qui est absolue.

✱ 139. Or, aucun phénomène dans la nature ne saurait être la supposition, l'hypothèse absolue, car tous les phénomènes dans le tems et dans l'espace relèvent de la loi de causalité. Aucune *quantité* ne pouvant être considérée comme absolue, l'hypothèse absolue des phénomènes ne peut être que leur ensemble, c'est-à-dire, toute la nature, qui seule établit la *totalité absolue.*

140. La catégorie de *totalité*, revêtue du caractère de l'*absolu*, prend le nom d'*idée cosmologique.*

141. De l'*unité simple* ou *substance absolue* et de la *totalité absolue* de toutes les *causes*, s'engendrent en nous ces deux extrêmes de l'*infini*, *l'infiniment petit* et *l'infiniment grand.* L'*élément* est le résultat de l'absolu appliqué à l'*unité. L'univers* est le résultat de ce même *absolu* appliqué à la *totalité*, et ces conceptions sortant du domaine de la logique pour usurper une forme objective, la première a donné lieu aux *monades* de Leibnitz, la seconde au *panthéisme* de Spinoza.

142. Reste la troisième forme ou le jugement *disjonctif.* Lorsque l'entendement livre à la raison un jugement de cette nature où l'attribut est réuni au sujet comme partie d'un tout, par exemple: *le monde existe ou par un hasard aveugle, ou par une*

nécessité intérieure, ou par une cause extérieure, la raison cherche un autre jugement qui renferme la division absolue.

143. Or, la réunion de tous les phénomènes ne peut pas fournir la généralité absolue des membres de la classification, car, d'après la loi de *communauté*, ils dépendent les uns des autres. Pour établir le jugement : *Uranus est une planète,* il faut supposer une division qui renferme toutes les planètes (100); mais les planètes sont des astres, les astres sont des corps, les corps sont des êtres, etc.; on voit donc que ce jugement repose, en définitive, sur une division complète de tous les êtres, quant à leur existence : donc pour avoir la *totalité absolue* de la division, il faut que la raison admette un *être suprême* ou *absolu,* renfermant en lui toutes les existences.

144. La catégorie d'*existence* revêtue du caractère de l'*absolu,* s'appelle *idée théologique.*

§ XIII.

Du syllogisme [1].

145. Raisonner c'est aller du connu à l'inconnu, c'est déduire un jugement (*conclusion*) de deux autres jugemens qui précèdent (*prémisses.*)

[1] Σύν ensemble, λόγος rapport (148).

146. La validité de tout raisonnement repose sur l'*absolu*. En effet, la raison n'arrive à la connaissance de la conclusion qu'en cherchant dans les prémisses sa condition générale. Or, les prémisses elles-mêmes peuvent être regardées comme des conclusions, à moins qu'elles ne soient des *principes* ou des connaissances *à priori*, et la raison procède par une suite de raisonnemens préliminaires, jusqu'à ce qu'elle soit arrivée à une condition qui ne dépende pas d'une autre et qui est absolue (136 et suiv.).[1]

147. Donc quand le *conditionnel* est donné, toutes les conditions, sans exception, sont données avec lui, et par conséquent l'absolu est lui-même donné. Donc raisonner n'est que ramener le *conditionnel* à l'*absolu*, le *contingent* au *nécessaire*, le *particulier* à l'*universel*.

148. Un raisonnement, d'après ce qui précède, dépend, comme on l'a déjà dit, de la perception d'un rapport entre deux jugemens. Ce rapport est de contenance. Si deux jugemens contiennent une idée commune, les deux autres idées se lieront soit *affirmativement*, soit *négativement*, dans la conclusion; formule analogue à celles des mathématiciens : *Deux quantités égales à une troisième, sont égales en-*

---

[1] Ceci rend plus clair encore la différence qui existe entre l'instinct des animaux et l'intelligence de l'homme (pp. 252—258.)

tre elles. — *Deux quantités inégales entre elles ne peuvent être simultanément égales à une troisième.*

149. A l'imitation des géomètres qui plantent des jalons entre deux points pour en mesurer la distance, lorsqu'elle est d'une certaine étendue, l'esprit cherche à introduire entre deux idées dont la liaison, soit *affirmative*, soit *négative*, lui paraît douteuse, une idée *moyenne* qui rende cette liaison manifeste.

150. Quand on déduit ainsi explicitement une proposition d'une autre proposition, par l'entremise d'une troisième, on fait un *syllogisme*.

151. Selon que le raisonnement s'appuie sur des jugemens *catégoriques*, *conditionnels* ou *disjonctifs*, le syllogisme prend l'un ou l'autre de ces noms.

§ XIV.

Du syllogisme catégorique.

152. Il se compose de trois propositions catégoriques (54), les deux premières appelées *prémisses* (*præmissæ*), la dernière *conclusion* ou *conséquence*, et c'est celle qui était en question ; avant d'être prouvée elle se nomme *thèse*.

153. Des prémisses, l'une est la *majeure* (*propositio seu regula*), ainsi nommée parce qu'elle contient le *grand extrême*, le *grand terme* ou l'attribut de la conclusion ; l'autre la *mineure* (*assumptio*), qui ren-

ferme le *petit extrême*, le *petit terme* ou le sujet de la conclusion : car hormis le cas où les deux termes définis l'un par l'autre sont rendus convertibles (106), c'est toujours l'attribut qui est le plus étendu (37).

154. Le terme qui sert à unir le *petit* au *grand*, est le *terme moyen*.

155. Ainsi dans les trois propositions dont se forme le syllogisme régulier, il n'y a que trois termes distincts : le *moyen* qui, employé à la comparaison des deux autres, se répète dans les deux prémisses *exclusivement;* le *grand* et le *petit* qui se réunissent dans la conséquence après avoir été séparément celui-là dans la *majeure*, celui-ci dans la *mineure*. Exemple :

Majeure : *Tous les corps (terme moyen) sont pesans (grand extrême);*

Mineure : *Or l'air (petit extrême) est un corps (terme moyen);*

Conclusion : *Donc l'air est pesant.*

Ici la majeure occupe la première place; c'est, en effet, son rang habituel, mais elle pourrait changer de position, sans que la légitimité de la conséquence en souffrît :

L'air est un corps;
Or tous les corps sont pesans;

Donc l'air est pesant.

156. On voit que le *terme moyen* est contenu dans le *grand extrême*, c'est-à-dire, que la classe des *corps* est comprise dans celle des *graves ;* et qu'au contraire il contient le *petit extrême*, c'est-à-dire, que l'*air* fait partie de la classe des *corps.*

157. Si le rapport réciproque des deux extrêmes était d'une évidence incontestable, le syllogisme deviendrait oiseux. La conclusion doit énoncer une vérité mise en doute et différente des prémisses, mais prouvée par elles.

158. Puisque la conclusion est le résultat des prémisses, les prémisses doivent être accordées avant qu'on en vienne à la conclusion. Si l'une des deux est douteuse et reste à prouver, la conclusion est en suspens.

159. Trois propositions dont chacune serait vraie en elle-même, mais dont la dernière ne serait pas la conséquence des deux autres, feraient un mauvais syllogisme. Exemple :

La tempérance est une vertu ;
La tempérance est louable ;
Donc la vertu est louable.

Il n'y a ici rien à contester pour le fond. Mais la conclusion n'en est pas meilleure pour cela. Dans sa dépendance des prémisses, elle doit énoncer non pas que *toute* vertu est digne d'éloges, mais seulement qu'une *certaine vertu* est louable, attendu que la tempérance n'est pas toute vertu, n'est pas une vertu quelconque.

160. Au contraire, trois propositions dont chacune serait fausse, ne laisseraient pas de faire un syllogisme régulier, si la dernière était conséquente :

Tout sentiment courageux est louable;
Or l'impudence est un sentiment courageux;
Donc l'impudence est louable.

Tout cela est faux ; mais l'argument, sous le rapport de la forme, est bon, car si les prémisses étaient vraies, la conclusion qui en est tirée le serait nécessairement, et le courage de la honte resterait un sentiment louable.

161. D'où il suit qu'un syllogisme ne garantit que la légitimité de la conclusion eu égard aux prémisses; c'est par des prosyllogismes (208) ou par d'autres procédés logiques, que les prémisses se vérifient (98-132).

162. Tout raisonnement appliquant une mesure aux idées qu'il compare, pour que le mesurage soit exact, il faut que la mesure soit une et immuable; ce qui n'a lieu qu'autant que le moyen terme conserve dans les deux prémisses l'identité

parfaite de signification, c'est-à-dire, la même compréhension et la même extension (36-41).

163. Le moyen terme perd son unité de signification : 1° lorsqu'il contient une équivoque ; 2° lorsqu'il passe du sens figuré au sens direct ; 3° du sens composé au sens divisé ; 4° du genre à l'espèce et réciproquement. Exemple d'équivoque :

*Ce que vous n'avez point perdu, vous l'avez encore ;
Or vous n'avez point perdu des cornes ;
Donc vous avez des cornes.*

L'équivoque roule sur quelques mots sous-entendus :

Ce que vous possédiez et que vous n'avez point perdu, vous l'avez encore, etc.

Ce syllogisme appelé le *Cornu*, *Cornutus* ou Κερατίνη, a été fameux chez les anciens [1], sans qu'on puisse s'expliquer cette célébrité.

Ressuscité au moyen-âge, il remplissait d'étonnement l'empereur Conrad III, qui ayant toujours des savans à sa table, s'émerveillait des attaques continuelles qu'ils se livraient. Un des docteurs lui demanda un jour : « Avez-vous un œil ? — Oui, certainement, lui répondit l'empereur. — Avez-vous deux yeux ? — Oui, sans doute. — Un et deux font

---

[1] T. Stanleii *Hist. philos.* Lips., 1711, in-4°, p. 267.

trois ; vous avez donc trois yeux. » Conrad pris comme dans un piége, soutint toujours qu'il n'en avait que deux, mais lorsqu'on lui eût expliqué l'artifice de cette logique, il convint que les gens de lettres menaient une vie bien agréable[1]!! L'argument qui embarrassait Conrad, revient à ceci :

Vous possédez en somme ce que vous possédez en détail ;

Or en détail vous avez un œil, que dis-je, vous avez deux yeux ;

Donc en somme vous en avez trois.

L'absurdité est trop palpable pour la faire remarquer. Elle provient du passage du sens divisé au sens composé ; or, le sens divisé fait entendre comme distinct dans la pensée, ce qui est réuni dans les termes, et le sens composé réunit ce que le sens divisé sépare. — Exemple du passage du sens figuré au sens direct :

L'esprit voit ;
Or voir est un acte organique ;
Donc l'esprit (en voyant) fait un acte organique.

Dans l'exemple suivant le terme moyen n'a pas non plus la même identité de signification : pour que la première conclusion fût bonne, il faudrait

---

[1] Gingouené, *Hist. litt. d'Italie*, I, 152.

que le genre et l'espèce fussent identiques. Cet exemple est emprunté à Lucien qui, dans ses *Philosophes à l'encan*[1], tourne en ridicule les subtilités de la dialectique :

« Chrysippe. Tu veux plaisanter ; mais prends garde que je ne te décoche un argument péremptoire.

Le Marchand. Et qu'en résultera-t-il pour moi ?

Chrysippe. Doute, silence, confusion, et même je suis le maître de te pétrifier.

Le Marchand. Eh ! mon ami, serais-tu donc un nouveau Persée ?

Chrysippe. Voici comment. Une pierre n'est-elle pas un corps ?

Le Marchand. Oui.

Chrysippe. Un animal n'est-il pas un corps ?

Le Marchand. Oui.

Chrysippe. N'es-tu pas animal ?

Le Marchand. Il me le semble.

Chrysippe. Tu es donc pierre ?

Le Marchand. Je n'en crois rien ; mais cependant rends-moi, je te prie, la forme humaine.

Chrysippe. Cela n'est pas difficile, et je veux bien que tu redeviennes homme. Tout corps est-il animal ?

---

[1] *Vitarum auctio.* Hemsterhusii ed. I.

Le Marchand. Non.

Chrysippe. Une pierre est-elle animal?

Le Marchand. Non.

Chrysippe. Es-tu corps ?

Le Marchand. Oui.

Chrysippe. Es-tu corps et animal tout ensemble?

Le Marchand. Oui.

Chrysippe. Tu n'es donc pas pierre.

Le Marchand. Ah! je te remercie, car, en vérité, comme autrefois Niobé, je sentais déjà le froid me gagner les jambes, et les esprits vitaux commençaient à m'abandonner. » On n'oserait plus proposer aujourd'hui, même à des enfans, ces arguties dont jadis des philosophes se faisaient honneur.

164. La conclusion ne peut jamais être plus forte que les prémisses. Elle peut être moins, mais jamais plus, ni jamais autre chose. Encore un exemple emprunté à l'antiquité et à la logique des stoïciens. Cet argument est mis de nouveau par Lucien dans la bouche de Chrysippe.

« Chrysippe. Le *masqué* est un raisonnement admirable, qu'il ne faut pas non plus que tu ignores. Dis-moi, connais-tu ton père?

Le Marchand. Assurément.

Chrysippe. Eh! bien, si j'avais fait paraître en ta présence un homme masqué, et que je t'eusse demandé si tu le connaissais, que m'aurais-tu répondu ?

Le Marchand. Que je ne le connaissais pas.

Chrysippe. Cependant cet homme au masque était ton père : tu ne l'as pas reconnu, donc tu ne connais pas ton père. »

A travers ce dialogue, il est facile de saisir le syllogisme dont la conséquence est plus forte que les prémisses, attendu qu'il en résulte non pas que le marchand ne connaît pas son père, mais qu'il ne le connaît pas *quand il est masqué*. L'inventeur de cette puérilité célèbre, n'a pas été oublié par Diogènes de Laerte. C'était Diodore, surnommé Cronos [1], disciple d'Eubilides, qui succéda à Euclide, fondateur de l'école de Mégare. Cet argument comme on l'a vu, est connu sous le nom de ἐγκεκαλυμμένος, le *masqué* ou le *voilé*. Diodore fut bien puni de ses finesses, si l'on en doit croire Diogènes de Laerte, grand compilateur d'anecdotes. Dans le temps qu'il vivait à la cour de Ptolomée Soter, Stilpon lui proposa quelques difficultés de dialectique, dont il ne put donner la solution sur-le-champ. Le roi à qui il avait déplu sur quelque autre chose, l'appela *Cronos*, par moquerie et à cause du temps qu'il lui fallait pour répondre. Diodore quitta là-dessus la compagnie, se mit à écrire sur la proposition de Stilpon, et prit la chose si à cœur, qu'il en mourut de chagrin.

[1] Fr.-N.-G. Baguet *de Chrysippo*, pp. 144, 146.

165. Voici encore quelques règles qui ne souffrent point d'exception et qui se démontrent à l'aide de combinaisons graphiques fondées sur ce que *tout ce qui est dans le contenu est dans le contenant*, et que *tout ce qui est hors du contenant est hors du contenu.*

Si la conclusion est universelle, les deux prémisses doivent l'être. Mais quoique les deux prémisses soient universelles, la conclusion ne l'est pas nécessairement. Ainsi que l'on ait tout A est B et tout B est C, on aura tout A est C et quelque C est A. *Voyez fig.* 5.

Le moyen terme, répété dans les deux prémisses, y doit être pris au moins une fois universellement; car s'il était pris deux fois en partie, ce ne serait plus nécessairement le même terme, puisque la partie est indéterminée.

Si *quelque* A *est* B et si C *est* A, il n'en résulte pas que C soit B, et il n'y a pas même de conclusion possible. *Fig.* 6.

> *Un chêne est un arbre;*
> *Un pin est un arbre.*

Qu'il y ait moyen de conclure et on arrivera à ce résultat ridicule qu'un *pin* est un *chêne*.

Si l'une des prémisses est particulière, la conclusion le sera également.

Si l'une des prémisses est négative, la conclusion

sera négative; ce qu'on exprime en disant que : *Pejorem sequitur semper conclusio partem.*

Enfin, de deux prémisses négatives et de deux prémisses particulières, il n'y a rien à conclure. En effet, dans le premier cas, de ce que deux choses ne conviennent ni l'une ni l'autre avec une troisième, il ne s'ensuit ni qu'elles se conviennent, ni qu'elles ne se conviennent pas. Si A *n'est pas* B, si B *n'est pas* C, il ne s'ensuit pas que C *ne soit pas* A, ni que C *soit* A. *Fig.* 7. On pourrait croire que cette règle est en défaut dans l'exemple suivant :

Ce qui n'a point de parties, ne peut périr par la dissolution de ses parties;

Or notre âme n'a point de parties;

Donc notre âme ne peut périr par la dissolution de ses parties.

Mais ici la double négation n'est qu'apparente dans les prémisses; la mineure est au contraire affirmative, puisque le moyen terme qui est le sujet de la majeure, en est l'attribut, c'est-à-dire, ce qui est affirmé de l'âme ou la propriété de n'avoir point de parties. Dans le second cas, le moyen qui doit, d'après ce qui précède, être pris au moins une fois universellement, ne le serait jamais que d'une manière particulière. *Voyez fig.* 7 *bis.*, où l'on a *quelque* A *est* B, *quelque* B *est* C ou *quelque* A *n'est pas* B, *quelque* B *est* C, ou *quelque* A *n'est pas* B, *quelque* A *est* C. Les yeux suffisent pour juger de l'impuissance où l'on est de conclure.

166. En combinant les propositions universelles et particulières, soit affirmatives, soit négatives, ou A, E, I, O, trois à trois, on obtient soixante-quatre permutations ou *modes*. Sur ce nombre Port-Royal n'en reconnaît que dix qui soient concluans, MARMONTEL douze et l'ancienne école dix-neuf [1]. EULER l'a suivie et nous ferons comme lui.

167. Les logiciens scolastiques rangeaient ces dix-neuf modes sous quatre *figures*, c'est-à-dire en quatre classes distinguées par la place qu'occupe le terme moyen dans les prémisses. Soit M le terme moyen, P le petit terme et Q le grand terme, on aura :

Première figure.

MAJEURE.	M — Q.
MINEURE.	P — M.
CONCLUSION.	P — Q.

[1] Ces dix-neuf modes sont énoncés dans ces vers techniques de l'école,

bArbArA cElArEnt dArII fErIO bArAlIpton
CEsArE cAmEstrEs fEstInO bArOcO dArAptI
TElApnOn dIsAmIs dAtIsI bOcArdO fErIsOn
cAmEntEs dImAtIs fEsApnO frEsIsO morum.

Un syllogisme en *baroco* serait celui qui aurait pour prémisses une proposition affirmative générale avec une particulière négative, et dont la conclusion serait aussi particulière négative. Et ainsi du reste. Ces formes prêtaient au ridicule, d'autant plus qu'on y attachait une importance pédantesque. En les prenant pour ce qu'elles étaient, pour un procédé mnémonique, elles n'auraient mérité ni cet excès d'honneur ni cette indignité.

Seconde figure.

Majeure.	Q — M.
Mineure.	P — M.
Conclusion.	P — Q.

Troisième figure.

Majeure.	M — Q.
Mineure.	M — P.
Conclusion.	P — Q.

Quatrième figure.

Majeure.	Q — M.
Mineure.	M — P.
Conclusion.	P — Q.

168. La *première figure* est donc celle où le terme moyen, sujet de la majeure, est l'attribut de la mineure.

La *seconde figure*, celle où le terme moyen attribut de la majeure, l'est aussi de la mineure.

La *troisième figure*, celle où le terme moyen est sujet à la fois de la majeure et de la mineure.

Enfin, la *quatrième figure* celle où le terme moyen d'attribut de la majeure devient sujet de la mineure.

169. Les divers modes se rangent sous ces quatre

figures comme dans le tableau suivant, auquel correspondent nos cercles.

I. *Modes de la première figure.*

1ᵉʳ MODE.
A. A. A.
Tout M est Q ;
Or tout P est M ;
Donc tout P est Q.
} Pl. n° 8.

2ᵐᵉ MODE.
A. I. I.
Tout M est Q ;
Or quelque P est M ;
Donc quelque P est Q.
} Pl. n° 9.

3ᵐᵉ MODE.
E. A. E.
Nul M n'est Q ;
Or tout P est M ;
Donc nul P n'est Q.
} Pl. n° 10.

4ᵐᵉ MODE.
E. I. O.
Nul M n'est Q ;
Or quelque P est M ;
Donc quelq. P n'est pas Q ;
} Pl. n° 11.

II. *Modes de la seconde figure.*

1ᵉʳ MODE.
A. E. E.
Tout Q est M ;
Or nul P n'est M ;
Donc nul P n'est Q.
} Pl. n° 12.

2ᵐᵉ MODE.
A. O. O.
Tout Q est M ;
Or quelque P n'est pas M ;
Donc quelq. P n'est pas Q.
} Pl. n° 13.

3ᵐᵉ MODE.
E. A. E.
Nul Q n'est M ;
Or tout P est M ;
Donc nul P n'est Q.
} Pl. n° 14.

4ᵐᵉ MODE.
E. I. O.
Nul Q n'est M ;
Or quelque P est M ;
Donc quelq. P n'est pas Q.
} Pl. n° 15.

III. *Modes de la troisième figure.*

1ᵉʳ MODE.
A. A. I.
Tout M est Q ;
Or tout M est P ;
Donc quelque P est Q.
} Pl. n° 16.

2ᵐᵉ MODE.
I. A. I.
Quelque M est Q ;
Or tout M est P ;
Donc quelque P est Q.
} Pl. n° 17.

3ᵐᵉ MODE.

A. I. I.
Tout M est Q ;
Or quelque M est P ;
Donc quelque P est Q. } Pl. n° 18.

4ᵐᵉ MODE.

E. A. O.
Nul M n'est Q ;
Or tout M est P ;
Donc quelq. P n'est pas Q. } Pl. n° 19.

5ᵐᵉ MODE.

E. I. O.
Nul M n'est Q ;
Or quelque M. est P ;
Donc quelq. P n'est pas Q. } Pl. n° 20.

6ᵐᵉ MODE.

O. A. O.
Quelque M n'est pas Q ;
Or tout M est P ;
Donc quelq. P n'est pas Q. } Pl. n° 21.

IV. *Modes de la quatrième figure.*

1ᵉʳ MODE.

A. A. I.
Tout Q est M ;
Or tout M est P ;
Donc quelque P est Q. } Pl. n° 22.

2ᵐᵉ MODE.

I. A. I.
Quelque Q est M ;
Or tout M est P ;
Donc quelque P est Q. } Pl. n° 23.

3ᵐᵉ MODE.

A. E. E.
Tout Q est M ;
Or nul M n'est P ;
Donc nul P n'est Q. } Pl. n° 24.

4ᵐᵉ MODE.

E. A. O.
Nul Q n'est M ;
Or tout M est P ;
Donc quelq. P n'est pas Q ; } Pl. n° 25.

5ᵐᵉ MODE.

E. I. O.
Nul Q n'est M ;
Or quelque M est P ;
Donc quelq. P n'est pas Q ; } Pl. n° 26.

Dans ce tableau les combinaisons doubles, c'est-à-dire celles qui ne diffèrent que par la substitution du sujet à l'attribut, ne sont pas réduites. Ainsi, le troisième mode de la quatrième figure rentre dans le premier de la seconde ; les deuxième, quatrième et cinquième de la quatrième dans les deuxième, quatrième et cinquième de la troisième, et le quatrième de la seconde et de la première; le premier de la quatrième dans le troisième de la troisième; le troisième de la troisième dans le second de la première; le troisième de la seconde dans le troisième de la première; enfin le premier de la quatrième dans le premier de la troisième.

170. Les règles du syllogisme sont donc *a priori*, par conséquent nécessaires et d'une certitude mathématique [1]. A des lettres ou à des formules

---

[1] Elles se résument dans les vers techniques suivans :

1. *Terminus esto triplex, medius majorque minorque,*
2. *Latius hunc quam præmissæ conclusio non vult.*
3. *Nequaquam medium capiat conclusio fas est.*
4. *Aut semel aut iterum medius generaliter esto.*
5. *Utraque si præmissa neget, nihil inde sequetur.*
6. *Nil sequitur geminis ex particularibus unquam.*
7. *Ambæ affirmantes nequeunt generare negantem.*
8. *Pejorem sequitur semper conclusio partem.*

  Règles de la première figure dite *sub-præ* :
Sit minor affirmans, major vero generalis.
  Règles de la seconde figure *præ-præ* :
Una negans esto, nec major sit specialis.
  Règles de la troisième figure *sub-sub* :
Sit minor affirmans, conclusio particularis.
  Règles de la quatrième figure *præ-sub* :
Major ubi affirmat, generalem sume minorem.
Si minor affirmat, conclusio sit specialis.
Cumque negans modus est, major generalis habetur.

Quoique cet échafaudage de règles se soit écroulé avec le temps, nous avons cru devoir en parler, afin qu'on ne fût pas étranger à la langue de l'ancienne logique, et parce que d'ailleurs, si la division par modes et par figures est arbitraire, les règles relatives à la nature des différentes conclusions ne le sont pas.

générales on peut substituer des idées déterminées et on arriverait aux mêmes résultats. Par exemple, le troisième mode de la seconde figure, EAE, que l'école appelait *mode* en *celarent*, peut se traduire ainsi :

E. *Rien de violent n'est durable ;*
A. *Or toute loi injuste est violente ;*
E. *Donc aucune loi injuste n'est durable.*

Il en serait de même des autres.

171. Jusqu'ici il n'a été question que de syllogismes formés de propositions *simples* ; s'ils se formaient de propositions *composées* ou *complexes*, les règles à observer resteraient les mêmes, mais alors il faudrait donner une attention particulière aux termes complexes et aux incidentes définitives, car ce sont eux qui déterminent le sens et le rapport des idées comparées. Au surplus, rien de ce que renferme la proposition complexe, ni les noms, ni leurs adjectifs, ni les verbes, ni leurs régimes, ni aucun de leurs complémens n'est à négliger ; car chacun de ces traits fait partie de l'expression, et peut contribuer ou nuire à la vérité du principe ou à la justesse de la conséquence. C'est surtout dans la discussion oratoire qu'il faut se prémunir contre l'artifice des mots, d'autant que la forme du raisonnement étant plus déguisée, échappe plus aisément à l'examen.

La raison nous dit de préférer ce qui nous est utile à ce qui nous serait nuisible ;

Or, bien souvent ce qui nous serait utile nous déplaît ; souvent aussi ce qui nous est nuisible nous est agréable, en flattant nos passions, en caressant notre vanité, qu'il aurait fallu sacrifier à l'utile ;

Donc la raison nous dit souvent de préférer ce qui nous déplaît à ce qui nous serait agréable.

Voilà un raisonnement complexe dont tous les mots intéressent la vérité de la pensée ; mais ce qui en fait la précision et la justesse, c'est l'adverbe *souvent*. Qu'il disparaisse, et la conséquence devenue plus forte que les prémisses ne contiendra qu'une exagération.

§ XV.

Du syllogisme conditionnel, hypothétique ou conjonctif.

172. Il a pour majeure une proposition conditionnelle qui en renferme deux autres liées par une supposition et appelées l'*antécédent* et le *conséquent*.

173. Il n'est concluant que de deux manières :

1° Si l'on accorde l'antécédent dans la mineure, il faut accorder le conséquent dans la conclusion :

Si la pensée est indivisible elle ne peut être attribuée à la matière ;

Or la pensée est indivisible ;

Donc elle ne peut être attribuée à la matière.

174. 2° Si l'on nie ou rejette le conséquent dans la mineure, il faut pareillement nier ou rejeter le conséquent dans la conclusion.

Si je ne suis pas libre, Dieu (qui a mis en moi le sentiment de la liberté) me trompe;

Or Dieu ne peut me tromper;
Donc je suis libre.

En effet, en affectant l'antécédent négatif d'une nouvelle négation, il devient positif.

175. Mais si l'on accorde le conséquent, il n'est pas nécessaire que l'on accorde l'antécédent; et si l'on nie l'antécédent il n'est pas nécessaire que l'on nie le conséquent. Par conséquent ces deux argumens sont vicieux :

1° *Si les gazettes sont véritables la paix est prochaine;*

Or la paix est prochaine;
Donc les gazettes sont véritables.

Car de ce qu'une fois les gazettes n'ont pas trompé, il ne suit pas qu'elles ne trompent jamais.

2° *Or les gazettes ne sont pas véritables;*
Donc la paix n'est pas prochaine.

Car de ce que les gazettes mentent ordinairement, il n'en résulte pas que leurs nouvelles soient toujours fausses.

176. Autres exemples :

*Si les Chinois sont mahométans ils sont infidèles ;
Or ils sont mahométans ;
Donc ils sont infidèles.*

Ou bien :

*Or ils ne sont pas infidèles ;
Donc ils ne sont pas mahométans.*

Ces deux formes sont légitimes, tandis que celles-ci ne le sont pas :

*Si les Chinois sont mahométans ils sont infidèles ;
Or ils ne sont pas mahométans ;
Donc ils ne sont pas infidèles.*

Car il y a d'autres infidèles que ceux qui professent le mahométisme.

Ou encore :

*Or ils sont infidèles ;
Donc ils sont mahométans.*

Et cela par la même raison.

§ XVI.

Du syllogisme disjonctif.

177. Les syllogismes de cette espèce ont pour majeure une proposition *disjonctive* ou *alternative*.

Si l'on nie l'un des termes dans la mineure, il faut accorder l'autre dans la conclusion (*modus tollendo ponens*).

Au contraire, si l'on accorde l'un dans la mineure, la conclusion doit rejeter l'autre (*modus ponendo tollens*).

178. Mais la *disjonctive* n'est vraie qu'autant que dans l'alternative il n'y a point de milieu et que les termes s'excluent réciproquement. Car s'il y avait un milieu, il offrirait un échappatoire à l'opinion adverse et la conclusion ne serait plus nécessaire.

179. Pour s'assurer que la majeure est réellement *disjonctive*, il faut essayer de la résoudre en deux *conditionnelles*. Quand je dis, par exemple :

Ou l'homme est libre, ou il n'est pas un être moral.

Cela peut se traduire ainsi :

Si l'homme n'est pas libre, il n'est pas un être moral.

Ou bien :

Si l'homme est un être moral, il est libre.

Et la vérité de la *disjonctive* emporte celle des deux *conditionnelles*.

Mais si je dis avec M. DE BONALD :

Ou le langage a été révélé, ou il est impossible;

je ne puis pas opérer la traduction enseignée plus haut et dire :

Si le langage n'a pas été révélé il est impossible;
ou :

Si le langage est possible il a été révélé.

Car on conçoit que le langage a pu devoir son origine à une autre cause que la révélation : il y a donc un milieu entre les deux termes qui ne s'excluent point mutuellement.

180. Port-Royal a fait une classe à part des *syllogismes copulatifs*, que d'autres appellent *exclusifs*, où l'on nie d'abord que deux choses puissent exister simultanément, et qui se ramènent tout naturellement aux *conditionnels*. En effet, le *syllogisme copulatif* suivant :

Je ne puis être en même temps votre flatteur et votre ami;
Or, je suis votre ami;
Donc je ne puis être votre flatteur.

peut se convertir en syllogisme qui aurait pour majeure une conditionnelle :

Si je suis votre ami, je ne puis être votre flatteur.

Si la majeure du syllogisme copulatif n'admettait pas de milieu entre les deux idées qu'elle rassemble, ce syllogisme pourrait se traduire aussi en un syllogisme disjonctif : ce qui n'arrive point dans l'exemple cité; car si l'on ne peut être l'ami de quelqu'un en devenant son flatteur, on peut fort bien n'être pas son flatteur sans être pour cela son ami.

181. Il faut faire attention que les termes affectés d'une négation et que l'on nie encore, reviennent à l'affirmatif (174). C'est l'oubli de cette règle si simple qui a donné lieu à ce sophisme dont on amuse les écoliers :

Aut pluit, aut non pluit,
At pluit,
Ergo non non pluit, et non pas :
Ergo non pluit.

182. Cicéron définit ainsi les syllogismes conjonctif, disjonctif et copulatif : « *Appellant autem dialectici eam conclusionem argumenti, in qua, quum primum assumseris, consequitur id quod annexum est, primum conclusionis modum; quum id quod annexum negandum sit, secundus appellatur concludendi modus. Quum autem aliqua conjuncta negaris et ex his primum sumseris, ut quod relinquitur, tollendum sit, is tertius appellatur conclusionis modus... Reliqui dialecticorum modi plures sunt qui ex disjunctionibus constant..... Deinde addunt conjunctionum negantiam* [1].... »

[1] *Topic.* XIII, XIV. — Ce qui a rapport aux formes disjonctives de la pensée, a été traité d'une manière spéciale par M. C.-F.-A. Bejer, auteur d'une diss. intitulée : *De formis cogitandi disjunctivis quæstio, inspersis animadversionibus philologicis et criticis.* Lipsiæ, 50 pp. in-8°. S. A.

§ XVII.

De quelques transformations du syllogisme.

ENTHYMÈME.—EXEMPLE.—INDUCTION.—ÉPICHÉRÈME.—SORITE.
— DILEMME.—SYLLOGISME DONT LA CONCLUSION EST CONDITIONNELLE.

183. L'*Enthymême* [1] est un syllogisme complet dans l'esprit mais imparfait quant à l'expression, et dans lequel on supprime celle des prémisses que l'on suppose devoir être facilement suppléée. LAFONTAINE à la fin du tableau de la peste :

> Ni loups ni renards n'épiaient,
> La douce et l'innocente proie ;
> Les tourterelles se fuyaient :
> *Plus d'amour, partant plus de joie.*

Que l'on rétablisse le syllogisme et au lieu d'une réflexion vive et gracieuse, on n'a plus qu'une remarque lourde et pédantesque.

La fable des souris et du chat-huant présente plusieurs enthymêmes destinés à combattre le systèmes de DESCARTES, qui assimilait les bêtes à de pures machines (*Psych.* 254.)

> On abattit un pin pour son antiquité,
> Vieux palais d'un hibou, triste et sombre retraite
> De l'oiseau qu'Atropos prend pour son interprète,
> Dans son tronc caverneux et miné par le temps,

---

[1] Ἐνθύμημα, *Syllogismus bimembris.*

>   Logeaient, entre autres habitans,
> Force souris sans pieds, toutes rondes de graisses,
> L'oiseau les nourrissait parmi des tas de blé,
> Et de son bec avait leur troupeau mutilé.
> Cet oiseau raisonnait, il faut qu'on le confesse...
>   Voyez que d'argumens il fit :
>   *Quand ce peuple est pris, il s'enfuit;*
> *Donc il faut le croquer aussitôt qu'on le happe.*
> *Tout! il est impossible. Et puis pour le besoin*
> *N'en dois-je point garder? Donc il faut avoir soin*
>   *De le nourrir sans qu'il échappe.*
> *Mais comment? ôtons-lui les pieds....*

Il est facile de rendre aux trois enthymêmes de ce monologue du hibou toute la rigueur logique.

Ce peuple s'enfuit dès qu'il est pris : donc il faut le croquer aussitôt qu'on le prend. Premier enthymême dont on ferait un syllogisme en le faisant précéder de cette majeure : *tout prisonnier qui veut s'enfuir doit être croqué;* maxime de chat-huant.

Le second enthymême n'est pas moins régulier que le premier : *un hibou doit garder des souris quand il les a prises, parce qu'il lui est impossible de tout manger à la fois et qu'il peut en avoir besoin plus tard; donc il doit les nourrir.* Ajoutez la majeure sous-entendue, et vous aurez ce syllogisme : *pour garder un prisonnier il faut le nourrir; or,* etc.

Enfin le dernier enthymême, rendu à la forme syllogistique, serait : *pour garder des souris il faut leur ôter les moyens de fuir; or, les pieds sont leurs moyens de fuir : donc il faut leur couper les pieds.*

Certes tous ces argumens du hibou sont irréprochables : aussi Lafontaine termine-t-il d'un air triomphant :

> Or, trouvez-moi,
> Chose par les humaines à sa fin mieux conduite,
> Quel autre art de penser, Aristote et sa suite
> Enseignent-ils par votre foi?

184. L'enthymême, moins symétrique, moins languissant que le syllogisme, est mieux adapté à la vivacité et à l'énergie de la pensée et répond en même tems à ce besoin de l'esprit qui veut qu'on abandonne quelque chose à sa pénétration.

185. On appelle *sentence enthymématique*, une proposition motivée ou qui porte sa raison avec elle. *Exemple* :

Ἀθάνατον ὀργὴν μὴ φυλαττε, θνητος, ὤν.

C'est-à-dire :

Mortel, ne garde pas une haine immortelle.

L'argument entier serait : *Celui qui est mortel* (motif ou raison) *ne doit pas conserver une haine immortelle; or vous êtes mortel, donc*, etc., et l'enthymême parfait serait : *Vous êtes mortel : que votre haine ne soit donc pas immortelle.*

186. Les Spartiates qui enseignaient à leurs enfans à parler de manière que leur discours, toujours

assaisonné d'une pointe et mêlé de grâce, comprît en peu de paroles beaucoup de sens, affectionnaient, dans leurs réparties, le tour de la sentence enthymématique [1]. Les écrits des anciens sont pleins de leurs apophtegmes, et ÉRASME, entre autres, en a recueilli un grand nombre [2].

187. L'enthymême sert quelquefois à faire passer une erreur en supprimant celle des prémisses dont la fausseté pourrait choquer. Par exemple, les physiologistes dissertent longuement et savamment pour établir cette thèse :

Le cerveau est un organe nécessaire à l'exercice de la pensée.

Et presque tout le monde se rend à leurs raisons. Mais ils se hâtent de conclure :

Donc le cerveau est l'origine de la pensée ;
Donc le cerveau pense.

Sous-entendant cette majeure dont la fausseté est palpable :
Ce qui est nécessaire au développement, à l'exercice d'une chose, est l'origine de cette chose ; comme si l'on disait : Le ciseau de PHIDIAS est l'origine du Jupiter Olympien.

188. Les anciens appelaient par excellence en-

---

[1] PLUTARQUE dans la vie de Lycurgue.
[2] Voy. le t. IV de ses œuvres complètes.

thymêmes des propositions déduites des contraires *ex contrariis conclusa* [1]. « *Ejus generis hæc sunt*, dit Cicéron :

Hunc metuere, alterum in metu non ponere?
Eam quam nihil accusas, damnas; bene quam meritam esse autumas, dicis malè mereri!
Id quod scis prodest nihil, id quod nescis obest.

Ce sont des syllogismes conjonctifs réduits à l'enthymême. *Si hunc non metuis, alterum in metu non ponere debes, at hunc non metuis, ergo...*

189. *L'exemple* est un syllogisme ou un enthymême, dont la majeure est prouvée par un fait analogue à la conséquence où l'on veut arriver; veut-on prouver, dit Aristote, que ce soit un mal pour Athènes de faire la guerre aux Thébains? on pose en principe que c'est un mal pour un peuple de faire la guerre à ses voisins, et c'est ainsi, ajoute-t-on, que les Thébains se repentirent d'avoir combattu les Phocéens.

190. Mais souvent, pour se servir d'un terme vulgaire, la comparaison *cloche* à cause de la fausseté ou de l'inégalité des rapports, ce qui fait qu'un semblable argument a, en général, peu de force et convient mieux aux orateurs qu'aux philosophes. Il est de l'espèce de ceux que les anciens appelaient *artis expertia* ou ἀτέχνα.

---

[1] Cic., *Topic.* xiii, 55.

191. Néanmoins, il s'emploie avec le plus grand succès dans l'enseignement, surtout l'enseignement élémentaire, parce que les faits individuels frappent davantage les jeunes intelligences que les abstractions, que l'instruction se présente par ce moyen, sous une forme amusante et variée, qu'alors une extrême rigueur de raisonnement n'est pas toujours nécessaire, et que d'ailleurs on peut trouver des exemples dont le rapport avec la règle soit exact. Aussi cet adage de SÉNÈQUE est-il proverbial : *Longum per præcepta, breve per exemplum iter.*

192. L'*induction*, cet instrument favori des sciences expérimentales, et qui, à son tour, peut revêtir la forme syllogistique, tire de plusieurs propositions individuelles ou singulières, une conclusion générale.

Par exemple, un statisticien moraliste qui, sur une certaine quantité de délits contre les personnes et les propriétés, en trouve 1, 2, 3, 4....., en un mot, un nombre plus considérable commis par des individus âgés d'environ 25 ans, en conclut, en rectifiant le résultat par une *moyenne*, que c'est *vers l'âge de 25 ans que l'homme semble être le plus criminel.*

193. On conçoit que plus les cas particuliers sont multipliés, plus la thèse générale approche de la vérité. Elle sera tout-à-fait concluante, lorsque

l'énumération des parties pourra passer pour complète.

194. Une attention qu'il faut aussi avoir pour ne pas s'égarer, c'est de constater que les cas particuliers, réduits à une expression commune, présentent entre eux le même rapport. Ainsi, dans l'exemple cité, les délits se divisent bien en délits contre les personnes et en délits contre les propriétés, mais quelle différence entre un crime commis par l'emportement ou par le besoin et ceux qui supposent un raffinement profond de cruauté, une perversité savante et rusée? Par malheur l'arithmétique politique descend rarement dans les mystères de l'âme et se contente avec trop de facilité, de nombres quels qu'ils soient.

195. Et même toutes ces précautions prises, on risque encore de céder au désir d'élargir la conclusion et de la faire aller au delà des faits particuliers sur lesquels elle repose.

Ainsi, admettons que le Brabant comptait en 1827, sur mille habitans, 88,76 écoliers, le Hainaut, 110,64..... et la Flandre-Occidentale, 85,12, c'est-à-dire, le moindre nombre, dites que la Flandre-Occidentale contenait moins d'enfans qui fréquentassent les écoles, que les autres provinces de la Belgique : c'est tout ce que cette donnée unique vous permet d'affirmer. Mais gardez-vous bien de dépasser cette limite, à moins que vous ne vous étayiez d'autres expériences, et de dire que de toutes nos provinces, la Flandre-Occidentale était la moins avancée en instruction; car la présence d'un certain nombre d'individus dans des lieux appelés *écoles*, ne constate pas seule un progrès; il faudrait me dire ce qu'on enseigne dans ces écoles, comment on enseigne, avec quel succès on apprend. Et puis l'éducation particulière n'est pas exprimée par votre chiffre. L'induction est donc ici aventurée.

196. Autre exemple : Quand M. Ch. Dupin, associant au triomphe des idées nouvelles, le terrible pouvoir de la mort, parvient à ce résultat :

En Europe, depuis 1814, la génération nouvelle est fortifiée par quatre-vingt millions d'hommes venus au monde, et l'ancienne est affaiblie par soixante millions d'hommes descendus dans la tombe. Sur deux cent vingt millions d'individus, l'ancienne génération n'en compte plus que vingt trois qui subsistent encore ou plutôt qui meurent chaque jour, et lorsque, partant delà, il annonce l'extinction prochaine et totale des doctrines et des affections du passé, cette assertion d'un homme de talent étonne, frappe même d'une espèce d'admiration, mais en reconnaissant ce qu'elle a de vrai, ne convient-il pas de s'en tenir aux faits d'où elle découle? ceux-ci, en effet, nous apprennent-ils si les représentans des vieux siècles n'ont pas légué leurs opinions à une partie de leur jeune postérité; si une autre partie de la génération actuelle, dont l'ambition est à peu près satisfaite ou compte l'être bientôt, ne s'est pas jetée dans les rangs du parti de l'absolutisme, si d'autres encore, par de cruelles expériences, n'ont pas perdu presque toutes leurs illusions et abjuré la foi qu'ils avaient dans de généreuses théories que la pratique est venue si malheureusement démentir ; si enfin le passé n'est qu'un entêtement, une passion, et ne contient pas une des bases les plus solides du présent? En voilà assez sur l'induction.

197. Si dans l'enthymême on sous-entend celles des idées que l'esprit peut facilement suppléer, dans l'*épichérême*[1], on renforce celles qui ont besoin de preuve en y ajoutant des idées ou des faits subsidiaires ; l'*épichérême* est un syllogisme développé. Tout ouvrage où le raisonnement domine, peut, quelle que soit son étendue, se résumer dans un épichérême. Ainsi l'admirable plaidoyer de Cicéron pour Milon se réduit à un argument composé dont la majeure est qu'il est permis de tuer celui qui nous dresse des embûches afin de nous ôter la vie. Les preuves de cette majeure se tirent de la loi naturelle, du droit des gens, des exemples. La mineure est que Clodius a voulu, par un guet-à-pens, faire mourir Milon, ce que prouvent l'équipage de ce factieux, sa suite, etc., d'où l'orateur conclut qu'il a été permis à Milon de tuer Clodius.

[1] Ἐπιχείρημα, racine χείρ, *main*, et au figuré, *force*.

198. Le *sorite* emprunte son nom au mot grec σωρός, *monceau*, soit parce qu'il est une accumulation de propositions, soit plutôt à cause de l'application qu'en fit Chrysippe. Le sorite est un syllogisme composé d'un nombre indéterminé de propositions dont chacune doit expliquer l'attribut de celle qui la précéde, jusqu'à ce qu'on arrive à la conclusion dont le sujet est celui de la première et l'attribut celui de la dernière.

En voici un exemple rapporté par Plutarque dans son traité de l'*adresse des animaux*.

Les Thraces, quand ils veulent entreprendre de passer quelque rivière gelée, lâchent un renard, lequel applique l'oreille tout contre la glace; et si, par le bruit de l'eau courante, il conjecture que cette glace n'est pas assez épaisse, il s'en retourne. Au contraire, s'il n'entend point l'eau courante bruire dessous, il passe outre hardiment, et semble dire:

Ce qui fait du bruit se remue;
Ce qui se remue n'est pas gelé;
Ce qui n'est pas gelé est liquide;
Ce qui est liquide plie sous le faix;
Donc ce qui fait du bruit plie sous le faix

C'est-à-dire :
Si j'entends près de mon oreille le bruit de l'eau, elle n'est pas gelée et la glace n'est pas assez forte pour me porter.

199. La force et la bonté de ce raisonnement consistent dans l'enchaînement parfait de toutes ses parties et dans la persistance d'un même rapport; le docte Polyander, professeur en théologie, à Leyde, faisait un sorite captieux quand il répétait en plaisantant qu'il demeurait dans la plus belle rue de l'univers et qu'il le démontrait ainsi :

La rue du Rapenburg *est la plus belle de Leyde;*
Leyde est la plus belle ville de Hollande;
La Hollande est la plus belle province des Pays-Bas;
Les Pays-Bas le plus beau pays de l'Europe;
L'Europe la plus belle partie du monde;
Donc, etc.

La multiplicité des propositions intermédiaires que comporte le sorite, permet à la ruse de masquer l'endroit où la chaîne du raisonnement s'est rompue.

200. Le *sorite* peut s'employer utilement pour amener un adversaire à donner son acquiescement à une proposition qu'il aurait repoussée, si on la lui avait fait voir de front. Il est aussi très-propre à procurer à ceux que l'on veut instruire le plaisir et l'avantage de marcher eux-mêmes vers le but au lieu d'y être machinalement traînés. C'est, avec l'induction, la *méthode obstétrice* de Socrate, le *grand accoucheur des esprits*, du moins telle qu'elle nous apparaît dans Platon.

201. Quand Perse dit de Chrysippe, bien postérieur à Socrate :

Inventus, Chrysippe, tui finitor acervi,
        Satire VI, 79.

Cela ne veut pas dire, à proprement parler, que Chrysippe ait *inventé* le sorite, car tout procédé naturel de l'intelligence ne *s'invente* pas plus que l'intelligence elle-même et ses lois. Cela signifie, pour être exact, qu'il a reconnu une opération de l'esprit, qu'il l'a décrite et nommée, et, ce qui est bien moins estimable, qu'il a montré l'abus qu'on en peut faire. Car c'était là le fort de Chrysippe, qui, nous l'avons déjà remarqué, avait un penchant décidé pour les subtilités dialectiques.

202. Horace, voulant confondre les critiques auxquels nul écrivain ne pouvait plaire sans un certificat d'ancienneté, fait un usage heureux de l'argument de Chrysippe, tout insidieux qu'il est :

Scire velim, pretium chartis quotus arroget annus.
Scriptor abhinc annos centum qui decidet, inter
Perfectos veteresque referri debet? An inter
Viles atque novos? Excludat jurgia finis.
— *Est vetus atque probus, centum qui perficit annos.*
— *Quid? qui deperiit minor uno mense, vel anno*
Inter quos referendus est? veteresne poetas
An quos et præsens et postera respuet ætas?
— *Iste quidem veteres inter ponetur honeste,*
Qui vel mense brevi, vel toto est junior anno.
— *Utor permisso, caudæque pilos ut equinæ*
Paulatim vello, et demo unum, demo etiam unum :
Dum cadat elusus ratione ruentis acervi

Qui redit ad fastos et virtutem æstimat annis,
Miraturque nihil nisi quod Libitina sacravit.
Epist. I, lib. II, v. 35-49.

Pour comprendre ces vers il faut savoir que Chrysippe demandait, pour les embarrasser, à ceux qui disputaient avec lui, si un monceau de blé dont on avait ôté un grain, deux, trois... mille grains, continuait à former un monceau; et il arrivait à un point où le monceau disparaissait en paraissant subsister : *acervus ruens*. Si on l'arrêtait, il répondait : *Avant la soustraction de ce grain, il y avait monceau; après qu'on l'a enlevé, le tas n'existe plus; donc ce grain tout seul équivaut à un amas de blé* [1]. Cicéron tient le problème insoluble, attendu qu'il roule sur la différence précise entre *beaucoup, peu, grand, petit, long, court, large, étroit*, et que, dit-il, la nature ne nous ayant donné aucune connaissance des bornes des choses, il n'y a rien dont nous puissions assurer : cela ne va que jusque-là : *Rerum natura nullam nobis dedit cognitionem finium, ut nulla in re statuere possimus quatenus* [2]. Il n'était cependant pas difficile de répondre que les mots *multa, pauca, parva, magna*, etc., signifient des choses vagues et changeantes, dont les

---

[1] « *Soritas hos vocant, qui acervum efficiunt uno addito grano.* » Cicéro, *Acad.* II, XVI. Voyez le traité de Facciolati sur le Sorite, dans ses *Acroases*.

[2] Cicéro, *Acad.* II, 29.

degrés et les limites n'ont aucune précision, et dont, par conséquent, on ne peut dire ponctuellement où finit l'une et où l'autre commence. Déterminer ce qui varie sans cesse, prendre pour absolu ce qui n'est que relatif, c'est ouvrir le champ aux discussions les plus oiseuses et les plus interminables.

203. Le *dilemme* [1] est un argument qui a pour majeure une disjonctive et dont la conclusion prononce du tout, ce qui a été prononcé de chacune des parties de la disjonctive dans la mineure. Pour qu'il soit bon, il faut qu'il repose sur une division exacte, et que les conséquences particulières ne puissent être combattues.

On rencontre fréquemment dans *Télémaque* des dilemmes qui s'éloignent fort peu de la forme logique. En voici un exemple tiré du quatorzième livre :

« Oh! que les rois sont à plaindre! oh! que ceux qui les servent sont dignes de compassion. — S'ils sont méchans, combien font-ils souffrir les hommes, et quels tourmens leur sont préparés dans le noir Tartare! s'ils sont bons, quelles difficultés n'ont-ils pas à vaincre! quels piéges à éviter, que de maux à souffrir! »

La forme régulière serait :

Ou les rois sont méchans ou ils sont bons. —

---

[1] Δίλημμα, *argumentum utrinque feriens*.

S'ils sont méchans, ils font souffrir les hommes et d'affreux tourmens les attendent dans le Tartare. — S'ils sont bons, quels piéges à éviter, que de maux à souffrir! etc. Donc les rois sont malheureux. La division serait plus entière et l'argumentation plus juste, si l'on y mentionnait ces monarques sans vertu et sans vices, incapables également de bien et de mal et dont la condition n'est pas plus digne d'envie.

204. Le procès de Protagoras qui a fourni à Florian le sujet d'une de ses plus jolies fables [1], offre deux dilemmes réfutés l'un par l'autre et également vicieux, attendu que l'on y attribue la force déterminante tantôt au contrat passé entre les parties, tantôt à la sentence du juge, et que la mesure des idées n'est par conséquent plus la même (162).

205. Port-Royal semble tenir pour bon le dilemme suivant, d'où l'on conclut que l'homme ne peut être heureux en ce monde :

On ne peut vivre ici-bas qu'en s'abandonnant à ses passions ou en les combattant;

Si l'on s'y abandonne, c'est un état misérable, parce qu'il est honteux et qu'on ne saurait y être content;

Si on les combat, c'est aussi un état malheureux, parce qu'il n'y a rien de plus pénible que cette guerre

---

[1] *Le procès des deux renards*, fab. xv du liv. iv.

intérieure qu'on est continuellement obligé de se faire à soi-même;

Il ne peut donc y avoir en cette vie de véritable bonheur.

Mais dans la majeure, l'énumération est-elle assez complète? MARMONTEL croit voir dans l'alternative, une circonstance oubliée; car si par une première habitude de tempérance et de modération, on a soumis les mouvemens de son âme aux lois de la raison, comme il est possible, on peut entretenir la paix en soi-même et avec les autres, et trouver ainsi le bonheur dans la sagesse et la vertu.

206. Une transformation du syllogisme familière et très-élégante, est celle qui retranche l'une des prémisses pour l'ajouter *conditionnellement* à la conclusion. Soit ce raisonnement :

Tout véritable ami doit être prêt à donner sa vie pour ses amis;

Or il n'y a guère de gens qui soient prêts à un pareil sacrifice;

Donc il n'y a guère de vrais amis.

Je le tournerai ainsi :

Tout véritable ami doit être prêt à donner sa vie pour ses amis;

Donc, s'il n'y a guère de gens disposés à un pareil sacrifice, il n'y a guère d'amis véritables.

Et je puis même renfermer tout ce syllogisme dans une seule proposition :

Si tout ami véritable doit être prêt à donner sa vie pour ses amis, et qu'il soit bien peu de gens capables d'un tel sacrifice, il faut avouer qu'il n'y a guère de vrais amis.

Forme que l'on varie encore en joignant l'une des prémisses à la conclusion par une particule causale :

Si tout véritable ami doit être prêt à donner sa vie pour son ami,
Il n'y a guère d'amis véritables, puisqu'il y en a bien peu qui soient disposés à un pareil sacrifice.

207. Cela fait voir qu'il ne faut pas s'imaginer qu'il n'y a raisonnement que lorsqu'on voit trois propositions symétriquement disposées. Au contraire, la passion, l'éloquence s'écartent presque toujours de ce dessein si régulier. Le syllogisme est un squelette dont il ne leur est pas permis, il est vrai, de dénaturer la configuration primitive, mais qu'avec plus ou moins d'art ils recouvrent de chair et de vêtemens.

Ce sera, au reste, un exercice bien utile de vérifier sur les grands écrivains les règles que nous avons exposées, ainsi que celles que nous donnerons encore.

Dans sa satyre sur l'homme, Boileau se sert de ce syllogisme :

Quiconque n'a pas une âme parfaitement égale n'est point sage ;
Or l'homme n'a pas l'âme égale ;
Donc l'homme n'est point sage.

Mais le poète commence par la conclusion ou thèse (152).

De tous les animaux qui s'élèvent dans l'air,
Qui marchent sur la terre et nagent dans la mer,
De Paris au Pérou, du Japon jusqu'à Rome,
Le plus sot animal, à mon avis, c'est l'homme.

Les vers suivans contiennent la majeure :

Ces propos, diras-tu, sont bons dans la satyre
Pour égayer d'abord un lecteur qui veut rire ;
Mais il faut les prouver : en forme ? j'y consens.
Réponds-moi donc, docteur, et mets-toi sur les bancs :
Qu'est-ce que la sagesse ? une égalité d'âme
Que rien ne peut troubler, qu'aucun désir n'enflamme,
Qui marche en ses conseils à pas plus mesurés
Qu'un doyen au palais ne monte les degrés.

Vient ensuite la mineure :

Or cette égalité dont se forme le sage,
Qui jamais moins que l'homme en a connu l'usage.

Autre conclusion dans ce trait qui termine toute la satyre :

> Oh ! que si l'âne alors, à bon droit misanthrope,
> Pouvait trouver la voix qu'il eut au temps d'Ésope,
> De tous côtés, docteur, voyant les hommes fous,
> Qu'il dirait de bon cœur, sans en être jaloux,
> Content de ses chardons et secouant la tête :
> *Ma foi, non plus que nous, l'homme n'est qu'une bête.*

208. Plusieurs syllogismes qui s'enchaînent de manière que la conclusion du premier soit la majeure du second, et ainsi de suite, forment un raisonnement *polysyllogistique*. Le syllogisme dont la conséquence devient prémisse pour le suivant, s'appelle *prosyllogisme*, et celui-ci *épisyllogisme*. Mais cette terminologie est de peu d'usage.

§ XVIII.

Des Sophismes, des Paralogismes et des Paradoxes.

209. Les Grecs chez qui l'éloquence décernait le pouvoir, les Grecs qui disputèrent jusqu'au jour où les barbares entrèrent dans Byzance, faisaient un cas infini de toutes les subtilités de la pensée, de toutes les ruses de la parole. Cependant il faut être juste, si l'on jugeait de leur adresse en ce genre, par les exemples que les anciens nous ont conservés, elle exciterait plus de pitié que d'admiration. Je n'en veux pour preuve que ce qu'on lit dans

Aristote, περὶ σοφιςιχῶν ἐλέγχῶν, et dans Galien : περὶ τῶν παρὰ τὴν λέξιν σόφισματῶν.

210. Quoique les mots *sophisme* et *paralogisme*[1], soient souvent employés l'un pour l'autre, il y a pourtant entre eux cette différence que le sophisme est un argument captieux employé sciemment et avec le dessein arrêté de séduire et de tromper, au lieu que si le paralogisme est également une argumentation vicieuse, la personne qui l'emploie, en est la première dupe; de sorte que le sophisme trahit encore davantage la violation des lois de la morale que celle des règles de la logique, tandis que le paralogisme suppose de la probité dans l'erreur, de la bonne foi dans le mensonge.

Une histoire complète du sophisme, serait l'histoire politique du genre humain.

211. Quelques logiciens prétendent que le sophisme pèche plutôt par la *forme*, et le paralogisme par la *matière*. Or, c'est de l'une ou de l'autre de ces manières, quelquefois de toutes les deux à la fois, qu'un raisonnement est effectivement vicieux. Il l'est par la forme, quand il n'est pas régulier,

---

[1] Sophisme vient de σοφίζειν, rendre plus rusé, plus retors; d'où σοφιςτής et σόφισμα. — Paralogisme vient de παραλογισμὸς qui lui-même dérive de παράλογη, quelque chose d'insidieux d'où παραλογίζομαι, je trompe par de faux argumens; παραλογιστής, celui qui emploie ce moyen de tromperie. Cicéron dit de même : *Sophistæ... ii qui ostentationis aut quæstus causa philosophantur.... Sophismata fallaces conclusiunculæ.* Acad. II, 23, 24.

c'est-à-dire conforme aux règles organiques et déjà nous en avons montré des exemples (159). Il l'est par la matière quand l'une ou l'autre des prémisses est fausse. Il ne faut pas oublier, qu'un même raisonnement peut être concluant sous le rapport de la forme et absurde sous celui de la matière, tandis qu'une conclusion, quoique vraie en elle-même, doit être rejetée comme illégitimement déduite des prémisses.

212. Que si un raisonnement pêche par la forme, on peut le réfuter sans avoir besoin d'examiner si les propositions dont il se compose sont vraies ou fausses. L'endroit faible de l'argumentation est presque toujours le terme moyen, ou celui qui, terme de comparaison entre les idées qu'on veut unir, est répété dans les prémisses et ne se trouve pas dans la conclusion : tout se réduit à chercher s'il a dans les prémisses une identité parfaite de signification. Si cependant le vice sophistique ne se trouvait pas dans le moyen terme, force serait de le chercher dans la conclusion qui alors serait plus forte que les prémisses (162).

213. ARISTOTE, parmi les argumens des sophistes, compte treize tours d'adresse : six *dans les mots*, παρὰ τὴν λέξιν, sept *hors des mots*, ou dans les choses, ἔξω τῆσ λέξεως.

Ceux dans les mots étaient : 1° l'équivoque ὁμωνυμία; 2° l'ambiguité ἀμφιβολία; 3° le sens divisé σύνδεσισ; 4° le sens composé διαίρεσισ; 5° l'abus des mots diversement accentués προσῳδία; 6° l'altération des termes ou *figura dictionis*, σχῆμα λέξεως; manége qui consistait, suivant Aristote, à changer le féminin en masculin, la qualité en quantité, le passif en actif et réciproquement.

214. Nous avons déjà recueilli des échantillons de la plupart de ces sophismes (163). Voici encore une subtilité que Cicéron considérait comme une arme fort redoutable, et qui est fondée sur le passage du sens divisé au sens composé. Ce petit guet-à-pens philosophique, est appelé le *menteur* ψευδόμενος[1], et Carneade s'en servait pour nier l'évidence, ce qui doit nous tenir en garde contre l'autorité des noms les plus célèbres en fait de raisonnement. Voici, au reste, sa manière d'argumenter : *Si lucet, lucet,* disait le sophiste. Est-ce bien conclu? oui, lui répondait-on. *Si mentiris, mentiris,* n'est-ce pas conclure de même? demandait-on ensuite? oui, sans doute, l'un est connexe comme l'autre. Cependant si vous dites : *je mens,* et que vous disiez vrai, *vous mentez,* et si vous dites *je mens* et que vous mentiez, *vous dites vrai.* Pour dénouer ce prétendu nœud gordien, il n'y a qu'à diviser *mentir* et *dire vrai.* Car ce sont deux choses que le sophiste confond et réunit en une seule. Si d'un

[1] II, 22, 30, et Gellius, XVIII, 2, Menag. ad Diog. Laert. l. II, p. 121.

homme que je méprise, je dis que je l'estime, et si j'ajoute que je mens, je dis vrai en ceci et je mens en cela. Si je l'estime en effet, je mens en disant que je mens et je dis vrai en disant que je l'estime, il n'y a rien de contradictoire quoiqu'en dise Cicéron dont les paroles sont vraiment étonnantes [1].

215. Aristote, ainsi qu'on vient de le voir, reconnaissait sept espèces de sophismes dans les choses ou *fallaciæ extra dictionem*. 1º *Sophisma accidentis*, παρὰ τὰ συμβεβηκός; 2º *Sophisma dicti simpliciter et dicti secundum quid*, τὸ ἁπλῶς ἢ μὴ ἁπλῶσ; 3º *Sophisma propter elenchi ignorantiam*, τὸ παρὰ τὴν τοῦ ἐλέγχου ἄγνοιαν; 4º *Sophisma consequentis*, τὸ παρὰ τὸ ἑπόμενον, 5º *Sophisma petitionis principii*, τὸ παρὰ τὸ ἐν ἀρχῇ λαμβάνειν; 6º *Sophisma non causæ pro causa*, τὸ παρὰ τὸ μὴ αἴτιον, ὡς αἴτιον τιθέναι; 7º *Sophisma plurium interrogationum*, τὸ παρὰ τὸ τὰ πλείω ἐρωτήματα ἐνποιεῖν. Cette énumération demande quelques développemens.

[1] Acad. II, 30. « *Quo modo igitur hoc conclusum esse judicas? Si dicis nunc lucere et verum dicis*, lucet igitur. *Probatis certe genus, et rectissime conclusum dicitis. Itaque in docendo, eum primum concludendi modum traditis. Aut quidquid igitur eodem modo concluditur, probabitis, aut ars ista nulla est. Vide ergo hanc conclusionem probaturusne sis :* si dicis te mentiri, verumque dicis, mentiris. Dicis autem te mentiri, verumque dicis, mentiris igitur. *Qui potes hanc non probare, quum probaveris ejusdem generis superiorem? Hæc Chrysippæa sunt, ne ab ipso quidem dissoluta.* » *Et plus haut*, ibid. 29. « *Quid igitur, hæc vera an falsa sunt :* si te mentiri dicis, idque verum dicis, mentiris et verum dicis. *Hæc scilicet* inexplicabilia *esse dicitis. Quod est odiosius, quam illa, quæ nos incomprehensa et non percepta dicimus.* »

216. 1° *Sophisma accidentis*, c'est-à-dire, juger d'une chose par ce qui ne lui convient qu'accidentellement.

MARMONTEL qui avait reçu quelques-unes de ces rudes leçons de l'expérience, si fréquentes pour les hommes de notre époque, mais qui leur profitent si peu, explique ainsi ce sophisme [1] :

« Un fait isolé, rare et sans conséquence, donné
» comme constant ; un abus passager et particulier
» pris pour l'état des choses habituel et général,
» voilà le grand moyen des révolutions » a dit un sage observateur des fourberies politiques. En effet, rien de plus facile et de plus anciennement pratiqué par les chefs des séditions populaires.

« Nous cherchons une bonne place ; nous nous
» tournons d'un côté sur l'autre, » a dit madame de SÉVIGNÉ. Cela est vrai, surtout du peuple, comme des malades. Et c'est ce qui le rend si facile à tromper par de flatteuses espérances, si désireux de nouveautés et si enclin au changement. Donnez à un sophiste déclamateur un état de choses à renverser, fût-ce le meilleur des possibles, il y supposera comme perpétuels, nécessaires et incurables, les vices et les maux accidentels qui s'y rencontrent ; et, au changement qu'il propose, il supposera tous les biens désirables, comme assu-

[1] *Logique*, leçon dixième.

rés; sans que, d'un côté ni de l'autre, il soit fait mention d'aucun mélange, ni d'aucune compensation. Telle fut l'éloquence populaire dans tous les tems; et ce qu'il est dur d'avouer, c'est que si la droite raison, si la vérité impartiale met quelque restriction, quelque juste mesure dans l'estimation des objets comparés, il n'y a plus de cette éloquence qui entraîne les esprits d'une multitude inquiète. Il leur faut des couleurs tranchantes, des mouvemens immodérés, de violentes émotions; et, contre cette espèce de sophisme, le raisonnement juste, sage et sincère, paraîtra toujours faible et froid.

217. 2° *Sophisma dicti simpliciter* et *dicti secundum quid*, c'est-à-dire passer de ce qui est vrai, à quelques égards à ce qui est vrai absolument.

Le désir de généraliser, la précipitation avec laquelle on présente comme des résultats universels des faits particuliers, donne souvent lieu à ce sophisme.

En voici un exemple tiré du troisième livre du traité de Cicéron sur la nature des Dieux. Ch. 9.

« *Ce qui raisonne*, disait Zénon, *est meilleur que ce qui ne raisonne pas; or, le monde est ce qu'il y a de meilleur; donc il est doué de raison.* »

Et Cotta, l'un des interlocuteurs, ajoute :

« Si vous avez envie de prouver aussi que le

monde sait très-bien lire un livre, marchez sur les traces de ZÉNON et dites : *Ce qui sait lire est meilleur que ce qui ne sait pas lire ; or, le monde est ce qu'il y a de meilleur; donc il sait lire.* De la même façon vous prouverez qu'il est orateur, mathématicien, musicien, qu'il possède toutes les sciences, qu'enfin il est philosophe. »

218. 3° *Sophisma propter elenchi ignorantiam ou qui-pro-quo.* Prouver autre chose que ce qui est en question, parler d'autre chose que ce dont il s'agit.

D'où naissent la plupart des disputes? d'où vient qu'elles se prolongent indéfiniment? de ce qu'on néglige de préciser l'état de la question, de manière qu'il soit impossible de s'en écarter. L'homme est-il libre, ne l'est-il pas, sous le rapport moral? on soutiendra le pour et le contre sans parvenir jamais à s'entendre, si l'on ne tombe préalablement d'accord sur le sens de ces mots : *liberté morale.*

La passion et la mauvaise foi font aussi qu'on attribue à son adversaire, ce qui est éloigné de son sentiment, pour le combattre avec plus d'avantage.

Dans d'autres circonstances on s'escrime sur ce qui n'est point contesté, parce qu'on se trouve incapable d'aborder la difficulté véritable.

Le *qui-pro-quo* est une source de comique au théâtre. Tout le monde se rappelle le mot d'Harpagon dans l'*Avare* de MOLIÈRE : *Les beaux yeux de ma cassette!*

219. 4° *Sophisma consequentis*. Inférer d'un antécédent ce qui n'en est pas la conséquence, ou prendre pour effet ce qui n'est pas effet. *Le cerveau influe sur la faculté de penser ; donc le cerveau lui-même pense.*

220. 5° *Sophisma petitionis principii*. Prouver le même par le même, supposer ce qui est en question — pétition de principe, cercle vicieux.

Pourquoi l'opium fait-il dormir? demande-t-on au malade imaginaire qui veut être reçu médecin; et il répond bravement : *parce qu'il a une vertu dormitive, quia habet virtutem dormitivam.*

« Vous perdrez la Hollande disait Maurice à Barnevelt, à force de faire prendre le change aux États, en supposant toujours comme certain ce qui est mis en question. » C'est pour cette raison que le cardinal de Retz appelait ce sophisme *un argument à la Barnevelt.*

J.-J. Rousseau, De Maistre, MM. De Bonald et Ballanche ont cru que la question de l'origine du langage nous enfermait inévitablement dans un cercle vicieux. « Si les hommes, dit le premier de
» ces écrivains [1], ont eu besoin de la parole pour
» apprendre à penser, ils ont eu bien plus besoin
» encore de savoir penser pour trouver l'art de la
» parole. »

---

[1] *Discours sur l'inégalité parmi les hommes.*

Donc l'invention du langage, suppose un langage.

Mais, comme l'a dit M. Degerando [1], la possibilité de l'institution du langage est aujourd'hui un théorème rigoureusement démontré. Trois opérations sont nécessaires, mais trois opérations suffisent pour que deux hommes réunis instituent une langue quelconque qui leur serve à se communiquer leurs idées : 1° Il faut que chacun comprenne le motif qu'a eu l'autre lorsqu'il a employé un signe ; 2° il faut que chacun s'aperçoive ensuite qu'il a été compris à son tour ; 3° il faut qu'il agisse avec l'intention de se faire comprendre. Or, non-seulement ces trois opérations successives sont possibles, mais elles ont lieu chaque jour sous nos yeux.

221. 6° *Sophisma non causæ pro causa* ou *cum hoc vel post hoc ergo propter hoc*. Prendre pour cause ce qui n'est pas cause. C'est l'inverse du n° 4.

Deux phénomènes se suivent ; devons-nous en conclure que le premier détermine le second ? Le soleil s'éclipse, une comète apparaît dans le ciel et un personnage illustre meurt, et la guerre éclate ; y a-t-il entre ces événemens un lien nécessaire ? Non sans doute, et le philosophe ne peut s'écrier comme le poète :

---

[1] *Des signes et de l'art de penser, considérés dans leurs rapports mutuels*, t. I, pp. 105-133 ; *Histoire comparée des systèmes de philosophie*, 2e édition, t. 1, p. 286.

....Solem quis dicere falsum
Audeat? ille etiam cæcos instare tumultus
Sæpe monet, fraudemque et operta tumescere bella.
Ille etiam extincto miseratus Cæsare Romam,
Cum caput obscura nitidum ferrugine texit,
Impiaque æternam timuerunt sæcula noctem.
Virg. Georg. I.

Qui pourrait, ô soleil, t'accuser d'imposture?
Tes immenses regards embrassent la nature :
C'est toi qui nous prédis ces tragiques fureurs
Qui couvent sourdement dans l'abîme des cœurs.
Quand César expira, plaignant notre misère
D'un nuage sanglant tu voilas ta lumière;
Tu refusas le jour à ce siècle pervers;
Une éternelle nuit menaça l'univers.
Delille.

La croyance aux songes, aux pronostics ainsi qu'une foule de superstitions dont bien des esprits forts ne savent pas se défendre, ne sont que ce sophisme en action.

La curiosité naturelle à l'homme, le besoin de trouver le mot de tout ce qui le frappe, l'envie de déguiser son ignorance, le font tomber à chaque instant dans le même sophisme qui n'est souvent, soyons justes, qu'un paralogisme auquel il se livre de bonne foi. Descartes, en croyant que les rayons de la lumière se coloraient dans l'arc-en-ciel, n'était pas plus sophiste que Newton lorsqu'il a avancé que ces rayons venaient colorés du soleil.

Au contraire, J.-J. Rousseau l'était quand il assignait le premier degré de la décadence des mœurs au premier moment de la culture des lettres dans tous les pays du monde, et qu'il établissait que le progrès de ces deux choses est toujours en proportion.

222. 7° *Sophisma plurium interrogationum.* Il consiste à réunir dans une même interrogation ce qui demande des réponses distinctes, et à enlever l'acquiescement de son adversaire à une chose à laquelle il ne le donnerait jamais, en la mêlant à d'autres auxquelles il ne saurait le refuser. Exemple : *Nonne fuit Cicero excellens civis, orator, poeta, philosophus, miles?*

223. Aux sophismes énumérés par Aristote, on peut encore ajouter ceux-ci :

8° *Fallacia supponentis,* les fausses suppositions. Ce qui flatte nos passions, nos intérêts, nos goûts, ce qui est en rapport avec nos idées habituelles, avec les objets de nos études, ce qui est attesté par des personnes qui nous plaisent ou qui ne nous paraissent point suspectes, est accueilli par nous avec une facilité qui seconde notre paresse.

L'auteur de la *Charlatanerie des savans*[1] raconte

---

[1] Pour le dire en passant, J.-B. Mencken n'a pas épargné la logique de l'école et peut-être a-t-il même poussé trop loin l'amertume de sa critique, ainsi que n'ont pas négligé de l'observer ses commentateurs. *De charlataneria eruditorum declamationes duæ,* ed. v, Amstelodami, 1747, in-12, pp. 161-167.

un tour que l'on joua au savant Jacques Gronovius. Un homme de distinction que cet antiquaire nomme lui-même Robert de Neuville, lui ayant montré une petite poupée de bois représentant un mineur saxon, Gronovius, qui n'avait jamais vu de telles gens, fut ravi d'aise et d'admiration, et sa mémoire, toujours prête à le servir au besoin, lui rappelant d'abord toute la religion des Grecs et leurs cérémonies, lui découvrit en même temps dans cette statue, une antique respectable, un prêtre germain portant le vaisseau d'Isis.

Dans le 41me chapitre de la seconde partie de *Tristram Shandy*, intitulé *La prise de Strasbourg*, Sterne s'est plu à retracer avec une originalité qui, cette fois, n'est ni pastiche, ni affectation, les conséquences ridicules auxquelles conduit le sophisme des suppositions fausses.

Je ne puis donner qu'une légère idée de ce conte aussi philosophique que plaisant.

Une sentinelle, un tambour et un aubergiste publient partout qu'ils ont vu passer le soir, dans la ville, un étranger dont le nez était d'une taille extraordinaire. — Je voulais, disait le voyageur, voir le *cap des nez*, dont j'avais entendu parler. Je l'ai vu, et vous pouvez juger vous-mêmes que je n'ai pas perdu mon temps. J'en ai rapporté un qui est assez beau. —

Chacun regrette de n'avoir pas été témoin de

cette merveille, chacun cherche à expliquer la gigantesque protubérance qui s'en allait toujours grossissant, à mesure que le récit s'éloignait de sa source.

Toutes les presses de la ville gémissaient déjà sous les écrits des savans; on ne chantait pas d'autres chansons dans les rues, on ne voyait pas d'autres estampes que celles du nez. Mais on soupirait avec ardeur après le jugement des universités, et l'on se serait donné au diable pour savoir d'avance ce qu'elles décideraient.

— Cela est au-dessus du sens commun, disaient quelques docteurs.

— Point du tout, répondaient les autres, cela est au-dessous.

— C'est un article de foi, disait l'un. — Tarare, disait l'autre.

— La chose est impossible, s'écriait un cinquième. — Non, répliquait un autre.

— Mais le pouvoir de Dieu est infini, dit un *Nézarien;* il peut tout.

— Il ne peut rien de contradictoire, répondait un *anti-Nézarien*.....

— Parbleu, disaient les premiers, Dieu peut faire un nez aussi long, aussi gros que le clocher de Strasbourg....

Les *anti-Nézariens* soutinrent qu'il était impossible qu'un homme pût porter un nez de cinq cent soixante-quinze pieds de long.

— Mais s'il était horizontal....

— Mais s'il ne l'était pas....

— Oh! si, si, si, si, si, si....

Il s'éleva une nouvelle dispute sur l'étendue de la puissance divine, et on alla si loin qu'il ne fut plus question du nez de l'étranger, qui n'était qu'un nez de carton, à l'aide duquel il se déguisait pour échapper à ses ennemis.

Dans la satyre personnelle et dialoguée, intitulée l'*Écossaise*, VOLTAIRE met en scène une lady *Alton* qui charge un écrivain décrié de recueillir des renseignemens sur une jeune personne qu'elle regarde comme sa rivale.

LADY ALTON.

« Quoi! être trahie, abandonnée, pour cette petite créature! (*à Frélon*) Gazetier littéraire, approchez; m'avez-vous servie? avez-vous employé vos correspondances? m'avez-vous obéi? avez-vous découvert quelle est cette insolente qui fait le malheur de ma vie?

FRÉLON.

J'ai rempli les volontés de votre grandeur; je sais qu'elle est Écossaise et qu'elle se cache.

LADY ALTON.

Voilà de belles nouvelles!

FRÉLON.

Je n'ai rien découvert de plus jusqu'à présent.

LADY ALTON.

Et en quoi m'as-tu donc servie?

FRÉLON.

Quand on découvre peu de chose, on ajoute quelque chose, et quelque chose avec quelque chose fait beaucoup. J'ai fait une hypothèse.

LADY ALTON.

Comment, pédant! une hypothèse!

FRÉLON.

Oui, *j'ai supposé* qu'elle est mal intentionnée contre le gouvernement.

LADY ALTON.

Ce n'est point supposer, rien n'est posé plus vrai : elle est très-mal intentionnée, puisqu'elle veut m'enlever mon amant.

FRÉLON.

Vous voyez bien que dans un temps de trouble une Écossaise qui se cache est une ennemie de l'État.

LADY ALTON.

Je ne le vois pas, mais je voudrais que la chose fût.

FRÉLON.

Je ne le parierais pas, mais j'en jurerais.

LADY ALTON.

Et tu serais capable de l'affirmer devant des gens de conséquence?

FRÉLON.

Je suis en relation avec des personnes de conséquence. Je connais fort la maîtresse du valet-de-chambre d'un premier commis du ministre ; je pourrais même parler aux laquais de mylord votre amant, et dire que le père de cette fille, en qualité de mal-intentionné, l'a envoyée à Londres comme mal-intentionnée; *je supposerais* même que le père est ici. Voyez-vous, cela pourrait avoir des suites, et on mettrait votre rivale, pour ses mauvaises intentions, dans la prison où j'ai été pour mes feuilles.

LADY ALTON.

Ah ! je respire; les grandes passions veulent être servies par des gens sans scrupule ; je veux que le vaisseau aille à pleines voiles, ou qu'il se brise. Tu as raison ; une Écossaise qui se cache, dans un temps où tous les gens de son pays sont suspects, est sûrement une ennemie de l'État ; tu n'es pas un imbécille comme on le dit. Je croyais que tu n'étais qu'un barbouilleur de papier, mais je vois que tu as en effet des talens. Je t'ai déjà récompensé ; je te récompenserai encore. Il faudra m'instruire de tout ce qui se passe ici

FRÉLON.

Madame, je vous conseille de faire usage de tout ce que vous saurez, et même de ce que vous ne saurez pas. La vérité a besoin de quelques ornemens : le mensonge peut être vilain, mais la fiction est belle; qu'est-ce, après tout, que la vérité? *la conformité à nos idées :* or, ce qu'on dit est toujours conforme à l'idée qu'on a quand on parle ; ainsi il n'y a point proprement de mensonge. » (1).

Ces sentimens sont vils et odieux, mais si de

---

1 « C'est une doctrine fausse et impie, dit PORT-ROYAL, III P. ch. 20, que la vérité soit tellement semblable au mensonge, qu'il soit impossible de les discerner ; mais il est vrai que dans la plupart des choses, il y a un mélange d'erreur et de vérité, de vice et de vertu, de perfection et d'imperfection, et que ce mélange est une des plus ordinaires sources des faux jugemens des hommes. »

l'histoire de l'homme on retranchait tout ce qui est odieux et vil, il n'en resterait que bien peu de pages.

224. 9° *Induction défectueuse ou dénombrement imparfait.*

On tombe dans ce sophisme lorsqu'on néglige de compter toutes les manières dont une cause peut produire son effet, ou de supputer tous les individus compris sous une dénomination commune, toutes les circonstances d'un fait, d'une phénomène, etc.

ÉPIMÉNIDE a dit : Les Crétois sont menteurs; or ÉPIMÉNIDE était Crétois; donc ÉPIMÉNIDE était menteur; donc ÉPIMÉNIDE a menti en disant que les Crétois sont menteurs; donc les Crétois ne sont pas menteurs; donc ÉPIMÉNIDE qui était Crétois, n'a point menti en disant que les Crétois sont menteurs; donc il était menteur lui-même, donc il a menti, etc.

Qui ne voit que cette proposition : *Les Crétois sont menteurs* étant prise dans sa plus grande généralisation, résulte d'une énumération vicieuse, et que de ce qu'on est menteur il ne résulte pas que l'on mente toujours et sur toutes choses?

On se rappelle cet Anglais qui, ayant logé en débarquant en France, dans une auberge dont la maîtresse était rousse et acariâtre, consigna dans son journal cette observation : *En France toutes les femmes sont rousses et acariâtres.*

Lorsque le capitaine Cook aborda pour la première fois, à l'île d'Otaïti, les habitans, en voyant un mouton, firent entendre que c'était un oiseau. Nous ne concevons pas d'abord une erreur aussi étrange; mais l'île ne contenait en quadrupèdes que le cochon et le chien : ces deux espèces, les oiseaux et une multitude de rats, voilà tout ce que les insulaires connaissaient. Ils savaient que l'espèce des oiseaux est très-variée, car, de temps en temps, il en paraissait dans leur île, qui ne s'étaient pas montrés auparavant. Voici comment ils raisonnaient : Cet animal que nous voyons n'est ni un cochon, ni un chien, ni un rat. Il faut donc que ce soit un oiseau. Cette manière de conclure, qui nous paraît ici ridicule, passe souvent, à l'aide d'un appareil scientifique, pour un effort de pénétration et de génie.

Je citerai encore cette fable de Florian.

L'HABIT D'ARLEQUIN.

Vous connaissez ce quai nommé de la Ferraille,
Où l'on vend des oiseaux, des hommes et des fleurs :
A mes fables souvent c'est là que je travaille ;
J'y vois des animaux et j'observe leurs mœurs.
Un jour de mardi gras, j'étais à la fenêtre
  D'un oiseleur de mes amis,
  Quand sur le quai je vis paraître

Un petit arlequin, leste, bien fait, bien mis,
Qui, la batte à la main, d'un grâce légère,
Courait après un masque en habit de bergère.
Le peuple applaudissait par des ris, par des cris.
    Tout près de moi dans une cage,
Trois oiseaux étrangers, de différent plumage,
    Perruche, cardinal, serin,
    Regardaient aussi l'arlequin.
La perruche disait : J'aime peu son visage,
Mais son charmant habit n'eût jamais son égal.
Il est d'un si beau vert ! — Vert, dit le cardinal,
    Vous n'y voyez donc pas, ma chère ?
    L'habit est rouge assurément ;
    Voilà ce qui le rend charmant.
    Oh! pour celui-là, mon compère,
Répondit le serin, vous n'avez pas raison,
    Car l'habit est jaune citron,
Et c'est ce jaune-là qui fait tout son mérite.
— Il est vert. — Il est jaune. — Il est rouge, morbleu,
    Interrompt chacun avec feu ;
    Et déjà le trio s'irrite.
— Amis, appaisez-vous, leur crie un bon pivert ;
    L'habit est jaune, rouge et vert.
Cela vous surprend fort, voici tout le mystère :
Ainsi que bien des gens d'esprit et de savoir,
Mais qui d'un seul côté regardent une affaire,
    Chacun de vous ne veut y voir
    Que la couleur qui sait lui plaire.

225. L'énumération ou le dénombrement n'est nécessaire que pour les qualités accidentelles, inutile pour ce qui appartient à l'essence des choses, en d'autres termes elle est applicable à la plupart

des jugemens synthétiques et non point aux jugemens analytiques (55-57).

Par exemple, veux-je m'assurer si tous les hommes sont blancs? je dois recourir à l'énumération; s'agit-il de savoir si tous les triangles ont trois côtés? il est inutile et même absurde de les compter.

226. 10° *A possibili ad actum non valet consecutio.* — *Du possible spéculatif à la réalité pratique le passage n'est pas nécessaire.*

Prendre les rêves de son esprit pour des vérités matérielles, n'est pas toujours une erreur de sophiste. Les imaginations vives, sensibles, poétiques, donnent facilement un corps à leurs fantastiques créations. D'un autre côté, des caractères élevés s'isolent de nos ignobles réalités, en se réfugiant dans un monde meilleur, dans une sphère moins fangeuse, qui sont l'œuvre magique de l'intelligence. Ce n'est point là qu'est le sophisme. Mais il se découvrirait, par exemple, dans les prétentions insensées du prétendu sage qui voudrait appliquer à nos sociétés, telles qu'elles sont faites, des combinaisons purement idéales, supposant que les hommes sont effectivement ce qu'ils pourraient être, ou les plaçant dans des conditions que l'expérience ne reproduit jamais. La république de PLATON, l'*Utopie* [1] de THOMAS MORUS,

---

[1] Εὐτοπία, composé de εὖ *bien*, et de τόπος *lieu*, c'est-à-dire, *lieu fortuné*.

le gouvernement de Salente dans *Télémaque*, l'*Arcadie* de Bernardin de St.-Pierre, les mille et un projets de quelques-uns de nos publicistes ou de nos philanthropes, peuvent être un exercice plus ou moins heureux de la spéculation, mais si l'on voulait en faire la base d'un système pratique, il faudrait maudire ces caprices de l'imagination, ces jeux du raisonnement, ces illusions de la pensée.

La bonne foi même ne peut leur servir d'excuse. Toute expérience qui compromet le bonheur de l'humanité est coupable, et ce n'est pas des nations qu'il est permis de dire : *faciamus experimentum in anima vili*.

227. Enfin les argumens qui ont été signalés par Locke [1], au nombre de quatre, sont féconds en paralogismes ou sophismes.

228. Le premier qu'il appelle *ad verecundiam*, consiste à citer les opinions des personnes qui, par leur esprit, par leur savoir, par l'éminence de leur rang, par leur puissance, ou par quelque autre cause, se sont fait un nom et ont établi leur réputation sur l'estime commune avec une certaine espèce d'autorité.

« Lorsque les hommes sont élevés à quelque di-
» gnité, on croit qu'il ne sied pas bien à d'autres
» de les contredire en quoique ce soit, et que c'est
» blesser la modestie que de mettre en ques-

---

[1] *De l'entendement humain*, liv. IV, ch. XVII, § 19.

» tion l'autorité de ceux qui en sont déjà en pos-
» session.

» Quand un homme ne se rend pas prompte-
» ment à des décisions d'auteurs approuvés, et que
» les autres embrassent avec soumission et avec
» respect, on est porté à le censurer comme un
» homme trop plein de vanité; et l'on regarde
» comme l'effet d'une grande insolence, que quel-
» qu'un ose établir un sentiment particulier et le
» soutenir contre le torrent de l'antiquité, ou le
» mettre en opposition avec celui de quelque sa-
» vant docteur ou de quelque fameux écrivain.

» C'est pourquoi celui qui peut appuyer ses opi-
» nions sur une telle autorité, croit dès lors être
» en droit de prétendre à la victoire, et il est tout
» prêt à taxer d'impudence quiconque osera les
» attaquer, » quoique ni le rang, ni la puissance,
ni la science même et le génie ne garantissent de la
préoccupation et de l'erreur.

L'espèce d'idolâtrie dont Aristote fut l'objet l'αὐτω ἐφά, le *magister dixit*, le *cicéronianisme* des latinistes italiens du seizième siècle, le *gongorisme* des écrivains espagnols du dix-septième, en général la servilité de l'imitation dans les arts et les lettres, la querelle des classiques et des romantiques [1], etc., ne sont que des faces diverses de

[1] Dans cette querelle, les romantiques devraient prendre pour devise ces lignes de Pascal : « Mon intention n'est point de corriger un vice par

l'argument *ad verecundiam*, dont néanmoins les sciences historiques ne sauraient se passer, et qui, employé avec discrétion et sagacité, sort alors de la classe des sophismes.

Le cardinal de Retz raconte lui-même cette anecdote dans ses Mémoires. On venait de lire dans l'assemblée du parlement où il était, un écrit que le garde-des-sceaux avait remis aux députés de la magistrature, et qui accusait le coadjuteur de brouiller tout pour son intérêt, et de sacrifier tout à l'ambition d'être cardinal. On s'attendait qu'il allait faire son apologie : elle pouvait être embarrassante, et, de plus, elle éloignait l'objet de la délibération présente, qui était pour le moment un coup de partie. Heureusement ce n'était pas à lui d'opiner, et il eut le temps de se recueillir. Il sentit qu'il fallait payer d'audace, en trouvant quelque moyen d'échapper à la nécessité de se justifier ; qu'il fallait revenir promptement au résultat que l'on voulait éviter. Quand ce fut à son tour de parler, il se leva avec confiance, et du ton le plus imposant : « Je ne puis ni ne dois, dans la cir-
» constance présente, dit-il, répondre à la calom-
» nie qu'en me rendant devant vous, messieurs,
» le même témoignage que se rendait l'orateur
» romain : *In difficillimis reipublicæ temporibus ur-*

---

un autre, et de ne faire nulle estime des anciens, parce que l'on en a fait trop. » *Pensées de Pascal*, éd. d'A. Renouard, 1812, in-18, 1, 131.

» *bem nunquam deserui : in prosperis nihil de pu-*
» *blico delibavi, in desperatis nihil timui.* — Dans
» les temps les plus orageux de la république, je
» n'ai jamais abandonné la patrie : dans ses pros-
» pérités, je ne lui ai rien demandé pour moi, et
» dans ses momens les plus désespérés, je n'ai rien
» redouté. » Il observe lui-même que ce passage
avait en latin une grâce et une force qu'on ne saurait rendre en français. Quoi qu'il en soit, il fit un assez grand effet pour l'enhardir à passer sur le champ à l'objet principal de la délibération, et à rejeter loin de lui toute apologie, avec autant de hauteur que Scipion montant au Capitole. Il fit ce jour-là tout ce qu'il voulut. En sortant de l'assemblée, chacun alla chercher dans Cicéron le passage qui avait paru si beau. On l'aurait cherché long-temps : il n'y en a pas un mot. Tout ce latin-là était de lui; et cette aventure est assez plaisante, remarque La Harpe, pour qu'on se permette de dire qu'*il ne perdit pas son latin* [1].

Ce trait en rappelle un autre à peu près pareil, raconté par M. A.-V. Arnault [2]. L'abbé Maury, qui commençait sa fortune, prêchant un jour à Versailles, avait tancé assez vertement la cour. S'a-

---

[1] *Lycée*, liv. II, ch. I, sect. I, à la fin. — On sait que la manie des citations inutiles et pédantesques a été ingénieusement ridiculisée dans le *Chef-d'œuvre d'un inconnu*, par Saint-Hyacinthe.
[2] *OEuvres*, VIII, 431.

percevaut de l'humeur que cela donnait à son royal auditoire, *ainsi parlait,* ajouta-t-il, *Saint-Jean Chrysostôme!* ce mot raccommoda tout; on n'hésita pas à proclamer sublime, dans un père de l'Église, ce qui, dans un petit abbé, n'avait semblé qu'impertinent. Comme ses amis le complimentaient de ce succès : *Leur en ai-je donné du Saint-Jean Chrysostôme!* disait-il après le sermon.

On peut ranger sous le même titre, le sophisme dit *fallacia testimonii mutilate citati,* et qui consiste à invoquer une autorité que l'on altère, ou un passage qui, détaché de ce qui le précède ou le suit, peut présenter un sens tout-à-fait contraire à la pensée de l'interlocuteur ou de l'écrivain. Ceux qui donnent à leurs ouvrages la forme du dialogue, fournissent des citations en faveur des opinions les plus contradictoires. Il ne s'agit que de supprimer le nom du personnage qu'ils font parler, et quelquefois même cette précaution est inutile, l'auteur ne laissant point, au milieu de l'incertitude de la discussion, deviner son véritable sentiment, et ne se prononçant positivement ni pour ni contre aucun de ceux qu'il oppose les uns aux autres : c'est ce qu'on a souvent l'occasion de remarquer dans CICÉRON.

A cette classe appartiennent encore les décisions où nous conduisent deux préjugés opposés, mais

(131)

également déraisonnables, la partialité pour le passé, le dédain de la vérité *qui par malheur ne peut être ancienne en naissant* [1], et ce besoin de nouveauté, cet engouement pour le présent auprès duquel tout ce qui précède ne paraît qu'un déplorable témoignage de démence et de barbarie.

Nous traiterons plus bas du principe de l'*autorité* [2] (§ XXVIII).

229. Le second argument de Locke est appelé par lui *ad ignorantiam*. C'est celui par lequel nous exigeons de notre adversaire qu'il admette la preuve, le sentiment que nous avançons, le moyen dont nous faisons usage, ou qu'il en assigne et emploie de meilleurs.

Horace termine par ces mots son épître VI du premier livre :

Si quid novisti rectius istis
Candidus imperti; si non, his utere mecum.

Dans le *Misanthrope*, l'homme au sonnet, furieux

---

[1] Guenard, *Disc. couronné à l'Acad. Fr. en* 1775.

[2] C. A. Heumann, dans son *Conspectus reipublicæ litterariæ*, Hanov. 1733, p. 230, traçant l'histoire de la logique, s'exprime en ces termes : *Homo cum natura sua sit ζῶον λογικὸν, hinc sequitur logicam esse homini naturalem, adeoque cum genere humano natam fuisse logicam. Postea vero quum homines non rationi, sed affectibus se permiserunt regendos, logica hominum adeo evasit ἄλογος, ut tota constaret hoc principio : quicquid majores nostri vel alii magni bonique viri statuerunt, id sancte credendum est. Viguit hoc principium ubique locorum, ubi philosophia non viguit...* »

de ne point obtenir l'approbation d'*Alceste* à qui ses vers paraissent ridicules, lui dit :

> Je voudrais bien, pour voir, que de votre manière,
> Vous en composassiez sur la même matière.

Et *Alceste* répond :

> J'en pourrais, par malheur, faire d'aussi méchans;
> Mais je me garderais de les montrer aux gens.

230. Le troisième argument, *ad hominem*, est celui qui rétorque contre un homme les conséquences qui découlent de ses propres principes ou de ses concessions, et en vertu duquel on refuserait, par exemple, au vice, le droit de louer la vertu, au despotisme, celui de défendre la liberté, à un ignorant, celui de dire de bonnes choses, en plaçant son adversaire entre sa conduite et les sentimens qu'il affiche, et en considérant toute opposition entre le caractère, la réputation, les actes et les discours, comme de nature à infirmer ceux-ci, bien qu'en eux-mêmes ils puissent être irréprochables, sous le rapport de la justesse et de la rectitude.

La seconde satyre de Juvénal débute ainsi :

> *Ultra Sauromatas fugere hinc libet, et glacialem*
> *Oceanum, quoties aliquid de moribus audent*
> *Qui Curios simulant et Bacchanalia vivunt.*
> . . . .
> *Quis tulerit Gracchos de seditione querentes?*

Joad gourmande la piété un peu tiède d'*Abner* :

Je crains Dieu, dites-vous, sa vérité me touche !
Voici comme ce Dieu vous répond par ma bouche :
« Du zèle de ma loi que sert de vous parer ?
» Par de stériles vœux pensez-vous m'honorer ?
» Quel fruit me revient-il de tous vos sacrifices ?
» Ai-je besoin du sang des boucs et des génisses ?
» Le sang de vos rois crie et veut être écouté.
» Rompez, rompez tout pacte avec l'impiété ;
» Du milieu de mon peuple exterminez les crimes,
» Et vous viendrez alors m'immoler vos victimes. »

C'était d'un argument *ad hominem* que se servait Jésus, quand il disait à ceux qui s'étonnaient de son indulgence pour une femme adultère : « Que celui d'entre vous qui n'a rien à se reprocher lui jette la première pierre ! » *Qui sine peccato est vestrûm, primus in illam lapidem mittat!* Joan. viii, 7.

— Montrez-moi l'âme, faites-moi toucher la faculté de penser et alors je les croirai distinctes du corps, car je n'admets comme réels que ce que mes sens m'attestent. Ainsi raisonnent quelques savans. A la bonne heure, mais alors que peuvent-ils croire sur le corps, sur les sens eux-mêmes ? Si comme ils le veulent, l'observation externe donnait seule et toute seule la vérité certaine, la part qui leur en resterait serait étonnamment petite. Regardez de tous vos yeux, armez-vous des instrumens les plus délicats, puis n'interrogez et ne croyez que vos sens, que connaîtrez-vous, même de la nature physique? si peu de chose que vous en rougirez. — Peut-on entièrement ignorer les faits physiques et raisonner comme s'ils n'étaient pas? — Oui, sans doute. — Eh bien! essayez de raisonner, de penser, de connaître en supprimant les idées premières. Moins la chimie, le monde existe encore essentiellement : moins les faits philosophiques, moins les données primitives de la raison, où est l'homme [1]?....

Donc l'observation externe ne nous livre pas toute science.

— Faites-moi distinguer l'âme du corps, et alors je reconnaîtrai qu'elle existe.

— Ainsi, suivant vous, connaître, c'est distinguer, séparer.

— J'en tombe d'accord.

— Par conséquent, point de non-moi sans moi.

— Il est vrai.

— Or, si l'âme était de même nature que le corps, il n'y aurait qu'une substance, s'il n'y avait qu'une substance, elle ne se distinguerait pas, en d'autres termes, elle ne se connaîtrait pas.

Donc nous n'aurions de notion ni des corps ni de l'esprit.

L'argument *ad hominem* qui se confond dans ce dernier cas, avec l'*induction,* était employé avec

---

[1] *Revue Française,* n° III, pp. 123-125.

succès par Socrate, et il est presque toujours d'un grand effet dans les discussions personnelles et passionnées, quoiqu'en bien des rencontres il ne soit point concluant.

231. Enfin Locke appelle *ad judicium*, un argument qui consiste à employer des preuves tirées de quelqu'une des sources de la connaissance et de la probabilité [1], et c'est le seul de tous les quatre qui soit accompagné d'une véritable instruction et qui nous avance dans le chemin de la science. Car 1º de ce que je ne veux pas contredire un homme par respect, ou par quelque autre considération que celle de la conviction, il ne s'en suit point que son opinion soit raisonnable ; 2º ce n'est pas à dire qu'une personne soit dans le bon chemin, ou que je doive entrer dans le même chemin qu'elle, par la raison que je n'en connais point de meilleur ; 3º dès qu'un homme m'a fait voir que j'ai tort, il ne s'ensuit pas qu'il ait raison lui-même; de ce que je lui concède quelque chose, il ne résulte pas que cette concession soit légitime; de ce que le vice défend la vertu, de ce qu'il y a contradiction entre les actes et les paroles, il ne faut pas conclure que ces paroles prises en elles-mêmes, ne renferment pas la vérité, bien qu'elle paraisse souillée en passant par une bouche impure. Toute con-

---

[1] Voy. ch. xix, xx et la quatrième partie.

naissance philosophique doit venir des preuves, des argumens et des lumières qui naissent de la nature des choses mêmes, et non de ma timidité, de ma préoccupation, de mon engouement, de mon ignorance et de mes égaremens.

232. Un paralogisme que les logiciens ne mentionnent pas, et que Locke n'a point signalé est celui par lequel nous démontrons ce qui n'a pas besoin d'être démontré comme étant clair pour tous les hommes, et ce qui est indémontrable. Toute vérité primitive, et de première vue, échappe à la démonstration qui s'appuie toujours sur quelques principes antérieurs, et qui procède du connu à l'inconnu (*Psych.* 22). De pareilles vérités s'acceptent ou se posent elles-mêmes. Tout ce qu'on fait pour les éclaircir, n'aboutit qu'à en ternir l'éclat, et par rendre douteux ce qui ne laissait aucun doute[1]. « Je suis libre, dit Charles Villers, en résumant la philosophie pratique de Kant, je suis libre; j'en ai la conscience; je suis libre parce que je puis vouloir, et que vouloir c'est faire un acte de spontanéité[2]. *Enfin je dis que je suis libre*, parce que je suis irréfragablement assuré que je le suis ; comme

---

[1] V. Descartes, *Les principes de la philosophie*, éd. de V. Cousin, III, 68. — Le P. Buffier, *Traités des premières vérités et de la source de nos jugemens*, Avignon, 1822, pp. 11, 28 et suiv. — Reid, *OEuv. compl.* édit. de M. Th. Jouffroy, III, 45 et suiv.

[2] A la rigueur *vouloir* peut s'accorder avec la nécessité.

je dis que je vis, parce que je suis assuré de même que je vis; je n'ai affaire pour en être certain, ni de syllogismes, ni de preuves quelconques. Ce n'est même point un axiome; c'est plus qu'un axiome, c'est le fondement de toute vérité. Me préserve le Ciel de m'engager dans aucun raisonnement pour démontrer cette vérité fondamentale [1]!.... » C'est ainsi que Clément d'Alexandrie établit que la croyance en Dieu est nécessaire et hors de toute démonstration. « On ne peut non plus comprendre Dieu, dit-il, par une science démonstrative; car elle est fondée sur ce qui est antérieur et plus connu, et rien ne précède l'Éternel [2] ». Si des faits primitifs, évidens, incontestables, étaient impossibles, il s'ensuivrait qu'en allant de syllogisme en syllogisme, quelque prolongée que fût cette échelle, on arriverait toujours à une première prémisse. Et alors qu'en ferait-on? si on la prouvait par un nouveau syllogisme, dont la première prémisse offrirait la même difficulté, on irait à l'infini, et toute la chaîne de nos raisonnemens flotterait en l'air, ne tiendrait à rien, ne mènerait à rien : en un mot toute certitude serait détruite et le septicisme aurait gain de cause [3]. On verra plus bas la différence

---

[1] *Philosophie de Kant*, p. 370, Buffier, o. c. p. 41.

[2] *Stromat.* lib. v.

[3] Ancillon, *Mélanges de litt. et de philos.*, 1809, II, 30. Voy. plus haut le chapitre *Sur les jugemens analytiques et synthétiques* et plus bas

qu'il y a entre une *preuve* et une *démonstration* (236).

233. Si l'on voulait épuiser la liste des sophismes, il faudrait étudier sous toutes leurs faces les passions et les défauts des hommes. LA ROCHEFOUCAULD a dit : *L'amour-propre est le plus grand des flatteurs*, il pouvait dire aussi : *L'amour-propre est le plus grand des sophistes* [1]. Le même écrivain a écrit cette maxime : *L'esprit est toujours la dupe du cœur.* Qui ne découvrirait, en s'interrogeant soi-même, ou en réfléchissant sur ce qu'il voit, les sophismes d'inclination ou d'aversion, de faveur ou de disgrâce, de présomption, d'envie et de malignité, de l'esprit de dispute porté à l'excès, de complaisance et d'adulation, d'obstination et d'entêtement? Qui ne connaît les sophismes où nous entraîne le prestige des formes extérieures? qui n'avoue avec ARISTOTE que la parole séduit non-seulement ceux à qui on

---

ceux sur la *Certitude.* Cfr. aussi J.-FR. CHPH. GROEFFE, *Diss. qua judiciorum analyticorum et syntheticorum naturam jam longe ante* KANTIUM *antiquitatis scriptoribus fuisse perspectam contra* SCHWABIUM *probatur.* Gott. 1794, in-8º.

[1] Que de raisonneurs ressemblent à l'orateur REGULUS qui se vantait de prendre de prime-abord son adversaire à la gorge, et qui, au dire de PLINE le jeune, prenait quelquefois pour la gorge, le genou et même le talon : « *Dixit aliquando mihi* REGULUS, *quum simul adessemus : Tu omnia quæ sunt in causa, putas exsequenda : ego jugulum statim video ; hunc premo. Premit sane quod elegit, sed in eligendo frequenter errat. Respondi, posse fieri ut genu esset, aut tibia, aut talus, ubi ille jugulum putaret* ». *Epist.* I, 20.

parle, mais encore celui qui se parle à lui-même? Et quoi de plus fréquent encore que le sophisme de la force qui dit : *Je le veux, donc cela doit être?* SIC VOLO, SIC JUBEO, SIT PRO RATIONE VOLUNTAS. — Le chapitre XXII du second livre des *Hypotyposes* du pyrrhonien SEXTUS EMPIRICUS, roule sur les sophismes. DE CROUSAZ en a fait l'objet de quelques remarques en son grand ouvrage sur le pyrrhonisme [1].

234. Le sophisme est appelé naturellement à la défense du *paradoxe* [2], proposition qui vise plus à la singularité qu'à la justesse. On appelle aussi paradoxe une opinion qui choque les idées reçues, et qui malgré une apparence de fausseté, peut être vraie au fond, et alors ce n'est plus le sophisme qui lui sert d'appui. Sous ce point de vue, la plupart des idées nouvelles qui renversent d'anciens préjugés, doivent passer d'abord pour des paradoxes.

En effet PLATON, comparant l'humanité à des captifs enchaînés dans une caverne, et qui n'aperçoivent que les ombres des objets placés derrière eux, dit admirablement : « Brisons leurs fers, et supposons que la nature veuille les guérir de leur longue erreur. Un des captifs est délivré, il se lève aussitôt, il tourne la tête, il marche, il voit le foyer de lumière; trop faible pour ce qu'il éprouve,

---

[1] *Examen du Pyrrhonisme*, La Haye, 1733, in-fol., pag. 83-85.
[2] De παρά et δόξα, *præter opinionem*.

ébloui, accablé d'un si vif éclat, il ne peut supporter ce spectacle, dont il ne connaissait que l'ombre mensongère. Que croyez-vous qu'il vous réponde, si vous lui apprenez qu'il n'avait vu jusqu'à présent que des fantômes, qu'il peut enfin contempler les choses mêmes, que la vérité est plus proche de lui et sa vue moins trompeuse? montrez-lui chacun des objets qui passent devant ses yeux, demandez-lui ce qu'il en pense, et il va douter, il va croire que les figures qui l'ont abusé si long-temps, étaient plus vraies que celles qu'on lui montre aujourd'hui. Forcez-le d'envisager la flamme : ses yeux seront blessés, il voudra fuir et retourner à ce qui ne l'éblouit pas : Voilà dira-t-il la réalité [1]. » Mais nous n'avons ici qu'à signaler le danger et le défaut de ces tours d'esprit, de ces espèces de gageures tendant à faire triompher par tous les moyens, bons ou mauvais, une opinion bizarre qui rompt ouvertement en visière avec les données habituelles de la raison et de l'expérience. Les hommes aiment le paradoxe, par cela même qu'il a quelque chose de hardi et d'aventureux et prennent à le voir soutenir avec adresse, le même plaisir qu'à voir un jongleur qui se tient en équilibre sur la pointe d'une épée, ou qui franchit un pas que l'on jugeait impraticable. L'Académie de Dijon avait demandé

---

[1] *République*, liv. II, trad. de M. J. V. Le Clerc.

si le *rétablissement des sciences et des arts avait contribué à épurer ou à corrompre les mœurs* (221). L'affirmative était le pont-aux-ânes, disait Diderot. C'était le contre-pied qu'il fallait prendre pour produire de l'effet, c'est-à-dire, que le succès dépendait d'un paradoxe [1].

Les *Paradoxes* de Cicéron ne sont point à proprement parler, des ouvrages philosophiques, mais des lieux communs, des études oratoires, comme les *exordes* qu'on trouve dans les œuvres de Démosthènes. Il s'en explique ainsi lui-même : « Caton que je
» regarde comme le modèle des stoïciens, professe
» des opinions qui s'éloignent des sentimens populaires; et, de plus, il est d'une secte dont les partisans bannissent du discours tous les ornemens,
» tous les développemens oratoires, et ne vont à
» leur but que par un enchaînement de petites argumentations subtiles et concises. Mais il n'est
» rien de si incroyable que les ressources de l'art
» de la parole ne puissent rendre plausible; rien
» de si sec, de si austère, que le discours ne puisse
» orner et polir. Persuadé de cette vérité, j'ai été
» plus hardi que Caton lui-même. Il a coutume de

---

[1] M. De Musset-Pathay a néanmoins prétendu que ce ne fut pas uniquement par le conseil de Diderot que Rousseau prit parti contre les sciences et les arts, et que cette manière de voir de Jean-Jacques était prononcée bien avant l'époque où la question fût posée par l'Académie de Dijon. *Histoire de la vie et des ouvrages de J.-J. Rousseau*, ive partie.

» parler, en vrai stoïcien, sur la magnanimité,
» sur le désintéressement, sur la mort, sur la
» vertu, sur les dieux immortels; et il sait répan-
» dre sur ces grandes pensées tout l'éclat de son
» éloquence. Je suis allé plus loin; je me suis fait
» un amusement de réduire en lieux communs,
» des propositions que les stoïciens essaient à
» peine de prouver dans l'ombre de leurs écoles.
» Comme elles surprennent par leur nouveauté et
» qu'elles sont opposées aux opinions reçues, ils les
» appellent des *paradoxes*. J'ai voulu voir si elles
» pouvaient être produites avec succès au grand
» jour, au jour même du *forum*, ou s'il est vrai
» que la langue des savans soit absolument diffé-
» rente de celle que nous parlons au peuple. Ce
» travail m'a été d'autant plus agréable, que ces
» *paradoxes*, comme on les appelle, me paraissent
» tout-à-fait socratiques et fort voisins de la vé-
» rité. (*Traduction* de M. J.-V. Le Clerc [1].)

---

[1] « Cato autem perfectus (mea sententia) stoïcus, et ea sentit quæ non sane probantur in vulgus; et in ea est hæresi, quæ nullum sequitur florem orationis, neque dilatat argumentum; minutis interrogatiunculis quasi punctis, quod proposuit, efficit. Sed nihil est tam incredibile, quod non dicendo fiat probabile; nihil tam horridum, tam incultum, quod non splendescat oratione, et tanquam excolatur. Quod quum ita putarem, feci etiam audacius, quam ille ipse, de quo loquor. Cato enim duntaxat de magnitudine animi, de continentia, de morte, de omni laude virtutis; de diis immortalibus, de caritate patriæ, stoïce solet, ornamentis oratoriis adhibitis, dicere. Ego vero illa ipsa, quæ vix in gymnasiis et in otio stoïci probant, ludens conjeci in com-

235. Je ne terminerai pas ce chapitre déjà bien long, sans rappeler que les sophistes sont attaqués avec toute la verve comique d'Aristophane dans le *Protagoras* et l'*Euthydème* de Platon. Dans ces dialogues, comme dans beaucoup d'autres du même auteur, on trouve l'occasion de se convaincre que la plupart des idées folles et des systèmes absurdes que l'on a présentés à l'inquiète curiosité de notre âge, n'ont pas même le mérite de la nouveauté. En xeige-t-on des preuves? La communauté des biens et des femmes, ce dogme fameux des Saint-Simoniens, réunis sous le père Enfantin, n'est qu'une démence décrépite et usée. Aristophane l'avait traduite sur le théâtre, il y a bien des siècles, dans les *Harangueuses*; le mépris de l'autorité paternelle, professé par La Mettrie et d'autres, est flétri dans les *Nuées*, etc [1]. A quoi bon le nier? Tout en criant à l'originalité, nous ne sommes, la plupart du temps, que des copistes, jusque dans nos extravagances.

---

munes locos. Quæ, quia sunt admirabilia, contràque opinionem omnium, ab ipsis etiam παράδοξα *appellantur, tentare volui, possentne proferri in lucem, id est, in forum, et ita dici, ut probarentur; an alia quædam esset erudita, alia popularis oratio : eoque scripsi libentius, quod mihi ista* παράδοξα *quæ appellant, maxime videntur esse socratica, longeque verissima.* »

[1] Voy. le chap. 24 du troisième livre des *Hypotyposes* de Sextus Empiricus. On y lit, entre autres, que Zénon légitimait l'usage de manger de la chair humaine, et justifiait les plus grands excès de la débauche, même l'inceste.

§ XIX.

Topique *ou des moyens de la preuve dans le raisonnement.*

236. On appelle *preuve* ou *argument*, toute idée moyenne qui sert à faire voir la convenance ou la disconvenance de deux autres idées, ou que l'une contient l'autre. Si cette convenance ou disconvenance est indubitable, manifeste, irrécusable, nécessaire, la preuve devient *démonstration*, et fait naître l'*évidence* et la *pleine certitude*. Si au contraire, elle n'est que possible, vraisemblable, on n'a qu'une simple *probabilité*, une *présomption*, une *vraisemblance*, une *conjecture*. Une preuve doit céder à une preuve meilleure; plusieurs preuves font ce qu'une seule n'aurait su faire; la démonstration est une et inattaquable (94). D'où il résulte que l'on peut *prouver* ce qu'on ne saurait *démontrer* [1].

Une *argumentation* est une série de raisonnemens enchaînés les uns aux autres et convergens vers un centre commun.

237. On enseignait jadis dans quelques écoles, que tout ce qu'approuvent des auteurs célèbres est probable, que la probabilité d'un sentiment n'empêche par la probabilité d'un sentiment con-

---

[1] « *Argumentatio videtur esse inventum ex aliquo genere, rem aliquam aut probabiliter ostendens, aut necessarie demonstrans.* » Cic. *de Inventione*, xxix.

traire, et même qu'il est permis de suivre l'opinion la moins probable et la moins sûre, en quittant l'opinion la plus probable et la plus sûre. Cette doctrine irrationnelle et immorale à laquelle on donnait le nom de *probabilisme*, a été foudroyée par l'auteur des *Provinciales* [1].

238. Les anciens réservaient le nom de *topique* [2] à cette partie de la philosophie qui indique les sources d'où se tire la preuve ou les *lieux-communs*. Aristote en a traité en huit livres dont Cicéron a fait un abrégé [3] et qui ont été commentés par Boèce. Les stoïciens [4] regardaient comme inutile une étude recommandée par Cicéron et par Quintilien et pour laquelle Port-Royal a partagé leur mépris [5].

239. Ce dédain paraît irréfléchi à Marmontel. « Le mot latin *loci*, dit-il, signifie sources communes [6].

---

[1] Lettre xiii, Buffier, o. c. 107, 108.

[2] Τόπος, lieu.

[3] Nous indiquerons à ceux qui se destinent à l'étude de la jurisprudence, une excellente dissertation de Fr. God. Van Lynden, contenant *Interpretatio jurisprudentiæ Tullianæ in topicis expositæ*. Lugd. Batav. 1805, in-4º et in-8º.

[4] Voy. Adami Bursii *Logica Ciceronis stoïca*. Zamosc., 1604, in-4º.

[5] « *Quum omnis ratio diligens disserendi duas habeat partes, unam inveniendi, alteram judicandi, utriusque princeps, ut mihi quidem videtur,* Aristoteles *fuit. Stoïci autem in altera elaboraverunt. Judicandi enim vias diligenter persecuti sunt ea scientia quam Dialecticen (à* Διαλέγομαι, *dissero) appellant, inveniendi vero artem, quæ* Topice *dicitur, quæque ad usum potior erat, et ordine naturæ certe prior, totam reliquerunt.* » Cicer. Top. i, 6.

[6] « *Itaque licet definire locum esse argumenti sedem.* » Ibid. ii, 8.

En le traduisant par *lieux communs*, on en a avili l'idée. Mais l'objet en lui-même n'en a pas moins son prix. Les *lieux* ou les moyens de l'art, sont *communs* en ce qu'ils s'emploient, ainsi que les couleurs du peintre, à tout genre de travail, mais l'habileté les rend propres à l'effet que l'on veut produire. La palette de Raphael ou du Titien était la même que celle du plus mauvais peintre. Les lieux *oratoires* étaient les mêmes pour Cicéron que pour le plus mauvais raisonneur de son temps. Mais le Titien et Raphael négligeaient-ils de bien connaître le nombre et l'effet des couleurs que l'on broyait pour eux, comme pour une foule de mauvais coloristes [1] ? »

240. Les moyens de la preuve sont divisés par Cicéron en deux classes : les uns pris dans le sujet même, les autres tirés du dehors [2].

241 Les moyens internes sont :

1º et 2º La *définition* et la *division* dont nous avons déjà parlé (99-115).

Une définition ou la notion de l'*être*, est le fondement de la fameuse preuve cartésienne de l'existence de Dieu, preuve dite *ontologique*, qu'on

---

[1] *Logique*, leçon onzième.

[2] « *Ex his locis in quibus argumenta inclusa sunt, alii in eo ipso, de quo agitur, hærent : alii assumuntur extrinsecus. In ipso tum ex toto, tum ex partibus ejus, tum ex nota, tum ex his rebus, quæ quodammodo affectæ sunt ad id, de quo quæritur. Extrinsecus autem ea dicuntur, quæ absunt, longeque disjuncta sunt.* » Top. II, 8.

trouve déjà dans les écrits d'Anselme, archevêque de Cantorbéry, lequel vivait au onzième siècle, et que Leibnitz a exposée. La voici :

« L'idée d'un être suprême qui possède toutes les réalités, et qui soit cause première de tout ce qui existe, ne renferme en soi nulle contradiction. Une chose dont l'idée n'implique pas contradiction, est possible [1]. Dieu est donc possible. Or toutes les réalités devant se trouver dans l'idée de Dieu, la réalité de l'existence lui appartient nécessairement [1], par où il est démontré que Dieu existe. En un mot, l'être réel absolu est possible (49), donc il est, ou s'il n'était pas, il lui manquerait quelque réalité [2]. »

Cette espèce de preuve s'appelle *à simultaneo* ou preuve par *l'idée*, parce qu'elle démontre les propriétés des choses par l'idée qu'on s'en fait : ainsi par l'idée du cercle et par sa définition préalablement produite, on démontre que tous ses rayons sont parfaitement égaux.

Toutes les démonstrations géométriques sont de cette espèce; c'est pourquoi on appelle les théorèmes mathématiques des vérités de définitions (107).

---

[1] Voy. la 3e et la 5e méditation de Descartes, aussi bien que la *Réponse à la seconde objection*, etc; Leibnitz, Opera II, 25, n° 45 ; Ch. Villers, *Philos. de Kant*, 334.

[2] En métaphysique on appelle *être absolument nécessaire* celui qui a en lui la raison de son existence, ou qui existe par cela seul qu'il est possible ; et *être d'une nécessité contingente* celui qui ne peut se dispenser d'exister en vertu de la cause actuelle de son existence.

Pascal a écrit un chapitre intitulé *Réflexions sur la géométrie en général*, principalement destiné à éclaircir ce qui regarde les définitions. M. Laromiguière dans sa *quinzième leçon de philosophie*, 1re partie, y a trouvé le texte de quelques remarques intéressantes [1].

3° *La force des termes univoques* [2] *et l'étymologie.*

Homo sum, humani nihil à me alienum puto.

A propos de l'*étymologie*, il y a une remarque importante à faire. C'est qu'il ne faut pas se hâter de tirer des conséquences de quelques similitudes de mots. Des formes, des sons pareils n'annoncent pas toujours une origine commune [3], et il est tout naturel que des hommes doués des mêmes organes, des mêmes facultés intellectuelles, présentent quelque chose de semblable dans la manifestation de leur pensée, sans que pour cela il y ait de nécessité, emprunt, imitation ou transmission. C'est ainsi que des auteurs d'ailleurs instruits, se sont repus de vaines chimères, et que les Goropius Becanus,

---

[1] *Pensées de Pascal*, édit. de M. A. Renouard, 1812, in-18, i, 141.

[2] *Verba conjugata.* « *Conjugata dicuntur, quæ sunt ex verbis generis ejusdem. Ejusdem autem generis verba sunt, quæ orta ab uno varie commutantur, ut sapiens, sapienter, sapientia. Hæc verborum conjugatio* συζυγία *dicitur...* » Cic. *Top.* iii, 12.

[3] Ainsi, sur la ressemblance frivole de *homo* et de *humus* on a bâti ce raisonnement : *Angelus non ex humo factus, ergo non est homo.*

les Schrieckius, les Court de Gebelin, les De Grave, les Le Brigant et tant d'autres, ont donné à leurs rêveries une consistance apparente. Turgot a inséré dans l'*Encyclopédie*, un excellent article sur les *étymologies* et les règles à observer pour les établir. On peut aussi consulter avec fruit, la seconde partie du cinquième volume du Jacques de Guyse de M. le marquis de Fortia, l'*Essai sur les noms propres* de M. Eusèbe Salverte, et l'*Introduction* à *l'Atlas ethnographique du globe*, par M. Adrien Balbi [1].

4° *La liaison dans le sens des mots, le rapport de l'un à l'autre.* « Tromper son ami est une perfidie, » le flatter c'est donc être perfide. »

5° *Le rapport du genre avec les espèces* (19-23, 80-83). « Si la vertu est l'empire qu'une âme exerce sur elle-» même pour régler tous ses mouvemens, la tem-» pérance est une vertu. »

6° *Le rapport des espèces entre elles et avec les individus* (81-82). « La bienfaisance est inséparable » de la justice; par conséquent, se montrer libé-» ral du bien d'autrui, ce n'est pas être bienfai-» sant. »

7° La *similitude* (*argumentum à simili*). Érasme a tiré des œuvres morales de Plutarque, et des écrits de Sénèque, Lucien, Xénophon, Dé-

---

[1] Pag. xli et suiv.

MOSTHÈNES, ARISTOTE, PLINE et THÉOPHRASTE, un recueil intitulé *Parabolæ sive similia* [1]. En voici le commencement : « *Qui adhortantur et excitant ad philosophiam, nec docent, nec tradunt eam, perinde faciunt ut ii qui præmungunt lucernam, nec infundunt oleum.* » (189-191)

Voici un exemple de l'argument *à simili* que nous fournit CICÉRON : il l'avait tiré d'un dialogue d'ESCHINES, fils de CHARINUS ou de LYSANIAS et disciple de SOCRATE. ASPASIE s'entretenait avec la femme de XÉNOPHON et avec XÉNOPHON lui-même. « Dites-moi, je vous prie, épouse de XÉNOPHON, disait-elle, si votre voisine a de l'or d'un titre au-dessus du vôtre, lequel préférerez-vous?—Le sien.—Si elle a des ajustemens, une parure plus riche que la vôtre, laquelle préférerez-vous? — La sienne. — Et si son mari vaut mieux que le vôtre, lequel préférerez-vous?—La femme de XÉNOPHON rougit pour toute réponse. »

« Et c'est avec raison, observe QUINTILIEN, en citant le passage de CICÉRON ; car elle avait mal fait de répondre qu'elle préférait l'or d'autrui au sien : ce sentiment est en effet malhonnête; tandis que si elle avait répondu qu'elle préférait que son or fût pareil à celui de la femme du voisin, elle aurait pu répondre sans blesser la décence, qu'elle préférait aussi que son mari ressemblât à un homme meilleur que lui [2].

[1] *Operum* I, 557 — 624.
[2] *Lib.* V, c, II.

Cicéron continue : « Aspasie s'adresse ensuite à Xénophon lui-même : — Dites-moi, je vous prie, Xénophon, si votre voisin a un cheval meilleur que le vôtre, lequel préférerez-vous? — Le sien. — S'il a une terre d'un meilleur produit que la vôtre, laquelle préférerez-vous? — La sienne. — Et s'il a une femme meilleure que la vôtre, laquelle préférerez-vous. — Xénophon, à son tour, garda le silence. — Puisque chacun de vous, reprit Aspasie, n'a pas voulu me répondre sur le seul point que je désirais savoir, je vais répondre pour vous deux. Vous, vous désirez le meilleur des époux, et vous, Xénophon, la meilleure des femmes. Si vous ne réussissez à devenir, l'un, l'homme le plus parfait, et l'autre, la femme la plus accomplie, vous regretterez toujours de n'avoir point fait un meilleur choix [1] ». Cette manière d'argumenter se rapporte aussi à l'*induction*.

8° *La différence.* « Bien souvent on s'amuse d'un
» caractère qu'on méprise : car autre chose est
» d'être estimable, autre chose est d'être plai-
» sant. »

9° Les *contraires*. « La nature et les lois nous
» permettent d'user de nos facultés personnelles,
» mais nous défendent d'en abuser. »

Cicéron observe que les choses opposées doivent

---

[1] *De inventione*, I, 31.

être du même genre [1], comme la vitesse et la lenteur, et non pas la faiblesse, laquelle est contraire à la force. *Si stultitiam fugimus, sapientiam sequamur, et bonitatem si malitiam* [2]. Ces contraires s'appellent *opposés*, ADVERSA, ἐναντία.

Il y en a d'autres qu'on nomme *privatifs*, PRIVANTIA, στερητικά. *Præpositio enim* IN *privat verbum ea vi, quam haberet, si* IN *præpositum non fuisset : ut dignitas, indignitas, humanitas, inhumanitas, et cætera generis ejusdem : quorum tractatio est eadem, quæ superiorum quæ adversa dixi.* (*Topicor.* XI, 48).

CICÉRON énumère en outre les contraires négatifs, ou *contraria aientibus*, en grec ἀποφατικά : *ut, si hoc est, illud non est.*

Enfin, il y a des contraires *relatifs*, comme le double et le simple, le grand et le petit. Mais ceux-là même doivent être du même genre.

> Je puis choisir, dit-on, ou beaucoup d'ans sans gloire,
> Ou peu de jours suivis d'une longue mémoire.
> *Achille*, dans *Iphygénie.*

Peu de plaisirs et beaucoup de peine ne sont pas des contraires : ils peuvent se trouver ensemble.

ARISTOTE, sur cet article des contraires, donne un conseil qui sent l'école et la dispute. « Si l'on

---

[1] « *Eodem autem genere discuntur, quibus propositis occurrunt, tanquam e regione, quædam contraria* (*Topic.* XI, 47).
[2] *Ibid.*

vous allègue les lois, dit-il, appelez-en à la nature, et si on fait parler la nature, rangez-vous du côté des lois. » De tous les préceptes de la dialectique, c'est peut-être le plus communément suivi [1].

10° *Les adjoints* (ADJUNCTA). Ce sont les circonstances qui ont précédé, accompagné et suivi un fait, sans avoir néanmoins avec lui aucun rapport de nécessité. Elles servent sinon de preuves, du moins de probabilités, et l'on en voit mille exemples dans les questions conjecturales.

CICÉRON a fait de ce moyen un usage admirable dans son plaidoyer pour MILON, et il est peu de *rhétoriques* qui ne fassent ressortir l'adresse de l'orateur. Ces mêmes rhétoriques imposent aussi l'obligation d'examiner, pour établir un fait, chacune des questions comprises dans le vers technique suivant :

Quis? quid? ubi? quibus auxiliis? cur? quomodo? quando?

CICÉRON (on ne nous reprochera pas de recourir trop souvent à un pareil modèle) CICÉRON nous offre encore cet exemple, où il s'agit de la recherche d'un assassinat : *Ante rem enim quæruntur, quæ talia sunt, apparatus, colloquia, locus, constitutum, convivium. Cum re autem, pedum crepitus, strepitus hominum, corporum umbræ, et si quid ejus*

---

[1] MARMONTEL, *logique*, leçon onzième.

modi. At post rem, rubor, pallor, titubatio, et si qua alia signa conturbationis et conscientiæ, præterea restinctus ignis, gladius cruentus, ceteraque, quæ suspicionem facti possunt movere (*Top.* XII, 52).

Mais le mensonge peut aussi profiter pour opprimer l'innocence de quelques circonstances fortuites qui se rassemblent, comme pour donner l'air de la vérité aux plus fausses inculpations, et souvent la vérité ne peut point se faire jour dans le labyrinthe où on l'a entraînée. C'est ce qui arriva à *Palamède*. Il avait envoyé de Thrace une grande quantité de blé. *Ulysse* en fut jaloux, et pour se venger, il fabriqua, au nom de *Priam*, une lettre dans laquelle il remerciait *Palamède* de sa trahison, et promettait une grosse somme d'or. Après avoir remis cette lettre à un esclave qu'il tua ensuite, et corrompu d'autres esclaves qui portèrent dans la tente de *Palamède*, la somme prétenduement promise, il le dénonça comme un traître, il lut la lettre du roi, fit valoir l'argent trouvé dans la tente, et *Palamède* fut lapidé [1].

11° et 12° *Les antécédens et les conséquens.* Voulez-vous prouver que la révolution française de 1789 devait arriver, et présenter le caractère qu'on lui a reconnu? examinez la situation politique, religieuse, morale des Français, au moment où elle éclata, et

---

[1] VONDEL a représenté, sous le personnage de Palamède l'infortuné Barnevelt.

remontez-même un peu haut dans l'histoire pour trouver le mot de ce terrible problème.

L'école historico-philosophique moderne a cherché à déterminer les antécédens et les conséquens des faits généraux qui résument l'humanité et a établi que ceux-ci ne sont pas le résultat d'une fatalité aveugle et sans intelligence, mais, pour me servir du langage adopté par l'école de Hegel, le développement libre et nécessaire à la fois des momens, c'est-à-dire, des idées constitutives de la raison, qui s'enchaînent logiquement, en se résolvant en actes dans le monde extérieur.

Il est néanmoins à remarquer que si l'absence d'un antécédent immédiat supprime la possibilité d'un conséquent, ce même antécédent ne nécessite pas toujours le conséquent. Ainsi pour exercer la profession de peintre, il faut avoir appris l'art de la peinture, mais on pourrait l'avoir appris à fond et n'en pas faire usage. Une sédition suppose un attroupement; tout attroupement ne suppose pas une sédition, etc.

13° *L'incompatibilité des idées*, REPUGNANTIA. (Voy. plus bas ce qui est dit du *principe de contradiction*). « La pensée est indivisible, elle ne peut » donc être le mode d'une substance divisible. » M. Broussais n'a pas su répondre à cet argument, tout vulgaire qu'il est, argument que le *Globe* et

M. De Broglie ont rajeuni et pressé avec beaucoup de vigueur [1].

14º *Les causes.*

La cause finale, ou la fin pour laquelle une chose est.

La preuve de l'existence de Dieu, tirée de la cause finale est la plus populaire, la plus sensible, et peut-être la plus ancienne de toutes. Duguet, Fénélon, Bernardin de St.-Pierre, le docteur Patey, etc., l'ont préférée aux autres, et quoique Kant s'efforce de la saper et de la détruire, il en parle avec une estime particulière : « Elle mérite, » dit-il, qu'on la cite avec respect, elle vivifie l'é-» tude de la nature dont elle est née et dont elle » tire sans cesse de nouvelles forces; elle est con-» solante, elle échauffe et élève l'esprit, elle » donne un plan et un but à l'ensemble de nos con-» naissances. »

Cependant Bacon, qui redoutait qu'on ne construisît la nature *à priori* au lieu de l'observer, et que l'imagination n'altérât ou ne dépassât les faits scientifiques, regardait comme dangereuse, principalement en physique, la recherche des causes finales. Mais aujourd'hui que l'objet véritable des sciences est mieux compris, la considération des

---

[1] *Le Globe*, t. vi, nᵒˢ 74 et 83. Le duc De Broglie, *de l'existence de l'âme*, Liége, 1830, in-8º, pp. 70 et suiv. C'est un extrait de la *Revue Française*, sept. 1829, pp. 116-213.

causes finales, non-seulement ne risque plus d'égarer le théoricien, mais dans plusieurs cas, elle lui est indispensable pour arriver à la découverte de la vérité. L'anatomie en fournit les exemples les plus remarquables. Car pour comprendre la structure du corps d'un animal, il est nécessaire, tout en examinant la *conformation* des parties, de ne pas négliger leurs *fonctions*, ou en d'autres termes leur *fin* et leur *usage*. Et la connaissance la plus complète de la première, tant qu'elle n'est point perfectionnée par la découverte des secondes, ne peut satisfaire pleinement un esprit curieux né pour les sciences .

C'est la considération des causes finales qui a donné lieu au fameux précepte, qu'avant de prononcer sur l'auteur d'une action, il faut examiner *cui bono* elle a été faite, c'est-à-dire, quel intérêt un homme aurait eu à la faire, parce que les hommes agissent ordinairement selon leur intérêt; précepte dont on argumente aussi pour montrer qu'on ne doit point soupçonner quelqu'un d'une action parce qu'elle aurait été contraire à sa fin.

La cause efficiente : celle qui produit une autre chose. Tantôt elle produit inévitablement son effet par elle-même, tantôt elle ne produit pas d'effet immédiat, quoique sans elle on ne puisse en

---

1 Dugald Stewart a répondu longuement à l'objection de Bacon. *Élémens de la phil. de l'esprit humain*, III, 276-299.

produire. C'est dans ce dernier sens qu'Ennius a dit :

Utinam ne in nemore Pelio securibus
Cæsa cecidisset abiegna ad terram Trabes!

Sans doute si des sapins n'eussent point été abattus, on n'eût point fait le navire *Argo;* mais ces arbres n'étaient pas une cause efficiente nécessaire.

La *question d'intention* rentre dans la recherche des causes efficientes. « *Ex quo Aries ille subjicitur in vestris actionibus : si telum manu fugit magis quam jecit.* » Cicer. *Top.* xvii, 64.

On a subtilisé sur les causes et multiplié à leur égard les noms et les distinctions. Voy. *Port-Royal,* iiie partie, ch. 18.

15º *Les effets.* Je rapporterai les paroles de Cicéron [1] : « *Conjunctus huic caussarum loco locus ille est, qui efficitur ex causis. Ut enim causa effectum indicat, sic quod effectum est, quæ fuerit causa demonstrat. Hic locus suppeditare solet oratoribus et poetis, sæpe etiam philosophis, sed iis, qui ornate et copiose loqui possunt, mirabilem copiam dicendi, quum denuntiant, quid ex quaque re sit futurum. Causarum enim cognitio cognitionem eventorum facit.* »

16º *La comparaison du plus au moins, du moins au plus* (argumentum a fortiori), *d'égal à égal.*

---

[1] *Top.* xviii, 67.

Celui qui met un frein à la fureur des flots,
Sait aussi des méchans arrêter les complots.
Racine.

« Si un insecte a le courage de défendre sa vie, quel homme ne doit pas l'avoir?

» Si l'homme se doit au genre humain, à plus forte raison se doit-il à sa patrie, à sa famille, à ses amis.

» Le moindre savetier, dit Bonstetten, est obligé de savoir son métier; mais... le législateur et le juge qui font la destinée de la patrie, sont admis sans examen. Un homme bien né a honte de se présenter sans éducation dans le monde, mais tel homme de la plus crasse ignorance n'a pas honte de se présenter comme législateur. » *Études de l'homme*, II, 241.

» Si la guerre doit épargner l'enfance, de même elle doit épargner la vieillesse, et un sexe faible et timide, et le paisible laboureur, et le citoyen désarmé. »

Si consilio juvare cives et auxilio, œqua in laude ponendum est, pari gloria debent esse ii, qui consulunt et ii qui defendunt. (Cicer. *Topic.* XVIII, 71).

242. Les *moyens externes*[1] ou pris du dehors, sont les autorités (225) les témoignages, les exem-

---

[1] « *Quæ autem extrinsecuu assumuntur, ea maxime ex auctoritate ducuntur. Itaque Græci tales argumentationes ἀτέχνας vocant, id est artis expertes...* » Cic. *Top.* IV, 24.

ples, les usages, les lois, etc. Ceci n'a pas besoin d'être expliqué. (*Voir* § XXIV *et suiv.*)

243. Des logiciens ont formulé ainsi les règles relatives aux topiques, règles qui la plupart sont indiquées par le seul bon sens, et dont plusieurs déguisent vainement leur inutilité sous leur appareil pédantesque.

1. *Cui non competit nomen, eidem nec res ipsa per nomen notata attribui debet.*

2. *Cui competit nomen, eidem significatio nominis attribuenda est.*

3. *Cui non competit etymologia et notatio nominis, ipsi nec nomen, nec res ipso nomine notata competit.*

4. *Cui convenit etymologia et notatio, eidem et nomen et res ipsa competit.*

5. *Quod de notatione nominis propria et vera affirmatur vel negatur, idem quoque de re notata affirmatur vel negatur.*

6. *Quidquid de uno synonymo dicitur, dicitur etiam de altero : et quidquid negatur de uno, negatur etiam de altero.*

7. *Cui tribuitur concretum, in eo rem esse necesse quæ effertur voce abstracti, et cui concretum non tribuitur, in eo nec res inest, quam vox abstracti suppeditat* [1].

---

[1] Ceci s'explique par l'exemple cité (n° 3) :
Homo (concret) *sum : humani nihil* (abstrait) *à me alienum puto.*

8. *Quod uni conjugatorum convenit, vel non convenit, illud cœteris quoque, cuique suo modo convenire, vel non convenire, concluditur.*

9. *Cui tribuitur definitio, eidem tribuitur definitum.*

10. *Cui non convenit definitio, eidem nec conveniet definitum.*

11. *Quidquid convenit definitioni, convenit etiam definito : quod non convenit definitioni, nec definito convenit.*

12. *Posito definito, ponenda est ejus definitio : remoto definito, removetur definitio.*

13. *Remoto genere removetur species.*

14. *Posito genere ponitur species* [1].

---

[1] C'est-à-dire, le *genre étant donné l'espèce l'est aussi*. Pour cela il faut que le genre soit le produit de toutes les espèces, comme l'espèce le produit de tous les individus. Or, ce n'est pas ainsi que procède et que peut procéder l'esprit humain. L'existence du genre suppose *in concreto* celle de toutes les espèces qui le composent; mais parce que je connais le genre animal, s'ensuit-il que je connaisse toutes les espèces d'animaux ? Puis-je même les connaître jamais ? Cette observation dont on ne contestera pas la justesse, deviendra beaucoup plus importante en la combinant avec une remarque dont Condorcet fait honneur à Turgot, dans la vie de cet homme d'état philosophe : « M. Turgot croyait qu'on s'était
» trompé en imaginant qu'en général l'esprit n'acquiert des idées générales
» ou abstraites que par la comparaison d'idées plus particulières. Au con-
» traire nos premières idées sont très-générales, puisque ne voyant
» d'abord qu'un petit nombre de qualités, notre idée renferme tous les
» êtres auxquels ces qualités sont communes (19). En nous éclairant,
» en examinant davantage, nos idées deviennent plus particulières, sans
» jamais atteindre le dernier terme. » *OEuvres complètes de* Condorcet. 1804, t. V, p. 246.

15. *Quicquid non convenit generi, convenit etiam speciei.*

16. *Quicquid non convenit generi, non convenit speciei.*

17. *Posita specie, ponitur genus, non universaliter sed particulariter.*

18. *Remotis omnibus speciebus seu formis, removetur genus.*

19. *Quod universaliter inest speciei, id etiam omnibus ejus individuis recte tribuitur.*

20. *Quod de specie* UNIVERSALITER [1] *negatur, illud etiam de quovis ejus individuo negatur.*

21. *Posita differentia, ponitur res ipsa.*

22. *Negata differentia, negatur res ipsa.*

23. *Posita differentia, ponuntur propria.*

24. *Posito adjuncto, ponitur subjectum.*

25. *Remotis adjunctis, removetur subjectum.*

26. *Posito toto, ponuntur partes.*

TURGOT entendait-il que le nombre des idées particulières n'est pas primitivement assez considérable pour fonder une généralisation légitime, ou bien avait-il entrevu le procédé de généralisation dont quelques philosophes modernes ont reconnu l'existence (260)?

[1] L'apparente contradiction qu'on remarquera entre ces règles et celles données plus haut (80-84) provient de la différence de l'extension à la compréhension. L'extension du genre enveloppe celle de l'espèce, et par conséquent les individus. Au lieu que la compréhension de l'espèce n'est pas donnée par celle du genre ni celle des individus par la compréhension de l'espèce. Or, c'est sur le rapport d'extension que pose la règle fondamentale du syllogisme : *tout ce qui est hors du contenant est hors du contenu* (165).

27. *Remoto toto, removentur partes.*

28. *De quo prædicatur totum, de eo prædicatur ejus pars.*

29. *Quidquid prædicatur de toto, prædicatur etiam de partibus.*

30. *Positis omnibus partibus debito modo* **unitis***, necessario ponitur totum.*

31. *Sublata parte tollitur et totum.*

32. *Posita causa, ponitur effectus.*

33. *Negata causa, negatur effectus.*

34. *Qualis causa, talis effectus.*

35. *Causa causæ est etiam causa causati.*

36. *Qui vult finem vult etiam media.*

37. *Acquisito fine, cessat actio.*

38. *Qualis finis, talis actio.*

39. *Posita materia, fieri potest effectus.*

40. *Sublata materia, non potest fieri effectus.*

41. *Sublata materia, tollitur compositum.*

42. *Qualis materia, tale materiatum.*

43. *Posito subjecto ponitur adjunctum (* **necessarium** *scilicet sive inseparabile).*

44. *Remoto subjecto, removetur adjunctum.*

45. *Destructo objecto, destruitur potentia.*

46. *Quale objectum, talis potentia.*

47. *Posito effectu, ponitur causa.*

48. *Negato effectu, negatur causa.*

49. *Qualis effectus, talis causa.*

50. *Remoto antecedente necessario, removetur consequens.*

51. *Posito antecedente necessario, non necesse est poni consequens.*

52. *Posito consequente necessario, ponitur antecedens.*

53. *Remoto consequente necessario, removetur antecedens.*

54. *Positis omnibus concomitantibus, ponitur res ipsa.*

55. *Quidquid prædicatur de uno similium, id etiam prædicatur de altero.*

56. *Quidquid de uno parium affirmatur aut negatur, id etiam de altero.*

57. *Quidquid prædicatur de uno dissimilium id negatur de altero*[1].

58. *Quod affirmatur de minore multo magis affirmandum est de majore*[2].

59. *Quod de majore negatur, id probabile est multo magis de minore negari.*

60. *De quo prædicatur unum oppositorum, de isto removetur alterum.*

61. *De quo unum oppositorum negatur, de eo non statim affirmatur alterum.*

---

[1] Cette règle semble loin d'être exacte ; car si j'ai deux objets, l'un noir et l'autre blanc, il me sera permis de dire de l'un et de l'autre qu'ils sont brillants, unis, ronds, etc. Mais il s'agit d'une dissimilitude complette.

[2] La chose ne doit pas encore être prise à la lettre. En effet une fortune médiocre peut être un bien, et une fortune immense, loin d'être un bien plus grand, est quelquefois un mal.

63. *Qualis testis, tale testimonium.*

64. *Quidquid conspectum fuit in exemplis omnibus atque in exemplis ne vel ab una circumstantia diversis, id tribui potest factis nunc contingentibus* (c'est l'induction (192)).

244. La division des lieux en *internes* et *externes*, préférée par Cicéron, n'a pas toujours été adoptée par les modernes.

Les uns en effet les divisent en :

Lieux de grammaire :

Le nom,
La synonymie, συνωνυμία,
L'homonymie, ὁμωνυμία,
La paronymie, παρωνυμία.

En lieux logiques :

La définition,
Le genre,
L'espèce,
La différence,
Les adjoints.

En lieux métaphysiques :

Le tout,

Les parties,
La cause,
L'effet,
La similitude,
Les contraires.

En lieux historiques :

Le témoignage,
Et l'exemple.

D'autres encore les divisent en :

Onomatologie [1] :

Le nom,
L'étymologie, etc.

Et en *Pragmatologie* [2] :

La définition, qui se tire du genre et de la différence, de la cause et des effets ;
La division du tout et des parties,
Les rapports internes et externes (*affectiones internæ et externæ*) comprenant :
Les adjoints,
Les comparaisons,

[1] Ὄνομα, *nomen.*
[2] Πρᾶγμα, *res.*

Les contraires,
Les exemples,
Les témoignages [1].

§ XX.

De l'appréciation des probabilités.

245. Presque tout ce qui nous est enseigné par l'expérience, ne nous donnant pour résultat que des probabilités (236) plus ou moins fortes, l'appréciation de ces probabilités est une des opérations les plus importantes et les plus journalières du raisonnement.

246. La probabilité est *logique* ou *mathématique*.

La première porte sur la quantité *intensive* ou *compréhensive*, la seconde, sur la quantité *extensive* (53); celle-là pèse des motifs, les compare, les juge; celle-ci les détermine par le calcul. L'une enfin est nommée *subjective*, l'autre *réelle* ou *objective*. — Il est quelquefois possible de dégager de l'intensif les élémens extensifs qui y sont compris, pourvu qu'ils soient homogènes : dès ce moment ils deviennent exprimables en chiffres. Par exemple, la véracité d'un individu est une quantité intensive très-complexe; mais si l'on peut par-

---

[1] Ch. A. L. Kaestner, *Topik oder Erfindungswissenschaft*, Lepzig. 1816, in-12, pp. 23-24.

venir à spécifier le nombre des témoignages conformes à la vérité, et celui des assertions mensongères du même individu, on les soumettra facilement au calcul, et l'on aura mis une expression connue à la place d'une des inconnues du problème (251).

247. L'appréciation des probabilités repose sur cette proposition fondamentale que *les événemens sont dépendans des causes qui les produisent*. Ce qu'on appelle le *hasard* n'est que l'ignorance où nous sommes des vraies causes. On dit qu'un grain de poussière, qu'une simple molécule d'air ou de vapeur, flotte au hasard ; cependant comme l'observe l'illustre DE LA PLACE, la courbe décrite est réglée d'une manière aussi certaine que les orbites planétaires ; nulle différence entre elles que celles qu'y met notre ignorance.

248. Il y a divers degrés de probabilité, suivant le poids des motifs de croyance que la question présente ou qu'on croit y apercevoir. Un fait vrai ou faux, dit CICÉRON, est probable quand il est naturel ou conforme aux idées reçues, ou qu'il a du moins avec ces idées quelque similitude. *Probabile autem est id, quod fere fieri solet, aut quod in opinione positum est, aut quod habet in se ad hæc quandam similitudinem, sive id falsum est, sive verum.* (*De Invent.* I, 29). En général, la force du raisonnement probable ne résulte pas d'un seul argument, mais du concours de plu-

sieurs qui conduisent à la même conclusion. Chacun de ces argumens pris à part serait insuffisant ; mais leur collection peut avoir une si grande force qu'il serait absurde d'exiger une évidence plus grande. Reid compare cette évidence collective à une corde qui est composée d'une multitude de fils réunis : la corde suffit, et au-delà, pour porter le poids qu'elle soutient, quoiqu'aucun des fils qui la composent n'en fût capable. Ceci regarde la probabilité logique.

249. Quant à la probabilité mathématique, on dit qu'un événement est d'autant plus probable, que le nombre de *chances* favorables ou de cas qui peuvent lui donner naissance, est plus grand.

250. On a justement observé [1] qu'un des premiers mérites des sciences modernes, est d'avoir pu faire dépendre des nombres la détermination de la plupart des grands principes qui paraissaient devoir leur échapper toujours ; que cette détermination n'a rien d'arbitraire ; qu'elle ne donne point prise aux subtilités de mots dont on a tant abusé ; que c'est par des faits qu'elle s'obtient, et par des faits dont elle *puisse apprécier la valeur*.

251. Or, on n'apprécie une probabilité avec rigueur, que lorsqu'on peut arriver à deux

---

[1] A. Quetelet, *Instructions populaires sur le calcul des probabilités*, Bruxelles 1828, in-18, p. 231.

nombres, dont l'un exprime tous les cas également possibles, et l'autre tous les cas favorables. La probabilité n'est que le rapport entre ces nombres, et s'ils étaient égaux, elle se changerait en certitude. Mais cette réduction, dans certains cas, est d'une difficulté insurmontable : prenons pour exemple les règles du calcul des probabilités appliquées aux témoignages. Si l'on a observé que sur dix dépositions d'un individu, neuf sont régulièrement vraies, on dit que la probabilité de la vérité de sa déposition est $\frac{9}{10}$ et la probabilité contraire $\frac{1}{10}$ (249). Je n'objecterai pas qu'une pareille observation est extrêmement rare, presque impossible, et je me contenterai de remarquer qu'en admettant même que le témoin n'ait jamais menti, qu'il ne se soit jamais trompé dans ses assertions, ce qui est loin d'être la même chose, il peut se tromper ou mentir dans le cas donné ; soit que ses sens l'aient abusé soit que ses intérêts aient été mis en jeu. Le fait sur lequel il dépose ne peut-il pas compromettre sa fortune ou ses affections les plus chères ? les mouvemens si divers de son âme, les combats des passions, les fausses combinaisons de l'esprit, tout cela est-il exprimé par la fraction $\frac{9}{10}$? Non, sans doute, et les exemples de cette sorte se multiplieraient aisément à l'infini.

252. Cette remarque n'a pas pour but d'enlever au calcul un seul de ses avantages, mais, au con-

traire, de les lui assurer, en l'empêchant de se perdre sur un terrain qui n'est pas fait pour lui. Le champ qu'il a à parcourir est assez vaste pour qu'il renonce à d'inutiles empiètemens. Cependant ne disons pas à l'avenir : *tu n'iras pas plus loin.* Depuis quelque temps, en effet, le calcul a fait irruption dans des sciences qui lui paraissaient totalement fermées. Nous ne prétendons pas assigner de bornes à ses conquêtes, en lui conseillant la prudence et la modestie [1].

253. Chacune des questions de probabilité suppose une cause et un effet. Dans les unes, même avant toute réduction, on n'aperçoit qu'une cause agissante ; l'action qui doit avoir lieu, et dont on apprécie l'effet, est unique. Dans d'autres questions, il y a au contraire, et dès le premier moment, plusieurs causes agissantes, ou la même cause agit plusieurs fois : l'action dont l'effet doit être apprécié, est multiple.

Au premier cas la probabilité est *simple*, au second, elle est *composée*. Celle-ci, à la vérité, sera bien finalement réductible à la forme d'une probabilité simple, mais ce n'est pas ainsi qu'elle se présente d'abord.

---

[1] Chose remarquable ! Les économistes les plus célèbres, ADAM SMITH, J. B. SAY, etc., sont précisément les écrivains qui ont montré le plus de dédain pour l'*arithmétique politique* qui joue aujourd'hui un rôle si brillant et que (il faut le dire) tous les partis, toutes les doctrines appellent à leur secours avec un succès à peu près égal.

254. En toute question de cette espèce il y a des données et une inconnue. Si la probabilité de l'effet est appréciée par la cause déjà connue, la probabilité se nomme *antérieure*, et la preuve *à priori*. Si la probabilité de la cause est appréciée par l'effet qui est une des données du problème, la probabilité s'appelle *postérieure*, et la preuve *à posteriori*[1], attendu que la cause existe nécessairement avant l'effet [2].

255. Selon le langage de l'école, un syllogisme

---

[1] Dans un sens plus large la preuve *à priori* est celle qui ne s'appuie sur aucun résultat de l'expérience ; celle *à posteriori*, au contraire, a l'expérience pour point de départ. On a parlé précédemment de la preuve *à simultaneo* (240).

[2] A la suite de son *Essai philosophique sur les probabilités*, 5e édit. Paris, 1825, pp. 261-276, LA PLACE a inséré une notice historique sur ce calcul. Il y cite PASCAL, FERMAT, HUYGENS, HUDDE, le grand pensionnaire DE WITT, HALLEY, JACQ. BERNOULLI, MONTMORT, MOIVRE, NIC. BERNOULLI, DEPARCIEUX, KERSSEBOOM, WARGENTIN, DUPRÉ DE SAINT-MAUR, SIMPSON, SUSSMILCH, MESSÈNE, MOHEAU, PRICE, BAILY, DUVILLARD, DANIEL BERNOULLI, LAGRANGE, CÔTES. Nous joindrons à cette liste PREVOST et L'HUILLIER, *Mémoire sur l'application du calcul des probabilités à la valeur du témoignage*, dans les *Mém. de l'Acad. de Berlin*, 1797, classe de phil. spéc. p. 120. — REID, *du Raisonnement probable*, pp. 223-232, du cinquième vol. de ses Œuvr. éd. de M. TH. JOUFFROY. — PREVOST, *de la Probabilité*, pp. 56-109, du tom II de ses *Essais de Philosophie*, Genève, an XIII. — CONDORCET, *Essai sur l'application de l'analyse à la probabilité des décisions rendues à la pluralité des voix*, et l'excellent petit abrégé de M. QUETELET, déjà cité plus haut. M. MASSIAS dans son *Problème de l'esprit humain*, a inséré une note intitulée : *Examen de quelques propositions de l'*Essai sur les probabilités*, de M. le marquis* DE LA PLACE, pp. 330-347. Cet examen est presqu'entièrement psychologique.

dialectique est celui dont la conclusion se tire de propositions probables; on l'oppose au syllogisme *démonstratif*, dont les prémisses sont des principes évidens ou des jugemens d'une vérité rigoureuse. Les uns et les autres néanmoins sont également concluans quant à la forme [1] (211).

§ XXI.

Des objections contre les règles de la logique.

256. Voilà à peu près tout ce qu'il y a à dire sur les lois du raisonnement et ses formes diverses. Devons-nous croire que c'est un travail inutile et frivole, auquel la réflexion aurait suppléé avec avantage et dont l'arbitraire peut même, en plusieurs occasions, fausser l'esprit? Un examen quelque peu sérieux de cette question qui regarde surtout le syllogisme ou la logique *déductive*, ne sera pas inutile.

257. Et d'abord faisons observer que cette difficulté, comme tous les problèmes philosophiques essentiels, a été soulevée à une haute antiquité. Il semble qu'elle se rattache, en dernière analyse, à la discussion entre ces deux opinions fondamentales, toujours les mêmes au fond, sous mille dé-

---

[1] Dugald Stewart s'est fort étendu sur ce sujet et avec peu de profit, selon nous. *Élémens de la phil. de l'esprit humain*, III, 124.

guisemens, toujours en lutte depuis tant de siècles, dont l'une ne voit rien dans la pensée humaine au-delà des acquisitions de l'expérience, et dont l'autre ne croit ces acquisitions possibles qu'au moyen de principes antérieurs et nécessaires. En effet, s'il y a des principes nécessaires qui gouvernent la raison humaine, ils doivent, en se manifestant, se résoudre en formes de raisonnement d'une égale nécessité. La logique n'est donc pas arbitraire, elle n'est pas plus frivole que la raison elle-même dont elle traduit les lois. Au contraire, si dans l'esprit humain, il n'y a rien avant la sensation, si tout en nous est empirique, les formes peuvent se succéder indéfiniment sans jamais justifier de leur invariabilité et de leur universalité ; car il n'y a d'invariable, d'universel, que ce qui est absolu, et alors l'absolu serait une chimère incompréhensible. Reste uniquement à savoir, dans le premier système, si nos règles logiques, en un mot, si le syllogisme est la traduction réelle du principe de la raison. Se décide-t-on pour l'affirmative (134 et *suiv.*), le syllogisme se légitime, il n'est pas plus la propriété d'Aristote que la gravitation n'est celle de Newton. Cela posé, il y a contradiction à le rejeter quand on se place dans le point de vue trascendental, comme à l'admettre dès qu'on se fait sensualiste. Et pourtant cette contradiction a existé et elle existe encore.

258. Or la plupart des adversaires du syllogisme l'ont bien moins jugé en lui-même que par l'usage honteux auquel il servait, les subtilités dont on le rendait complice et l'appareil pédantesque qui l'escortait. Le dégoût de la scolastique le fit considérer comme atteint et convaincu d'absurdité et de niaiserie, et l'on n'osa bientôt plus prendre sa défense, sous peine de se voir classé parmi les fauteurs de la barbarie[1].

Décidément le syllogisme était de mauvais ton. Au contraire, le couvrir de mépris semblait une marque de bon goût, d'indépendance d'idées, et chose singulière, mais pourtant inévitable! c'était avec des syllogismes qu'on faisait la guerre au syllogisme. Cette disposition d'esprit a survécu à la ruine de la scolastique qui, malgré ses erreurs et ses torts, ne doit pas être condamnée sans être ententendue. Après avoir régné avec empire, avec despotisme, il y a eu réaction contre elle. Après avoir été bafouée, honnie, une réaction en sa faveur a commencé, et il en arrivera sans doute ce que nous

---

[1] On loue un ennemi de la rénovation littéraire, dans les *Epistolæ obscurorum virorum* :

Quià ibi subtiliter disputavit et multos syllogismos formavit
In *baroco* et *celarent*, ità ut omnes admirarent.

Voyez mes *Mémoires sur les deux premiers siècles de l'Université de Louvain*, et consultez surtout Vivès, *de causis corruptarum artium*, lib. III, *qui est de dialectica corrupta*.

avons vu du moyen-âge, heureux si un enthousiasme déraisonnable ne succède pas encore à un dédain trop exclusif!

259. Les Péripaticiens et les Stoïciens regardaient le syllogisme comme l'instrument [1], par excellence, de la dialectique; toute la différence était que les premiers préféraient le syllogisme catégorique, et les seconds le syllogisme hypothétique. Quant aux Épicuriens ils croyaient faire une objection sérieuse, en vétillant sur la rigueur de la forme syllogistique. « *Si ex Peripatetico,* dit Chr. Thomasius [2], » *quæras quodnam sit medium ratiocinandi, prompte* » *respondebit esse syllogismum: huic quippe logica nil* » *est aliud quam ars faciendi syllogismos. Et illi fa-* » *cile assentietur Stoïcus, syllogismis ad excessum* » *usque deditus. Epicureus e contra hujus sententiæ* » *delirium contemnit, nihil interesse arbitratus si* » *quis dicat* : omnis homo est animal rationale; » Plato est homo : ergo, etc., *sive* Plato est » homo : ergo est animal rationale; *sive :* Plato » est animal rationale quoniam est homo. » Il est superflu de remarquer que cela ne touche point à la question et que le syllogisme n'en subsiste pas moins, bien qu'on le réduise à l'enthymème, et qu'on altère sa forme logique.

260. Les sceptiques faisaient leur métier en tâ-

---

[1] Ὄργανον.
[2] *Philos. Aulica*, p. 159.

chant de battre en ruine tout ce qui peut servir de base à la certitude. Le syllogisme n'était, à leur sens, qu'un pur *diallèle* [1] ou une pétition de principes (220), attendu qu'une proposition universelle se prouvant par l'induction appliquée aux individus ou aux espèces, on ne peut prouver la proposition particulière par l'universelle . Mais en premier lieu , toute proposition universelle ne se forme pas logiquement à l'aide de la comparaison et de l'induction (19 et note 1 de la p. 161.).

Il y a aussi une généralisation non réflexive, mais en quelque sorte spontanée, qui s'obtient aussi par abstraction, mais par une abstraction d'un caractère particulier et métaphysique. Celle-ci est immédiate et

---

[1] » Ce qui rend surtout les Pyrrhoniens formidables, c'est leur *diallèle*, c'est-à-dire l'adresse qu'ils ont de faire voir que la plupart des raisonnemens des dogmatiques sont des diallèles ou des cercles vicieux, qui consistent à prouver une chose obscure et incertaine, par une seconde également obscure et incertaine, et ensuite cette seconde par la première. » (HUART) préf. de sa trad. des *Hypotiposes ou institutions pyrrhoniennes de* SEXTUS EMPIRICUS. (Amsterdam), 1725, in-12.

[2] *Hypotip.*, II, 21.

Remarquez que cette objection de SEXTUS n'est elle-même qu'un jugement particulier ou moins général rangé sous un jugement universel, et qu'elle revient à ce syllogisme :

Si la proposition universelle ne se prouve que par les particulières, la particulière ne peut se prouver par la générale ;

Or , la proposition universelle ne se prouve que par les particulières ;

Donc la particulière (conclusion de syllogisme) *ne peut se prouver par la générale* (ou majeure).

SEXTUS attaque la certitude du raisonnement par des raisonnemens qu'il regarde comme valables, et qui sont ce qu'il attaque : voilà le diallèle, ou jamais !

12

s'exerce non sur plusieurs individus, sur plusieurs *concrets*, mais sur un seul dont elle néglige et élimine la partie individuelle et variable, et dégage la partie absolue. Or cette partie variable se compose 1º de la qualité de l'objet ou de la circonstance où l'absolu se développe ; 2º de la qualité du sujet qui l'aperçoit sans le constituer [1]. Les jugemens *synthétiques a priori* sont de cette nature (59). Donc cette fois l'universel n'est pas, ainsi que l'entend Sextus, la somme totale des individus. Et lors même qu'il l'est, quand je pars d'une donnée purement empirique, le diallèle n'existe que dans les exemples puérils qu'on emploie et où le rapport probable de contenance de la conclusion et d'une des prémisses est tellement clair, qu'il est absurde de chercher à le prouver. Mais ce diallèle ne peut servir de condamnation aux cas où ce rapport de contenance, laquelle d'ailleurs n'est qu'implicite, ne s'aperçoit qu'à l'aide d'un terme moyen. Si C est A il est B, car tout A est B. Mais je n'aperçois la liaison de C avec B, qu'à la condition qu'il soit A, et c'est cette liaison que le raisonnement me fait voir ; c'est A qui me fait connaître C et qui me permet de le classer à son rang. Je connaissais bien l'équation de B avec une certaine quantité sous la forme A, mais non pas avec

---

[1] V. Cousin, *Fragmens philos.* 1826, p. 278.

cette même quantité sous la forme C. S'il fallait, de nécessité, connaître tous les individus d'une classe, pour porter un jugement légitime sur cette classe, tous les hommes, par exemple, pour prononcer sur le genre humain, le genre humain lui-même réunissant ses forces ne pourrait pas acquérir une seule connaissance dans la durée des siècles.

Croyons-en SEXTUS, et toute application d'un résultat général de l'expérience à un cas particulier, toute conséquence tirée d'une loi, d'une règle universelle, même toute proposition causale (*addita causa*) qui n'est qu'un syllogisme déguisé (253), seront des diallèles, et nos connaissances les mieux établies se réduiront à un cercle vicieux! C'était, en effet, où SEXTUS voulait en venir; du moins il était conséquent, lui, dans son système; mais ceux qui en sentent l'extravagance, doivent-ils, par haine du syllogisme, mettre en péril toute la science humaine dans laquelle pourtant ils ont foi?

261. Les modernes n'ont guère fait que répéter les objections des anciens. CHR. THOMASIUS, dont l'opinion a déjà été alléguée, ne s'écartait point sensiblement du sentiment de LOCKE, et, en admettant la légitimité du syllogisme, il le signalait comme complètement inutile à la recherche de la vérité et comme bon, tout au plus, à vérifier un résultat obtenu : c'était pour lui comme la preuve

d'un calcul arithmétique. *Peccatum est contra regulas : ergo de veritate non sum tutus. Non autem vice versa : observavi regulas : ergo conclusio est vera.*

D'autres ont dit que jamais, dans la vie pratique, on n'éprouvait le besoin de recourir au syllogisme, et c'est, sans doute, de la forme rigoureuse, du raisonnement qu'on entendait parler.

D'autres encore que le syllogisme n'opère que sur les termes, ou sur les signes, comme dans la méthode algébrique.

262. A la première et à la seconde objections laissons répondre Leibnitz, non que nous ayons oublié ce que nous avons dit de l'*argumentum ad verecundiam*, mais parce que le témoignage du génie est une grande probabilité en faveur de la vérité d'une opinion, et surtout dans cette occasion le témoignage d'un génie puissant d'originalité et d'invention, qui par cela même, semblait avoir le plus de droits à dédaigner les idées reçues.

« Tout ce raisonnement, dit Leibnitz, sur le
» chapitre 17 du quatrième livre de Locke, tout
» ce raisonnement, sur le peu d'usage du syllo-
» gisme, est plein de quantité de remarques soli-
» des et belles ; et il faut avouer que la *forme* des
» syllogismes est peu employée dans le monde,
» elle serait trop longue, et embrouillerait, si on
» la voulait employer sérieusement. Et cependant

» son invention [1] est, selon moi, une des plus bel-
» les et des plus considérables de l'esprit humain.
» C'est une espèce de *mathématique universelle*,
» dont l'importance n'est pas assez connue, et l'on
» peut dire qu'un *art d'infaillibilité* y est contenu,
» pourvu qu'on sache et qu'on puisse bien s'en ser-
» vir, ce qui n'est pas toujours permis………. »

263. Après d'autres observations, que nous ne transcrivons point à cause de leur étendue, quoiqu'elles méritent d'être pesées, Leibnitz montre qu'il n'est pas nécessaire de s'astreindre à la marche régulière du syllogisme, et qu'il est susceptible d'une foule de transformations. Puis il ajoute :
« Un logicien qui….. *prétendrait* qu'on doit tou-
» jours réduire tous les argumens composés aux
» syllogismes simples, dont ils dépendent en effet,
» ferait comme un homme qui voudrait obliger les
» marchands dont il achète quelque chose à lui
» compter les nombres un à un, comme on compte
» par les doigts, ou comme on compte les heures
» d'une horloge, ce qui ne pourrait être que l'effet
» de la stupidité ou du caprice. Il serait aussi
» comme un homme qui ne voudrait point qu'on
» employât les axiomes et les théorêmes déjà dé-
» montrés, prétendant qu'on doit toujours réduire
» tout raisonnement aux premiers principes, ou

---

[1] Il serait plus exact de dire *sa découverte*.

» se voit la liaison immédiate des idées, dont, en
» effet, ces théorèmes moyens dépendent.

» Après avoir expliqué l'usage des formes logi-
» ques, de la manière que je crois qu'on doit le
» prendre, je viens aux considérations de M. LOCKE,
» et je ne vois point comment il prétend que le
» syllogisme ne sert qu'à faire voir la connexion des
» preuves *dans un seul exemple*. De dire que l'es-
» prit voit toujours facilement les conséquences,
» c'est ce qui ne se trouvera pas ; car on en aper-
» çoit quelquefois (au moins dans les raisonne-
» mens d'autrui) où l'on a lieu de douter d'abord,
» tant qu'on n'en voit pas la démonstration. Ordi-
» nairement on se sert des exemples pour justifier
» les conséquences, mais cela n'est pas toujours
» assez sûr, quoiqu'il y ait un art de choisir des
» exemples, qui ne se trouveraient pas vrais, si
» la conséquence n'était bonne. Je ne crois pas
» qu'il fût permis, dans les écoles bien gouver-
» nées, *de nier sans aucune honte* les convenances
» manifestes des idées, et il ne me paraît pas qu'on
» emploie le syllogisme à les montrer. Au moins ce
» n'est pas son unique et principal usage. On trou-
» vera, plus souvent qu'on ne pense, en exami-
» nant les paralogismes des auteurs, qu'ils ont
» péché contre les règles de la logique ; et j'ai
» moi-même expérimenté quelquefois, en dispu-
» tant même par écrit avec des personnes de bonne

» foi, qu'on n'a commencé à s'entendre que lors-
» qu'on a argumenté en forme pour débrouiller un
» cahos de raisonnemens. Il serait ridicule, sans
» doute, de vouloir argumenter à la scolastique
» dans des délibérations importantes, à cause des
» prolixités importunes et embarrassantes de cette
» forme de raisonnement, et parce que c'est comme
» compter avec les doigts. Mais cependant il n'est
» que trop vrai que dans les plus importantes déli-
» bérations, qui regardent la vie, l'état, le salut,
» les hommes se laissent éblouir souvent par le
» poids de l'autorité, par la lueur de l'éloquence,
» par des exemples mal appliqués, par des enthy-
» mèmes qui supposent faussement l'évidence de
» ce qu'ils suppriment (187), et même par des
» conséquences fautives. De sorte qu'une logique
» sévère, mais d'un autre ton que celle de l'école,
» ne leur serait que trop nécessaire, entre autres
» pour déterminer de quel côté est la plus grande
» apparence.

» Au reste, de ce que le vulgaire des hommes
» ignore la logique artificielle, et qu'ils ne laissent
» pas de bien raisonner, et mieux quelquefois que
» des gens exercés en logique, cela n'en prouve
» pas l'inutilité : non plus qu'on ne prouverait celle
» de l'arithmétique artificielle, parce qu'on voit
» quelques personnes bien compter, dans les ren-
» contres ordinaires, sans avoir appris à lire ou

» à écrire, et sans devoir manier la plume ni les
» jetons, jusqu'à redresser même les fautes d'un
» autre qui a appris à calculer, mais qui peut se
» négliger, ou s'embrouiller dans les caractères ou
» marques. Il est vrai aussi que les syllogismes
» peuvent devenir sophistiques, mais leurs pro-
» pres lois servent à les reconnaître ; et les syllo-
» gismes ne convertissent et même ne convainquent
» pas toujours, mais c'est parce que l'abus des dis-
» tinctions et des termes mal entendus en rend l'u-
» sage prolixe, jusqu'à devenir insupportable, s'il
» fallait le pousser à bout [1]. »

264. LOCKE dit à peu près comme THOMASIUS :
« Cette méthode de raisonner ne découvre point
» de nouvelles preuves, c'est seulement l'art d'ar-
» ranger celles que nous avons déjà.... On com-
» mence par connaître et l'on est ensuite capable
» de prouver syllogistiquement ; de sorte que le
» syllogisme vient après la connaissance, et alors
» on n'en a que fort peu ou point du tout besoin. »
LEIBNITZ réplique : « Comprenant sous les syllo-
» gismes encore les tissus des syllogismes, et tout
» ce que j'ai appelé argumentation en forme, on
» peut dire que la connaissance qui n'est pas évi-
» dente par elle-même, s'acquiert par des consé-
» quences, qui ne sont bonnes que lorsqu'elles ont

[1] *OEuvres philosop. de* LOCKE, éd. de M. THUROT, t. v, p. 176 —
t. 85, *note.*

» leur forme légitime.—» Et là-dessus il s'autorise de la géométrie et de l'astronomie.

265. Quant à ce qui est de dire que le syllogisme n'opère que sur les termes, c'est ressusciter la difficulté élevée par Hobbes, qui veut que le raisonnement ne soit rien autre chose qu'un assemblage et un enchaînement de noms, ou appellations, par le mot *est*. D'où il s'ensuivrait que par le raisonnement nous ne concluons rien du tout sur la nature des choses, mais seulement touchant leurs appellations ; c'est-à-dire que par le raisonnement, nous voyons simplement si nous assemblons bien ou mal les noms des choses, selon les conventions que nous avons faites à notre fantaisie, touchant leurs significations.

266. Descartes avait déjà fait voir le vice de cette doctrine, en remarquant que l'assemblage qui se fait dans le raisonnement n'est pas celui des noms, mais des choses signifiées, puisque Hobbes lui-même parle des conventions que nous avons faites à notre fantaisie, touchant la signification des mots ; car s'il admet que quelque chose est signifié par ces mots, pourquoi ne veut-il pas que nos discours et nos raisonnemens soient plutôt de la chose qui est signifiée que des paroles seules [1] ?

267. Telle est la conclusion de Descartes ; mais

[1] *Objections et réponses* à la suite des Méditations ; éd. de V. Cousin, 1, 476—478.

quoiqu'il ait évidemment raison contre Hobbes, il n'est pas plus vrai que l'homme raisonne toujours immédiatement sur les idées, parce qu'il raisonne sur des mots signes d'idées, qu'il ne l'est que l'esprit ne raisonne jamais sur les idées, parce qu'il raisonne sur les mots qui ne sont pas signes immédiats d'idées. « L'ignorant, dit un écrivain qui
» s'est appliqué à rendre plus intime le rapport des
» signes et des choses [1], l'ignorant manquant
» d'idées, n'applique ses mots à rien, et il ne saurait les appliquer. L'homme instruit, quand il
» ne les applique pas, a le pouvoir de les appliquer.
» Ordinairement il se contente du mot; mais il ira
» aux idées du moment qu'il en sentira le besoin.
» C'est ainsi que l'algébriste calcule ou raisonne
» mécaniquement; il opère sur les signes, jusqu'au
» moment où, arrivé à son équation finale, il demande à ces signes les idées dont ils sont les dépositaires; alors il se trouve riche d'une vérité
» nouvelle. »

268. Que si les règles du syllogisme se convertissent en formules générales, indépendantes des idées qui peuvent s'y encadrer, cette propriété d'expression ne fait que prouver leur universalité et leur nécessité, puisque ces règles sont infaillibles *a priori*, quel que soit le cas particulier auquel

---

[1] M. Laromiguière, IIe partie, onzième leçon, et Leibnitz, dr éf. des *Étymologies*.

on les applique. Toutefois cette analogie ne doit pas faire croire qu'il y ait identité parfaite entre le raisonnement mathématique et le raisonnement philosophique. En effet, les signes du mathématicien répondent exactement à ses conceptions, et ne sont liées que par un seul rapport, celui de la grandeur extensive, tandis que la langue du philosophe est loin d'être faite avec la même précision, et n'offre que des signes symboliques, combinés selon le rapport variable et indéterminé de la grandeur intensive (243)[1].

269. Nous ne pousserons pas plus loin l'examen des objections contre la législation logique, les principales qui s'attaquent spécialement à l'emploi exclusif, à l'importance exagérée, au mystère des formes scolastiques, ont été énoncées. Nous croyons maintenant qu'on a pu se convaincre qu'au total ces objections sont plus spécieuses que solides, et si notre livre n'est pas complètement inutile, il ne fera qu'en offrir, d'un bout à l'autre, une plus ample réfutation[2].

---

[1] Cependant l'auteur d'un *Essai de psychologie*, publié à Paris en 1826, in-8º, comparant la langue du psychologue avec celle du mathématicien et du naturaliste, se prononce pour la première, qu'il assurait être la plus parfaite.

[2] BACON, *De Augmentis scientiarum*, lib. v, c. 2; — DUGALD STEWART, *Élémens de la phil. de l'esprit humain*, I, 265 et suivans. — DESTUTT-TRACY, *Logique*, 134 et 286. — CONDILLAC, *OEuv.* I, 113, II, 99. — BONSTETTEN, *Étude de l'homme*, II, 210. — LAURENTIE, *In-*

trod. à la philosophie, Louvain, 1826, 246. — Denzingeri *Institutiones logicæ*, II, 284—300. — Quoiqu'un livre de la nature de celui-ci ne comporte point l'épanchement des sentimens personnels, puisque j'ai l'occasion de citer le nom de M. Denzinger, je ne puis m'empêcher de payer un souvenir de regret à ce savant laborieux et modeste, qu'une rigueur impossible à justifier a enlevé à la chaire qu'il honorait par son enseignement. Si cet hommage arrive jusqu'à lui, qu'il sache que j'ai élevé hautement la voix contre son exil. Homme indépendant, qui n'ai jamais bravé le pouvoir ni brigué ses faveurs, j'ai quelque droit, ce me semble, de plaider ici la cause du talent et de la vertu.

QUATRIÈME PARTIE.

LA MÉTHODE OU MÉTHODOLOGIE.

§ XXII.

Ce que c'est que la méthode en général et son origine.

270. J'ai acquis des idées, j'ai formé des jugemens dont j'en ai déduit d'autres. Mais tout cela ne se réduit encore qu'à des actes partiels et isolés, accomplis sans ordre et sans but. Le raisonnement remédiera à cette confusion et à cette incertitude. Son dernier résultat sera de créer une science du raisonnement lui-même. Le *moi* en se réfléchissant ou en se sentant agir, se rendra compte des procédés de son action, soit normale, soit irrégulière, et, après en avoir reconnu les lois naturelles, il s'en imposera à son tour.

De là la méthode, ou 1º les différentes manières dont se dirige l'esprit dans la recherche de la vérité ; 2º l'ordre qu'il emploie pour la communiquer [1].

---

[1] Méthode vient des mots grecs qui répondent aux mots latins *trans viam* ou *per viam*, μετὰ τὴν ὁδόν ; chemin que suit l'esprit, ordre des idées dans la recherche du vrai.

271. « L'art des méthodes, dont l'empire suprême double les facultés de l'homme, est, dit M. Bérard [1], le chef-d'œuvre de l'esprit humain, et met hors de toute contestation la sublimité de sa nature et sa supériorité sur la matière, sur tous les animaux avec lesquels un examen superficiel pourrait le confondre, et sur l'univers entier. Je ne crains pas de le dire, ce caractère de l'homme l'élève à côté de la Divinité même, qui embrasse dans sa pensée éternelle tous les êtres comme tous les tems. »

272. Cet éloge magnifique n'est pas applicable, il s'en faut, à toutes les parties de l'encyclopédie humaine, où l'on remarque que des connaissances déjà assez avancées et d'un ordre élevé reposent sur des méthodes très-imparfaites ou dont la valeur est contestée. Cependant toutes les méthodes se réunissent par quelque chose de commun, puisqu'elles ont pour centre la raison de l'homme, et ce sont ces rapports communs dont s'occupe la logique générale dans sa méthodologie.

273. En vertu de cette universalité, la méthode philosophique acquiert une importance particulière, puisqu'elle doit nécessairement communiquer à toutes les autres méthodes ses avantages ou ses défauts. Si elle est bien faite elle est leur point d'appui naturel, comme la philosophie propre-

---

[1] *Doctrine des rapports du physique et du moral*, p. 426.

ment dite est l'introduction du savoir humain, sauf à en devenir ensuite le résumé le plus substantiel. Par cette méthode enfin, lors même que ses résultats positifs seraient presque stériles [1], nous apprenons à philosopher, ce qui est, sans doute, plus utile que d'apprendre *une philosophie*. Car philosopher est l'œuvre de tous les jours, sublime, neuve, hardie, profonde dans les hautes spéculations, dans les grandes scènes de la vie, familière, simple, modeste au foyer domestique; tandis qu'une philosophie (je parle ainsi, attendu l'imperfection et le défaut d'unité de la science philosophique jusqu'à ce jour) n'est guère qu'une œuvre individuelle et bornée, plus ou moins soumise à l'erreur. (*Psych.* 14.) [2]

§ XXIII.

De la Vérité. — Élémens subjectifs et objectifs de la connaissance.

274. Quelle qu'elle soit, la méthode a pour but légitime de parvenir à la vérité. Or, qu'est-ce que la vérité ? Cette question, adressée à Jésus

---

[1] C'est probablement à cela que Burke faisait allusion, lorsqu'il remarquait que l'esprit en se repliant sur lui-même, concentrait ses forces et se préparait ainsi à un essor plus hardi et plus sûr dans le champ des sciences, et que *soit que le gibier vous échappât ou non, la chasse n'en avait pas moins été fort utile.*

[2] « L'esprit philosophique est au-dessus de la philosophie même, comme » l'esprit géométrique est au-dessus de la géométrie; comme la connais-

par le *procurateur* romain, n'obtint aucune réponse [1], sans doute parce que cette réponse se devait rattacher à tout une révolution morale et religieuse que PILATE ne comprenait pas. Pour nous, éclairés par les leçons du passé, nous pouvons répondre que la vérité consiste dans le rapport exact de nos sensations, de nos idées, de nos jugemens et de nos raisonnemens avec la nature des choses, *en tant et de la manière que celle-ci est accessible à nos moyens de connaissance.*

275. En effet, la vérité ne saurait consister, comme on l'a supposé presque toujours, dans la ressemblance parfaite de nos idées avec la nature des choses, puisque ces idées n'en sont pas la représentation adéquate, mais les résultats des rapports de nos facultés avec les choses. Nous ne voyons la nature qu'à travers nos facultés physiques, intellectuelles et morales, qui en modifient l'impression. Toute connaissance se compose donc d'élémens de deux espèces, d'élémens *subjectifs* qui résultent de la nature du *sujet* connaissant et d'élémens *objectifs* dérivant de celle de l'objet connu.

» de l'esprit des lois est supérieure à la connaissance même des lois. »
J. E. M. PORTALIS, *de l'usage et de l'abus de l'esprit philos.* Ch. 1er.

[1] *Dicit ei Pilatus:* QUID EST VERITAS? *et cum dixisset iterum exivit ad Judœos, etc.* JOAN. XVIII, 38. Selon ST-AUGUSTIN, d'après un passage de l'évangile des Nazaréens qui semble être le complément de celui de ST-JEAN, JÉSUS aurait répondu que la *vérité était du ciel* et non de la *terre*, paroles inintelligibles pour PILATE.

276. Un exemple fera mieux saisir cette importante distinction. Nous l'empruntons à Charles Villers, qui lui-même le devait à son ami de Gerstenberg.

Trois miroirs, l'un *plan*, l'autre *cylindrique*, le troisième *conique*, reçoivent [1] l'image du même objet. Cette image sera très-différente pour les trois miroirs. D'où procède cette différence ? De la structure de chacun, laquelle détermine la forme, la loi que doivent subir tous les objets qu'ils réfléchissent. Prêtons le sentiment et la parole à nos miroirs. Si celui qui est plan dit : *la chose qui est là devant nous, est un beau cercle très-parfait*, le cylindrique répliquera : *point du tout, c'est un ovale prodigieusement allongé*, et le conique protestera que *c'est une espèce d'hyperbole double*. Dans le fait l'objet en lui-même ne sera peut-être rien de cela, et cependant chacun des trois miroirs aura raison, car n'ayant réellement que sa propre représentation de la chose, représentation soumise au mode de sa construction intrinsèque, l'objet du premier sera bien évidemment un cercle, celui du second un ovale, et celui du troisième une hyperbole. De quoi est donc composée la connaissance que chacun des trois miroirs prend de l'objet qui l'affecte ? 1° D'une impression

---

[1] Afin d'être exact il faut ajouter *dans les mêmes circonstances*, et il suffit d'en faire la remarque, pour qu'on sache pourquoi.

quelconque qui vient de l'objet (*élément objectif*, ou *matériel et a posteriori*); 2° de l'impression de sa propre forme que chacun mêle à l'impression extétérieure (*élément subjectif, ou formel et a priori*).

277. Cette dualité de la connaissance a été entrevue par divers auteurs, mais jamais d'une manière aussi nette, aussi précise que par KANT. *Port-Royal*[1] considère que si tout le monde n'avait jamais regardé les objets extérieurs qu'avec des lunettes qui les grossissent, il est certain qu'on ne se serait figuré les corps et toutes les mesures des corps, que selon la grandeur dans laquelle ils nous auraient été représentés par ces lunettes, et cette comparaison a beaucoup d'analogie avec nos miroirs. Les *essences* de F. HEMSTERHUYS, reviennent à notre objectif[2] et les *qualités secondes* de l'ancienne philosophie en contiennent le germe[3].

278. L'objet qui nous apparaît ainsi à travers le jeu de nos organes et de nos facultés prend, dans le langage de la philosophie transcendantale, le

---

[1] *Logique*, IVe partie, ch. 1er.

[2] V. le dialogue intitulé: *Sophyle ou de la philosophie*. — J. G. OTTEMA, *De Hemsterhusio comment.* Lovanii, 1827, in-4°, pp. 64-75.

[3] V. une note de DUGALD STEWART sur la doctrine de LOCKE et d'ADDISON, relativement à ces qualités *secondes* ou *secondaires*, et les observations du docteur BLAIR à ce sujet. *Hist. abr. des sc. mét.* Paris, 1823, II, 398-402.

nom de phénomène[1] ; mais indépendamment de la manière dont nous entrons en communication avec lui, il existe, il est une réalité en soi ou un *noumène* [2]. Notre ame elle-même quand nous voulons la soumettre à notre examen devient objet et ne nous fournit que des notions phénoméniques. La connaissance des *noumènes* est interdite à l'homme, puisque ce serait celle des objets sans relation avec lui, hors de rapport avec ses moyens de connaître ; mais pourquoi nous en affliger ? ce regret ne serait pas plus raisonnable que celui que nous éprouverions de ne pouvoir échanger notre condition contre celle de la Divinité.

279. Un grand tort a été d'avoir séparé le subjectif de l'objectif comme par un abîme, et d'avoir mis en doute celui-ci. De là au scepticisme le plus extravagant, à l'*idéalisme* le plus insensé, à un idéalisme qui, en définitive, aurait pour résultat d'anéantir la morale, il n'y avait qu'un pas. Aux philosophes qui prétendent douter de tout ou qui prononcent sérieusement que l'univers, les autres hommes, leur propre corps, pourraient n'être qu'une pure fantasmagorie de leurs sens et de leur imagination, il faut, suivant l'expression du père Buffier, répondre, non point par des syllo-

---

[1] φαινόμενον de φαίνεσθαι, apparaître.
[2] Νοῦμενον.

gismes, mais à coups de sifflet ; au lieu de disputer avec eux on devrait les renvoyer au peintre immortel des *Marphurius* et des *Pancrace* [1]. Si quelques-uns, dans l'exposition de leurs systèmes, ont déployé beaucoup de subtilité, de finesse et de force d'esprit, il est juste de leur montrer d'autant plus de sévérité, que leurs talens les devaient

---

[1] Molière, le *Mariage forcé*, Sc. vi et viii. On a publié en allemand, à Rostoch, en 1756, une collection des principaux écrivains qui niaient la réalité de leur propre corps et du monde matériel tout entier, contenant les dialogues de Berkeley entre *Hylas* et *Philonous*, et la *Clé universelle* de Collier, avec des notes qui servent à la réfutation du texte et un supplément dans lequel on démontre la réalité des corps, par J. Chr. Esschenbach. — Sur le système de Fichte ; Tennemann, *Manuel de l'hist. de la philos.*, Lond. 1830, in-8°, ii, 216 - 232 ; Buhle, *Hist. de la philos. mod.*, Paris, 1816, vi, 835-610. — G. Gley, *In elementa philos. tentamen*, Paris, 1817, pp. 138-139

« On doit réputer frivole, dit M. Maugras, toute hypothèse qui, sans
» pouvoir opérer le moindre changement dans notre conduite, n'a d'autre
» effet que de tourmenter et d'humilier l'esprit humain, en le montrant à
» lui-même comme le triste jouet d'un génie perfide. On doit réputer ex-
» travagante une hypothèse qui ferait passer pour insensé quiconque vou-
» drait la prendre pour règle dans ses discours. — En effet, un monde de
» simulacres constans exige les mêmes procédés, les mêmes précautions
» qu'un monde de réalité ; et n'aurions-nous qu'un apparence d'estomac,
» une apparence de faim, il n'en faudrait pas moins nous donner une ap-
» parence de mouvement, pour manger une apparence de pain. Si une ap-
» parence de brigand a paru tuer une apparence de voyageur pour lui enle-
» ver une apparence de bourse, il n'en faut pas moins qu'une apparence
» de gendarmerie paraisse se mettre à la poursuite de l'apparence assas-
» sine, pour paraître l'amener devant des apparences de juges qui, après avoir
» paru entendre des apparences de témoins, paraîtront livrer l'apparence
» criminelle aux mains d'une apparence de bourreau. » Cette plaisanterie un peu prolongée et qui rappelle des vers attribués au parodiste de l'*Énéide*, contient cependant une critique très-juste de l'*idéalisme*.

préserver davantage de ces déplorables erreurs qu'ils soutenaient, la plupart bien moins par conviction, que par le désir de se faire un nom à force d'originalité et de hardiesse.

280. Le subjectif et l'objectif sont dans un rapport intime. L'objectif, en tant que réalité indépendante, a aussi ses lois subjectives qui le dirigent, et ces lois sont en partie correspondantes à celles du sujet connaissant ou du *cognitif*. Ainsi, quoiqu'il soit vrai de dire que l'impression de couleur est *subjective* ; qu'en supprimant tous les yeux il n'y aurait plus de couleur, il est toujours certain qu'un objet qui nous apparaît rouge, par exemple, est conformé de manière à nous renvoyer la lumière pour achever dans notre œil ce qu'on appelle le rouge. En un mot, cet objet a tout ce qu'il faut pour paraître rouge et non de telle autre couleur.

On place devant moi différens objets qui m'apparaissent sous les formes de boule, de cube et de cône. Il est évident que l'idée de la boule est le résultat du rapport que *moi*, mes yeux et la lumière avons avec la boule : j'en dirai autant de l'idée du cube et de celle du cône. Il s'ensuit que dans ce cas, moi, mes yeux et la lumière restant les mêmes, la cause de mon idée du cône est l'objet que j'appelle cône, celle de l'idée de la boule, l'objet que j'appelle boule, celle de l'idée du cube, l'objet que j'appelle cube; et par conséquent, l'idée du cube est au cube, comme l'idée de la boule est à la boule, et comme l'idée du cône est au cône ; par conséquent il y a entre les idées la même analogie qu'entre les choses, et en raisonnant sur les idées, les conclusions que je tire de ces raisonnemens seront également analogues à celles que je tirerais des raisonnemens que je ferais sur les choses mêmes. En d'autres termes, les rapports qu'il y a entre nos idées sont exactement les mêmes que ceux qu'il y a entre les choses dont elles sont les idées, bien qu'elles ne reproduisent pas ces choses en elles-mêmes.

281. Allons plus loin. Le cône est en lui-même une réalité absolue, un *noumène*, qui peut avoir mille manières d'être que j'ignore. Or, parmi toutes ces manières d'être qu'il peut avoir et que je ne connais pas, il a celle par laquelle, lorsqu'il coexiste avec la lumière, avec mes yeux, avec *moi*, il produit un effet qui est l'idée que j'ai actuellement de ce cône ; il a cette manière d'être par laquelle il est visible pour tout homme qui voit ; il a cette manière d'être par laquelle il diffère de la boule et du cube. Or, ce cône est tel qu'il est ; et étant tel qu'il est, il est impossible qu'il me donne à moi, demeurant tel que je suis, une autre idée que celle que j'ai de lui sous le rapport de sa forme. Mais nous n'avons considéré que deux choses, d'un côté le cône tel qu'il est en effet, et de

l'autre l'ensemble de *moi*, de mes yeux et de la lumière : renversons ces termes et considérons, d'un côté, l'ensemble du cône, de la lumière et de mes yeux, et de l'autre, *moi* qui ai l'idée. Vous verrez que le cône ne me trompe pas, mais qu'il est effectivement et réellement tel qu'il me paraît, lorsque je lui ajoute la lumière et mes yeux. Le premier homme qui a fait une montre a commencé par les idées qu'il avait d'un ressort, d'une roue, d'un levier. En combinant ses idées, en raisonnant sur elles, il a conçu une montre imaginaire. Ensuite il a réalisé ce résultat, ce qui eût été absolument impossible s'il n'y avait pas une correspondance directe entre certaines idées et certaines faces des choses [1].

282. Il n'y a donc pas pour l'homme deux vérités, l'une subjective et l'autre objective ; il n'y en a qu'une résultant de l'accord parfait de ces deux élémens. Mais pour connaître la vérité en ses développemens, il est essentiel de dégager dans nos connaissances le subjectif de l'objectif, ce qui n'appartient qu'à notre pensée soit spontanée, soit réfléchie, de ce qui appartient à l'être en soi. Or, comment établir cette distinction ?

283. Le sujet étant permanent, les objets au

---

[1] Cf. HEMSTERHUYS, *Sophyle ou de la philosophie*. — F. BÉRARD, *Doctrine des rapports du physique et du moral*, p. 360 - 375.

contraire, variant sans cesse, et l'un n'ayant aucune raison de ressembler nécessairement à l'autre, il en résulte que tout ce qui, dans la représentation des objets, sera constamment et invariablement le même, pourra s'imputer au sujet; qu'au contraire, ce qui sera accidentel, variable, passager et changeant, appartiendra à l'objet.

Sur quelque chose que je porte la vue, si j'aperçois partout une tache noire ou verte, etc., d'une forme constante, au lieu d'en conclure que tous les objets portent nécessairement une tache noire ou verte, ne sera-t-il pas plus raisonnable de penser que cette tache appartient à mon œil? Si quelque part où je sois, quelques sons variés que j'entende, il se mêle à tous un sifflement toujours le même, ne devrai-je pas en conclure que ce sifflement appartient à mon ouïe, et nullement aux objets qui me font entendre des sons variés, lesquels sons peuvent cesser et avoir lieu tour-à-tour [1]?

284. Le rapport possible de nos idées avec la

---

[1] Ch. Villers, *Philos. de Kant*, p. 117. Il ne faut pas croire que le passage suivant de M. Bérard infirme ce qui est dit dans le texte : « L'on » voit qu'il y a dans nos idées quelque chose qui tient à nous et à nos fa» cultés, et quelque chose qui tient à l'objet et aux réalités; or, ce qui » tient à l'objet est fixe, immuable, nécessaire : ce qui dépend de nous » est variable, mobile, encore même seulement dans certaines limites, » nos facultés de sentir et de raisonner étant soumises à des lois unifor» mes. » P. 374.

nature des choses, lequel constitue la vérité, doit être compris maintenant. Il y a donc une vérité accessible à l'homme ; il y a donc pour lui quelque chose de certain et même, à nous regarder de près, nous tendons à la certitude de toutes les forces de notre nature : le doute est un état de malaise, d'anxiété, de torture morale dont il nous faut sortir à tout prix. Or, cherchons quelles sont les différentes sources de la certitude ; ce sera le moyen de l'apprécier avec plus de justesse. Ce sujet n'est pas, comme on pourrait le croire, le même que celui de la *Topique*. Cette partie de la logique traite des sources d'argumens ; ici il va être question des sources de la certitude de ces argumens. Ainsi la question est prise de plus haut.

§ XXIV.

Sources de la certitude. — Première source : la Conscience.

285. L'*évidence* ou la perception claire et distincte d'un rapport est *intuitive* ou *discursive*. *Intuitive*, elle est la vue immédiate, spontanée d'une vérité nécessaire, d'un fait irrécusable. *Discursive*, elle est produite par le raisonnement. (Voyez § XIX.)

286. La première source et le premier principe de toute vérité dont nous soyons susceptibles est le sentiment intime qu'a chacun de nous de sa propre existence. C'est là, dis-je, la base de toute autre vérité et de toute autre science humaine. (*Psych.* 22.) Il n'en est point de plus immédiate, pour nous convaincre que le sujet pensant existe aussi réellement, que notre pensée même; puisque ce sujet et notre pensée et le sentiment intime que nous en avons, ne sont réellement que nous-mêmes qui pensons, qui existons et qui en avons le sentiment. C'est là l'*évidence au suprême degré*. Les sceptiques auraient beau objecter qu'ils doutent s'ils existent, ce serait perdre le temps que de s'amuser à leur montrer leur folie [1].

287. Il suit que toute conséquence qui se tire clairement de notre pensée actuelle, participe au caractère de sa certitude évidente au suprême degré.

288. Mais s'il serait absurde de rejeter le témoignage de la conscience, il ne le serait pas moins de n'en pas admettre d'autres. Le père BUFFIER a clairement fait voir qu'en nous bornant au sens intime,

---

[1] Le P. BUFFIER, *Traité des premières vérités*, p. 1re ch. 1er. — Voy. *Dissertation qui a remporté le prix proposé par l'Acad. R. des sciences et belles lettres de Prusse, sur la nature, les espèces et les degrés de l'évidence*, avec les pièces qui ont concouru. Berlin, 1764, in-4°.

nous n'aurions aucune certitude de l'existence des corps, pas même du nôtre propre, et ne saurions assurer si hier nous existions ou nous n'existions pas, si nous veillons ou si nous dormons, si nous ne sommes pas en ce monde depuis deux ou trois mille ans, si nous n'avons point animé le corps d'une crocodile ou d'un moineau, si nous n'avons pas éternellement existé, enfin, s'il existe au monde d'autres êtres que chacun de nous, etc. ; car le sentiment intime, qui n'est qu'actuel, ne se mêle aucunement des conséquences et des applications que nous déduisons de son rapport (*Psych.* 79, 83), et n'est pas autorisé à rien affirmer du passé ni de l'avenir ; et comme, en outre, il ne nous avertit que de nos modifications intérieures, il ne nous donne aucune certitude des choses externes qui pourraient nous modifier, et ne nous apprend pas si la pensée n'aurait pas le pouvoir d'être modifiée uniquement par elle-même.

289. Puisque ces conséquences, si extravagantes qu'elles paraissent, sont tirées rigoureusement du principe, il faut de toute nécessité que le principe soit lui-même extravagant. Il n'est donc pas vrai que nous n'ayons, pour règle de certitude évidente, que la conscience ou le sentiment intime de ce qui se passe actuellement en nous.

§ XXV.

Deuxième source.—Principes a priori, *ou Vérités du sens commun.*

290. Nous entendons ici par le sens commun, avec le père Buffier [1], *la disposition que la nature a mise dans tous les hommes, ou manifestement dans la plupart d'entre eux, pour leur faire porter, quand ils ont atteint l'âge de la raison, un jugement commun et uniforme sur des objets différens du sentiment intime de leurs propres perceptions,* jugement qui est *a priori*, qui se développe avec l'expérience, mais qui ne naît pas de lui, et dont nous avons eu des exemples en traitant des *catégories*, de l'*absolu* et des paralogismes (230-232).

291. De cette disposition résulte pour la généralité des hommes, l'acquisition de vérités qui ont quatre caractères essentiels :

1º Le premier, de se développer presque toujours spontanément dans l'esprit, sans le concours de la réflexion et de la volonté;

2º Le second, d'être si claires que quand on entreprend de les prouver ou de les attaquer, on ne le puisse faire qu'à l'aide de propositions qui manifestement ne sont ni plus claires, ni plus certaines;

[1] Partie 1ère, ch. 5.

3º D'être si universellement reçues parmi les hommes en tout tems, en tous lieux et par toutes sortes d'esprits, que ceux qui les attaquent se trouvent, dans le genre humain, être moins d'un contre cent ou même contre mille;

4º D'être si fortement imprimées dans nous, que nous y conformions notre conduite, malgré les raffinemens de ceux qui imaginent des opinions contraires, et qui eux-mêmes agissent conformément, non aux opinions qu'ils affichent, mais aux premières vérités universellement reçues.

§ XXVI.

Troisième source : l'Analogie.

292. Il y a en l'homme un penchant à croire au retour des faits constamment observés et à admettre que l'expérience, dans des suppositions semblables, offrira toujours les mêmes résultats : plus la similitude est parfaite, plus la probabilité augmente. La certitude qui naît de là, bien qu'elle soit *à priori*, n'est cependant que conditionnelle et sujette à être détruite.

293. Depuis plus de six mille ans, la tradition nous apprend que l'hiver, le printems, l'été, l'automne se sont régulièrement succédé, et en con-

séquence, nous nous croyons fondés à être certains qu'il en sera toujours de même. Cependant il se pourrait qu'un jour l'axe de la terre, qui est oblique aujourd'hui, se redressât et devînt perpendiculaire à l'écliptique, alors il n'y aurait plus aucune variété de saisons : la zône torride serait brûlée par un éternel été ; les zônes tempérées jouiraient d'un printems continu, et les glaciales seraient perpétuellement en proie aux rigueurs de l'hiver. Les jours ne seraient plus inégaux dans les divers tems de l'année, mais constamment égaux aux nuits sur toute la terre, excepté pour les deux pôles qui verraient sans cesse le soleil à leur horizon. L'expérience, tant de fois répétée, n'a donc pas pu nous donner sur ces choses une certitude absolue, inconditionnelle, qui entraînât la nécessité et l'universalité des faits en question ; la raison ne trouve ni contradiction, ni répugnance à l'affaiblissement de cette certitude.

294. Mais si de l'analogie ne peut naître une certitude *apodictique* ou évidence au suprême degré, il peut en résulter une vraisemblance telle, qu'elle équivaut à la pleine certitude ; et même sans cette vraisemblance il n'y aurait pas de sagesse humaine possible, car on ne mettrait jamais à profit les leçons du passé, on ne saurait se précautionner contre l'avenir, et les connaissances expérimentales en seraient sans cesse à leur début. Un grand nombre

de découvertes dans les sciences sont dues à l'analogie. Je citerai comme une des plus remarquables, la découverte de l'électricité atmosphérique, à laquelle on a été conduit par l'analogie des phénomènes électriques avec les effets du tonnerre [1]. « Il
» y a, dit Berkeley, une analogie, une constance
» et une uniformité dans les phénomènes de la na-
» ture, qui servent de fondement pour les règles
» générales. Ces règles sont une espèce de gram-
» maire pour l'étude de la nature, ou de cette suite
» d'effets que nous offre le monde visible ; elles
» nous mettent en état de prévoir ce qui doit arri-
» ver, dans le cours naturel des choses. Plotin
» observe dans sa troisième *Ennéade*, que l'art de
» présager n'est en quelque sorte que l'art de lire
» les lettres naturelles, indicatives de l'ordre, et
» qu'aussi loin que s'étend l'analogie dans l'uni-
» vers, il peut y avoir divination. Et réellement
» celui qui annonce les mouvemens des planètes,
» les effets de certains remèdes, le résultat d'ex-
» périences chimiques et mécaniques, fait une
» espèce de prophétie naturelle [2]. »

295. La confiance dans l'analogie a donné lieu à ce proverbe que *nous jugeons des autres par nous-*

---

[1] La Place, *Essai philosophique sur les probabilités*, Paris, 1825, p. 258.

[2] *Siris*, §§ 252, etc.

mêmes ; et en effet, c'est seulement en étudiant sur soi l'espèce humaine tout entière que l'on fera des progrès dans les sciences métaphysiques et morales, et qu'on se perfectionnera dans l'art si difficile de conduire les hommes. C'est parce que j'ai essayé sur moi-même la force d'un argument, que je l'emploie avec succès sur les autres ; c'est parce que je connais l'endroit sensible de mon propre cœur, que je parviens à m'insinuer dans le vôtre 1.

§ XXVII.

Quatrième source. Le Témoignage des sens.

296. Nos sens deviennent moyens de parvenir certainement à la vérité, si leur témoignage n'est contredit dans nous, 1° ni par notre propre raison ; 2° ni par un témoignage précédent des mêmes sens ; 3° ni par le témoignage des sens des autres hommes.

297. On peut réduire principalement à trois chefs les vérités fondamentales dont nos sens nous instruisent : 1° ils rapportent toujours très-fidèlement ce qui leur paraît ; 2° ce qui leur paraît est presque toujours conforme à la vérité, dans les choses qu'il importe aux hommes en général de savoir ; à moins qu'il ne s'offre quelque sujet rai-

---

1 Voy. le paragraphe 241, *Argumentum à simili.*

sonnable d'en douter ; 3º on peut discerner aisément si ce témoignage des sens est douteux, quand notre raison est instruite par certains faits et certaines réflexions, et en s'assurant s'il remplit les quatre conditions que nous venons d'énumérer.

298. On a répété à satiété que les sens nous trompent, tandis que c'est la raison seule qui nous déçoit en prononçant mal sur leur rapport. Il y a plus : les sens, en nous montrant les choses autrement qu'elles ne sont, au lieu d'être toujours en cela une occasion d'erreur, nous fournissent l'occasion de mieux juger des accidens de ces choses. Par exemple, si le soleil m'apparaît avec un diamètre de deux pieds, il m'apparaît comme corps placé à une distance déterminée et dans un certain milieu. S'il était aussi grand à des millions de lieues qu'à cent pas, c'est alors que les sens m'abuseraient véritablement.

299. On a cru aussi pendant long-tems, que l'observation ou l'expérience ne saisissait que des faits qui tombent sous les sens, et si tout-à-l'heure on exagérait la faiblesse de leur témoignage, cette fois on le considérait d'une manière trop exclusive. On a déjà (230 et *Psych. passim*) touché quelques mots sur ce point, que M. Th. Jouffroy a développé avec cette plénitude et cette clarté

qui sont le caractère de son talent, plus lucide qu'original, plus sage que hardi .

§ XXVIII.

Cinquième source : l'Autorité.

300. Si le sens intime, les vérités du sens commun, l'analogie et les sens sont capables de me donner une certitude quelconque, ils peuvent également la donner à d'autres hommes. Alors, pourvu que le rapport de ceux-ci soit fidèle, leur certitude sur un fait convenablement aperçu, et que je n'avais pas observé moi-même, doit être partagée par moi ou corroborer la mienne si j'ai déjà observé ce fait. Ce rapport d'un fait est ce qu'on appelle *témoignage, autorité* (228). Mais, outre le témoin, l'observateur d'un fait et celui à qui il est transmis, il y a souvent de nombreux intermédiaires, et même il arrive que le témoin immédiat manque, ou que la chaîne de la tradition étant souvent rompue, les relations inexactes et mensongères, les rêves de l'imagination prennent la place de la vérité ou de la vraisemblance. Ces différentes circonstances, dont il faut tenir un compte rigoureux, servent à faire apprécier la valeur du témoignage.

301. Bien que les hommes en général puissent

---

1 Préface des *Esquisses de philosophie morale* de Dugald Stewart.

mentir, et que même nous ayons l'expérience qu'ils mentent souvent, néanmoins la nature ayant inspiré à tous les hommes l'amour du vrai, la présomption est que celui qui nous parle suit cette inclination, lorsque nous n'avons aucune raison de juger ou de soupçonner qu'il ne dit pas vrai [1].

302. Les raisons que nous en pourrions avoir se tirent, ou de sa personne, ou des circonstances où il s'est trouvé, ou des choses qu'il nous dit : de sa personne, par rapport à son esprit ou à sa volonté.

303. Par rapport à son esprit, 1º s'il est peu capable de bien juger de ce qu'il rapporte ; 2º si d'autres fois il s'y est mépris ; 3º s'il est d'une imagination ombrageuse ou échauffée, caractère très-commun, même parmi des gens d'esprit, qui prennent aisément l'ombre ou l'apparence des choses pour les choses mêmes et le fantôme qu'ils se forment pour la vérité qu'ils croient discerner.

304. Par rapport à sa volonté, 1º si c'est un homme qui se soit fait une habitude de parler autrement qu'il ne pense; 2º si l'on a éprouvé qu'il lui échappe de ne pas dire exactement la vérité ; 3º si l'on aperçoit dans lui quelque intérêt à dissimuler ou à feindre.

305. A l'égard des circonstances où il s'est trouvé,

---

[1] Le P. Buffier, o. c. p. 1re, ch. 22.

1º s'il n'a pas été en position de bien voir ; 2º s'il ne parle que sur ouï-dire.

306. Relativement aux choses qu'il dit, 1º si elles ne se suivent et ne s'accordent pas bien ; 2º si elles conviennent mal avec ce qui nous a été dit par d'autres personnes aussi dignes de foi ; 3º si elles sont par elles-mêmes difficiles à croire ou si elles roulent sur des sujets où il ait pu aisément se méprendre.

307. Les circonstances contraires rendent vraisemblable ce qui nous est rapporté, savoir : 1º quand nous connaissons celui qui nous parle pour être d'un esprit juste et droit, d'une imagination sage et réglée, d'une sincérité entière et d'une constante exactitude[1] ; 2º quand il a été en position de bien voir ou de recueillir exactement le rapport de qui a bien vu ; 3º quand d'ailleurs les circonstances des choses qu'il dit ne se démentent point entre elles, mais s'accordent avec des faits ou des principes dont nous ne pouvons douter. A mesure que

---

[1] « *In homine virtutis opinio valet plurimum. Opinio autem est, non modo eos virtutem habere, qui habeant, sed eos etiam qui habere videantur. Itaque, quos ingenio, quos studio, quos doctrina præditos vident, quorumque vitam constantem et probatam, ut Catonis, Lælii, Scipionis, aliorumque plurium, rentur eos esse quales se ipsi velint. Nec solum eos censent tales esse, qui in honoribus populi reque publicâ versantur, sed et oratores, et philosophos, et poetas, et historicos : ex quorum et dictis et scriptis sæpe auctoritas petitur ad faciendam fidem.* » Cic. *Top.* xx, 78.

ces mêmes choses seront rapportées par un plus grand nombre de personnes, la vraisemblance augmentera aussi. Elle pourra même, de la sorte, parvenir à un si haut degré, qu'elle entraînera notre jugement avec toute la puissance de la vérité complète. L'espèce de certitude que nous aurons alors prendra le nom de *certitude morale* [1], parce qu'elle a un rapport particulier avec les *mœurs* et la conduite des hommes.

308. Les dernières lignes du paragraphe précédent exigent quelques explications, attendu qu'on pourrait chercher dans Locke et dans La Place, des armes pour les combattre [2]. Mais il ne s'agit peut-être que de s'entendre.

Plus le nombre des témoins directs d'un fait augmente, plus le témoignage a de poids, la probabilité que ces témoins puissent se tromper tous à la fois sur les mêmes choses, ou se concerter pour mentir, devant nécessairement diminuer à mesure qu'ils se multiplient.

309. Mais, au contraire, quand il ne s'agit que d'un témoignage traditionnel, le fait est d'autant

---

[1] « *Moraliter certum est, quod multi testes, plane sui, se sensisse testantur, in re supra communes sentiendi vires haud posita.* » J. A. H. Ulrich, *Institutiones log. et metaph.... perpetua Kantianæ disciplinæ ratione habita.* Jenæ, 1792, in-8°, p. 325.

[2] *De l'entendement humain*, liv. IV, ch. 16, et sur cet endroit le P. Buffier, partie 1ère, ch. 23, La Place, *Essai philos. sur la probabilité*, p. 157.

moins certain pour nous, qu'il se trouve plus de personnes entre celui qui raconte et celui qui dit avoir vu. Car pour croire ce fait, il faut, en admettant la crédibilité du premier témoin, supposer que chaque témoin intermédiaire l'a réellement ouï dire à celui qui le lui a transmis et le rapporte fidèlement; puisque s'il en est un seul qui ne l'ait réellement pas ouï dire ou qui l'altère, dès-lors la chaîne de la tradition est rompue. Il est donc évident que les raisons de douter se multiplient à mesure qu'il y a plus de témoins intermédiaires d'un fait contemporain.

310. Le même motif de doute a lieu pour les faits qui sont transmis de bouche d'une génération à l'autre; il est même plus fort dans le second cas, parce que les témoins intermédiaires n'existant plus, comme ils existent dans l'hypothèse d'un fait arrivé de notre tems, il est difficile de s'assurer s'ils ont dit effectivement ce qu'on leur attribue.

311. Il n'en est pas de même quand le fait est transmis par écrit ou par des monumens. Tout se réduit alors à savoir si l'ouvrage qui nous le transmet n'est ni supposé, ni altéré, si le monument est original. Il ne s'agira plus ensuite que d'examiner quel degré de confiance on doit à ce témoin, et nous avons déjà posé quelques règles à cet égard (301 - 307).

312. Un pareil témoignage devient même plus

probable en vieillissant, parce qu'ayant passé par l'examen de beaucoup d'esprits, si ce sont des esprits clairvoyans, judicieux, habiles, et surtout qui aient eu un puissant intérêt, dans tous les tems, à examiner et à vérifier le premier témoignage qui a commencé la tradition, il est évident que ce premier témoignage en devient moins suspect et plus assuré. En effet, on pourrait imaginer qu'on y aurait d'abord ajouté foi sur des préjugés et des intérêts qui ne sauraient demeurer les mêmes dans tous les tems ; et par conséquent, la suite des tems et des témoignages nous rend le premier témoignage moins douteux, et pour mieux dire, plus irréprochable.

313. Par là il est des opinions qui acquièrent des preuves et des forces avec le tems ; sans quoi, de la règle contraire il s'ensuivrait une chose bizarre, savoir : qu'un titre authentique vérifié par un grand nombre d'arrêts ou de témoignages portés en conséquence les uns des autres, dans tous les tems, en deviendrait moins sûr ; et ce qu'il y a de plus respectable et de plus autorisé dans la société civile, se trouverait ainsi le plus méprisable et le moins judicieux.

314. Mais dans ce cas, je le répète, pour que chaque témoignage successif soit déterminant, il doit supposer un examen nouveau, une vérification nouvelle. Toute répétition servile, machinale,

aveugle, est de nulle valeur pour corroborer un fait.

315. Il y a des choses tellement extraordinaires que le nombre et la qualité des témoins ne peuvent en balancer l'invraisemblance. Une opinion dominante peut faire admettre unanimement par les contemporains un récit absurde, et quand cette opinion vient à changer, l'absurdité qu'elle avait prise sous sa protection n'offre plus aux siècles suivans qu'une nouvelle preuve de l'extrême influence de l'opinion générale sur les meilleurs esprits.

316. Les critiques en matière d'histoire ont grand égard aux témoignages contemporains : cependant il convient de les recevoir avec précaution. En général, il ne faut les croire absolument que sur les faits généraux et n'admettre qu'avec défiance ce qu'ils rapportent des motifs, des secrets, des ressorts cachés, etc. Bien des hommes ont pu tromper leurs contemporains ; des particularités totalement ignorées n'ont été révélées qu'après leur mort, quand les intérêts et les passions ont fait silence ; d'ailleurs, en histoire, comme en optique, il est indispensable de se tenir à une certaine distance des objets, si l'on veut en saisir le véritable aspect ; trop loin, ils s'effacent ; trop près, ils se confondent et nous étourdissent par une multitude de petits détails qui sollicitent inutilement notre curiosité. Cependant les contemporains, même lorsqu'ils se

trompent ou veulent tromper, ont l'avantage de nous faire connaître les passions, les opinions, les préjugés de leur époque, et trahissent souvent à leur insu la vérité des faits qu'ils travestissent : la difficulté c'est de choisir ceux qui méritent d'être consultés, surtout aujourd'hui que tout le monde veut passer pour acteur principal dans le grand drame que joue notre siècle, et adresse au public, sous forme de mémoires, les confidences les plus puériles, les apologies les moins souhaitées, les satires les plus odieuses.

317. Il est impossible de parler de l'autorité, sans dire au moins quelques mots d'une école de philosophie qui, pénétrée de la faiblesse de notre raison individuelle, veut que l'autorité, c'est-à-dire, le témoignage d'un plus ou moins grand nombre de personnes dignes de foi, soit la règle unique de nos jugemens [1]. Mais les gens dignes d'être

---

[1] LA MENNAIS, *Essai sur l'indifférence en matière de religion ;* — L'article de M. de La Mennais dans *l'Essai sur l'histoire de la philosophie en France au dix-huitième siècle,* par M. PH. DAMIRON. — *Nouvel essai sur la certitude, où l'on simplifie enfin la question fondamentale de la certitude humaine, agitée en particulier dans* l'Essai sur l'indifférence en matière de religion ; *par M. l'abbé* VRIENDTS. Lyon, 1828, in-8º. — *L'Introduction à la philosophie,* par M. LAURENTIE. — *Le sens commun de M.* GERBET, *par* M***. Paris, 1827, in-8º.—*Coup-d'œil sur la controverse chrétienne depuis les premiers siècles jusqu'à nos jours,* par l'abbé PH. GERBET, et article sur cet ouvrage dans la *Revue Européenne,* nº 14, t. II, p. 11, répété dans *le Nouveau Conservateur Belge,* Louvain, 1832, t. v, pp. 1 - 17. M. SAINTE-BEUVE, en faisant

crus, en vertu de quoi ont-ils prononcé? Sur le témoignage d'autres personnes qui méritaient la confiance. Mais si ces maîtres et les maîtres de ces maîtres, et tous ceux qui ont reçu leur science de l'autorité, n'ont eu qu'à écouter pour apprendre, les premiers maîtres, ceux qui n'ont eu personne avant eux, comment ont-ils appris? d'où leur sont venues leurs connaissances? D'eux-mêmes, il le faut bien, à moins qu'on ne dise qu'ils les ont reçues toutes faites de Dieu. Et dans ce cas, il faut encore reconnaître la nécessité de la raison individuelle, pour accepter et comprendre l'enseignement divin, et c'est dans ce sens que s'explique le pieux HUET, à propos du célèbre PORPHYRE, qui pensait que les Juifs avaient dans la foi un moyen plus sûr pour arriver à la vérité, que les Grecs qui la cherchaient avec la seule raison. « Ce philoso-
» phe ne s'appuyait-il pas de la raison elle-même,
» quand il la préférait à la foi? Oui, sans doute,
» répond le même savant, et si la foi a plus de
» ressources que la raison, c'est la raison qui
» nous apprend cet avantage de la foi[1]. » et ST-

M. DE LA MENNAIS le sujet d'une de ces discussions pleines d'idées et fortement colorées qui lui assureront un rang distingué parmi les critiques, a donné de la doctrine de ce philosophe religieux, sur la certitude, une idée qui se rapproche de ce qu'on lit ici. *Revue Universelle*, t. Ier, p. 341.

[1] « *Nonne rationem hanc habuit, cur fidei ductum rationis ductui anteponeret, quod fallax esset ratio, at tutior fides? Quamvis ergo ad*

Augustin dit de même : «Nous apprenons de deux
» manières, par l'autorité et la raison ; l'autorité
» est la première, si l'on considère le tems, mais la
» raison a le premier rang, si on lui donne sa place
» naturelle et logique [1]. »

318. En nous renfermant dans les limites de
l'humanité, il nous semble qu'on ne s'égarerait pas
en disant, que si c'est une loi que la base de nos
connaissances soit dans notre raison individuelle,
c'est aussi une loi pour l'homme que la sociabilité,
et qu'en sa qualité d'être social il doit trouver dans
la société, avec les moyens de développer sa raison, le redressement ou la confirmation de ses
jugemens. L'homme, supposez-le isolé, serait au-
dessous du sourd-muet entièrement privé d'instruction. C'est par le contact de ses semblables
qu'il devient tout ce qu'il peut être. Que saurais-je
sur mon propre compte, si je ne me confrontais
aux autres? connaîtrais-je mon propre corps, si je
ne pouvais interroger d'autres organisations que la
mienne? mon esprit, d'autres intelligences? etc.
C'est là une autorité qu'il serait absurde de décliner et dont le concours, on ne le niera point, est
indispensable. Mais quand on étudie l'histoire pri-

---

percipiendam virtutem ratione potior sit fides, hoc ipsum tamen docet ratio. » *Quæstiones Alnetanæ*, p. 27.

[1] « *Ad discendum dupliciter ducimur, auctoritate atque ratione ; tempore auctoritas, re autem ratio prior est.* » *De Ordine*, lib. II, c. 3.

mitive de l'homme, on le place presque toujours dans des conditions imaginées à plaisir, qui ne se produisent jamais, ou qui seraient un prodige. C'est ainsi qu'on le supposera ne recevant des impressions que par un sens à la fois [1], ou n'ayant jamais eu aucune communication avec le reste de notre espèce [2]. On conçoit ce que de telles hypothèses ont de faux, d'incomplet et d'arbitraire.

319. La *foi* se rattache aussi au chapitre de l'autorité. Le mot foi a varié dans sa signification; il a exprimé tour-à-tour :

1º Une conviction acquise par le libre travail de l'esprit humain ;

2º Une conviction acquise par la voie de la sensibilité, et sans le concours, souvent même contre l'autorité de la raison ;

3º Une conviction acquise par la longue soumission à un pouvoir qui a reçu d'en haut le droit de la commander ;

4º Une conviction opérée par une voie surhumaine, un miracle.

320. Quel est en général le caractère de la foi? Deux sortes de croyances coexistent dans l'homme ; les unes naturelles, spontanées qui germent et

---

[1] La statue de Galatée de CONDILLAC.

[2] Le pitoyable ouvrage de GUILLARD DE BEAURIEU, intitulé *L'Élève de la Nature*, est heureusement oublié.

s'établissent dans son esprit, sinon à son insu, du moins sans le concours de la sa réflexion et de sa volonté, par le seul développement de sa nature et l'influence du monde extérieur au sein duquel se passe sa vie : évidence intuitive (285), vérités du sens commun (§ XXV) etc. ; les autres laborieuses, savantes, fruit d'une étude volontaire et de ce pouvoir qu'a l'homme, soit de diriger toutes ses facultés vers un objet spécial dans le dessein de le connaître, soit de se replier sur lui-même, d'apercevoir ce qui se passe en lui, et d'acquérir ainsi, par un acte de volonté et de réflexion, une science qu'il ne possédait point auparavant, quoique les faits qu'elle a pour objet subsistassent également sous ses yeux ou au-dedans de lui.

321. De ces deux genres de croyances lequel mérite le nom de foi ?

Ni l'un, ni l'autre. Elle participe et diffère simultanément des croyances naturelles et des croyances scientifiques, comme celles-ci réfléchie et individuelle, comme celles-là ferme, complète, active, souveraine. Considérée en elle-même et indépendamment de toute comparaison avec tel ou tel autre état analogue, *la foi est la pleine sécurité de l'homme dans la possession de sa croyance*, possession affranchie de travail comme de doute, au sein de laquelle disparaît la pensée même du chemin par lequel l'homme y est parvenu, et qui ne laisse subsister que le sentiment de l'harmonie naturelle et préétablie entre l'esprit de l'homme et la vérité (284). Dès que la foi existe, toute recherche de vérité cesse; l'homme se juge arrivé au but; sa croyance n'est plus pour lui qu'une source de jouissances et de préceptes; elle satisfait son intelligence et gouverne sa vie, lui donne le repos et la règle, absorbe, sans l'épuiser, son activité intellectuelle et dirige la liberté sans la détruire. (*Psych.* 134 et suiv.)

322. Mais si la foi diffère essentiellement des autres genres de croyance, il est évident en même tems, que ni les croyances naturelles, ni les croyances scientifiques n'ont rien qui exclue la foi; que les unes et les autres peuvent en revêtir le caractère; bien plus, qu'en dernier résultat, les unes ou les autres sont toujours le fondement sur lequel la foi s'appuie, ou le chemin qui y conduit [1].

323. En observant la marche de l'esprit humain, il semble qu'elle suit cette progression :

Ignorance. — Foi.
Tendance vers la science. — *Doute sans examen.*
Science ébauchée. — *Doute avec examen.*
Science. — *Certitude à ses différens degrés.*
Complément de la science. — Foi.

[1] *La morale de l'Évangile, comparée à la morale des philosophes*, discours auquel la Société académique de la Marne a décerné une médaille d'or, par M. L. BAUTAIN, docteur en Médecine, professeur de philosophie à la faculté des lettres de Strasbourg. Strasbourg, 1827, in.8o de 77 pag. — *Revue Française*, t. 1er, pp. 100 - 134.

Ainsi la foi serait, pour ainsi dire, placée aux deux pôles de l'intelligence, et gouvernerait à la fois son enfance et sa maturité.

§ XXIX.

Quelques aphorismes [1] *donnés comme* criterium [2] *de la vérité.*

324. Après avoir indiqué les sources de la certitude, il serait utile de poser quelques principes pour servir à reconnaître si, à part l'évidence intuitive (285) qui est au-dessus de toutes règles, on est arrivé à la vérité. On a formulé les règles suivantes, au nombre de quatre : 1° la *loi d'exclusion de milieu* (*lex exclusi medii sive tertii*); 2° *le principe de contradiction* ; 3° la *loi de convenance ou d'identité* ; 4° *le principe de la raison suffisante*.

325. C'est là un *criterium* positif de la légitimité des idées, quant à leur valeur logique, et négatif quant à leur valeur matérielle. Car toute idée qui a saisi le rapport du subjectif à l'objectif, c'est-à-dire toute vérité humaine, obéit à ces lois,

---

[1] Propositions qui renferment en peu de mots un principe de doctrine, ἀφορισμοί, *breves sententiæ*, d'ἀφορίζω, je sépare, parce qu'en effet, ces propositions sont détachées les unes des autres, comme *les Aphorismes d'Hypocrate*, etc.

[2] Criterium κριτήριον de κρίνω, je juge, c'est-à-dire moyen de juger de la vérité. Cicéron rend ce mot par *insigne veri*, Acad. 1, lib. 11, xi.

mais nous ne disons pas que toute idée soumise à ces lois a saisi le rapport du subjectif à l'objectif (282). De manière que la violation de ces principes, montre bien qu'on n'est pas dans le vrai, tandis que leur observation ne prouve pas toujours qu'on y est parvenu; et la raison en est simple, puisque une connaissance n'étant telle que par la pensée, nulle connaissance ne peut être vraie matériellement, que si la pensée qui lui sert de fondement est conforme à ses lois, tandis que la pensée pourrait être d'accord avec ses lois, c'est-à-dire pourrait être subjectivement régulière, sans qu'elle pût pour cela rien affirmer hors d'elle-même. Ces règles, toutes négatives qu'elles sont sous le rapport objectif, n'en offrent pas moins, lorsqu'on les a exactement suivies, une grande probabilité en faveur de la valeur matérielle des idées, attendu les relations qui existent nécessairement entre le monde intérieur et le monde extérieur. Elles sont, de plus, un gage positif de certitude quand la pensée est son objet à elle-même, quand elle n'est que logique, car alors tout est subjectif comme elle [1].

---

[1] KANT, qui se renferme exclusivement dans le *subjectif*, ne peut pas reconnaitre de *criterium matériel*. IG. DENZINGER, *Institutiones logicæ*. Leodii, 1824, II, 24.

326. Voici comment les logiciens [1] énoncent ces différentes règles :

1° Lex exclusi medii : *Unicuilibet cogitationis determinatæ objecto duorum prædicatorum, contradictorie oppositorum unum, altero excluso, necessario competit;* ce qui revient tout simplement à dire qu'une chose est ou n'est pas : point de milieu.

De ce principe on tire les règles suivantes :

1° *Unaquælibet cogitatio falsa veræ repugnat;*

2° *Cogitatio quæ cum vera non pugnat, pariter vera est;*

3° *Quæ vera sunt, inter se consentiunt, et falsa inter se dissident.*

2° Lex contradictionis : *Quæ sibi repugnant, non nisi tanquam repugnantia cogitari possunt, consequenter, eatenus, quatenus sibi repugnant, tamquam unius ejusdemque cogitationis partes conjungi nequeunt.* C'est-à-dire que le sujet et l'attribut ne doivent pas mutuellement s'exclure (49, n° IV et 241, n$_{os}$ 1, 2 et 13).

3° Lex identitatis seu convenientiæ : *Quæ identica sunt, eatenus, quatenus identica sunt, cogitando possunt conjungi,* ou : deux termes dont l'un développe, explique l'autre, ou énonce ce qui y est clairement contenu, peuvent être réunis par la pensée.

[1] Ig. Denzinger, *Prima elementa logicæ*, ed. secunda, Leodii 1828, in-8°, pag. 71-18.

(328-330). De ces deux principes se déduisent les suivans :

1° *Quæ non repugnant vera possunt esse;*

2° *Quæ repugnant vera esse nequeunt.*

4° LEX RATIONIS (*seu causæ*) SUFFICIENTIS : *Omnis cogitationis actu factæ ratio sufficiens ut sit necesse est.* Ou bien : rien n'existe sans qu'il y ait une cause suffisante pour que la chose soit ainsi plutôt qu'autrement, quoique très-souvent nous ne puissions connaître cette cause. De là découlent ces corollaires :

1° *Concessa ratione, concedendum est et rationatum;*

2° *Si rationata omnia vera sint, vera est et ratio;*

3° *Negato rationato neganda est et ratio;*

4° *Concesso rationato non semper concedenda est ratio.*

327. LEIBNITZ a fait du *principe de contradiction* et de ceux *d'identité*, et de la *raison suffisante*, la base de sa logique[1]. Le même philosophe avait cru découvrir, comme régissant à la fois le monde physique et intellectuel, le principe qu'il appelle *loi de continuité*, expliqué en ces termes par JEAN BERNOUILLI, dans son discours sur le mouvement : « Je parle

---

[1] *Principia philosophiæ*, t. II des Œuvres, éd. de Dutens, P. 1ère, p. 24 ; TENNEMANN, *Manuel de l'histoire de la philosophie*, Louv. 1830, II, 128, n° 355. Voy. à ce sujet les réflexions critiques de DUGALD STEWART, *Histoire abrégée des sciences métaphysiques*, III, 120 et suiv.

» de cet ordre immuable et perpétuel établi depuis
» la création de l'univers, qu'on peut appeler *loi*
» *de continuité*, en vertu de laquelle tout ce qui
» s'exécute, s'exécute par des degrés infiniment
» petits. Il semble que le bon sens dicte assez
» qu'aucun changement ne peut se faire par saut :
» *natura non operatur per saltum ;* rien ne peut pas-
» ser d'une extrémité à l'autre, sans passer par
» tous les degrés du milieu. » Mais, ainsi que l'a
observé M. Robins, mathématicien et philosophe
des plus distingués, comment le bon sens seul ou
sans l'expérience peut-il déterminer une loi de la
nature extérieure ? Rien jusqu'ici n'autorise à admettre ce principe comme universel, quoique son
application soit utile dans certains cas [1].

328. Autre système de Leibnitz. Suivant ce
grand homme, toute évidence mathématique se
résout, en dernière analyse, dans la perception de
l'identité ; l'innombrable variété des propositions
découvertes ou à découvrir n'étant que l'expression diversifiée de cette simple formule $A = A$. « Le
» géomètre, a dit un écrivain aussi distingué comme
» mathématicien que comme philosophe, le géo-

---

[1] Voir la note 5 du t. III de l'*Histoire abrégée des sciences métaph.* par Dugald Stewart. — M. Bérard s'exprime ainsi : « La nature, dit-on, n'admet pas de changement brusque dans ses opérations (Leibnitz), *natura non amat saltus* ; principe synthétique qui est faux en lui-même, et démenti par mille exemples (Dugald Stewart). » *Doctrine des rapports du physique et du moral.*

» mètre avance de supposition en supposition; et
» retournant sa pensée sous mille formes, c'est en
» répétant sans cesse le même est le même, qu'il
» opère tous ses prodiges. » DUGALD STEWART[1] critique avec raison le mot *identité* auquel nous proposerons de substituer le mot *équivalence* (104), car une équation réunit deux formes équivalentes d'une seule quantité. Mais il ne se borne pas à cette observation de détail, et il soutient que l'évidence mathématique vient des définitions (241).

329. En effet, ce sont les définitions et non pas les axiomes, qui, ainsi qu'on l'a enseigné longtemps, servent de principes de raisonnement dans les mathématiques pures (107). Or ces définitions ont un caractère particulier; tandis que dans les autres sciences elles expriment des faits réels ou considérés comme tels, dans les mathématiques elles ne contiennent qu'un petit nombre d'hypothèses, telles que le point sans aucune dimension, etc., ou sont purement verbales[2]. Ainsi, nos raisonnemens dans cette science se dirigent vers un objet entièrement différent de celui que nous nous proposons dans tout autre emploi de nos facultés intellectuelles. Ils ont pour but non point d'affirmer des vérités au

---

[1] *Élémens de la philosophie de l'esprit humain*, III, 65-87.

[2] C'est sans doute ce qu'avait entrevu Port-Royal quand, remarquant que les définitions de mots sont surtout propres aux géomètres, il dit que ces définitions diffèrent des définitions de choses en ce que celles-ci sont contestables et celles-là incontestables. *Logique*, IV⁰ P., ch. 5.

sujet d'existences réelles, mais de tracer une suite logique de conséquences qui sortent d'une hypothèse donnée. Si en parlant de cette hypothèse nous raisonnons d'une manière exacte, il est manifeste que rien ne saurait manquer à l'évidence du résultat, puisqu'il ne fait qu'affirmer une liaison nécessaire entre la supposition et la conclusion. Dans les autres sciences, au contraire, en admettant même que toute ambiguité dans le langage ait disparu, que chaque membre de la déduction soit rigoureusement exact, nos conclusions pourront encore être plus ou moins certaines, puisqu'elles se fondent, en dernière analyse, sur des principes qui correspondent plus ou moins aux faits mêmes.

330. Condillac va plus loin que les géomètres combattus par Dugald Stewart, puisqu'il établit avec la plus grande confiance que l'évidence de raison ou l'évidence discursive consiste toujours et uniquement dans l'*identité*. La démonstration qu'il se flatte d'avoir donnée de ce principe, dont il s'applaudit, est extrêmement concise, et si nous accordons les deux données sur lesquelles elle s'appuie, elle devra être universellement reconnue comme irrésistible. La première c'est que l'évidence de toute équation mathématique est celle de l'identité. La seconde, c'est que ce qu'on appelle proposition ou jugement, est au fond précisément de la même nature que l'équation. Laissons-le parler lui-même :

« Mais, dira-t-on, c'est ainsi qu'on raisonne en
» mathématiques, où le raisonnement se fait avec
» des équations. En sera-t-il de même dans les au-
» tres sciences, où le raisonnement se fait avec des
» propositions? je réponds qu'équations, propo-
» sitions, jugemens, sont au fond la même chose,
» et que, par conséquent, on raisonne de la même
» manière dans toutes les sciences. »

331. DUGALD STEWART ne trouve pas grand commentaire à faire sur cette démonstration. La vérité de la première assertion lui a inspiré les réflexions qu'on vient de résumer, et la seconde, qui n'est que l'opinion erronée de LOCKE sur le jugement [1], reproduite en termes incomparablement plus dignes de reproche, lui semble trop puérile pour être susceptible d'une réfutation. En effet, nous remarquons que si toute équation est à proprement parler un jugement, tout jugement est loin d'être une équation [2], attendu que dans les jugemens ordinaires il y a, sous deux termes différens, deux différentes idées ou quantités, et qu'on ne peut

[1] Nous empruntons ici les paroles mêmes de DUGALD STEWART; cependant LOCKE a soutenu que les propositions identiques n'enseignent rien, *De l'entendement humain*, liv. IV, ch. VIII; il appelle exclusivement identiques les propositions où le même terme est affirmé de lui-même, comme une *loi est une loi*, ce qui en effet n'ajoute rien à nos connaissances. Mais *identique* a encore un sens plus étendu, ainsi qu'on l'a vu tout à l'heure (328), et c'est dans cette acception large que le prend CONDILLAC.

[2] Voy. ce qui a été dit sur la *conversion* des propositions, § X.

considérer comme équations que les définitions où il n'y a qu'une idée ou une seule quantité sous deux expressions diverses (104).

332. Combien ce philosophe, dit Dugald Stewart, n'eût-il pas été mortifié, s'il eût découvert qu'en cherchant à généraliser une théorie célèbre de Leibnitz, il était tombé sur un système usé, né en Angleterre plus d'un siècle auparavant! « Lors-
» qu'un homme raisonne, dit Hobbes, il ne fait rien
» autre chose que de concevoir une somme totale
» comme résultat de l'addition des parties, ou une
» somme restant comme résultat d'une soustraction;
» c'est-à-dire, si l'opération se fait par des mots, le
» raisonnement consiste à reconnaître la conclusion,
» des noms de la partie au nom du tout, ou des
» noms du tout et d'une partie au nom de la partie
» restante..... Ces opérations ne s'appliquent pas
» aux nombres seulement, mais à tout ce qui est
» susceptible d'addition et de soustraction..... ; et
» le raisonnement n'a rien à faire là où il n'y a lieu
» ni à soustraire ni à additionner [1]. »

[1] Voici ce qu'on lit dans le texte même: *Computatio sive logica*, cap. 1;
« *Per ratiocinationem autem intelligo computationem ; computare vero est plurium rerum simul additarum summam colligere, vel una re ab alia detracta, cognoscere residuum. Ratiocinari igitur idem est quod* addere *et* substrahere *; vel si quis adjungat his* multiplicare *et* dividere, *non abnuam, cum multiplicatio idem sit quod æqualium additio, divisio quod æqualium quoties fieri potest substractio. Recidit itaque ratiocinatio omnis ad duas operationes animi*, additionem et substractionem. » Et ailleurs, au traité *de Homine*, ch. v; c'est le passage que

333. Cependant, si justes que soient les observations de Dugald Stewart sur la différence des objets dont s'occupent les mathématiques pures et les autres parties du savoir humain, et quoique l'expression *identité* nous ait paru impropre et fausse comme à lui, l'opinion de Condillac n'a que peu de changemens à subir pour être adoptée, et se rapprocher même de celle de Dugald Stewart. Quels que soient nos raisonnemens, leur évidence repose toujours sur un rapport de *contenance* ou d'*équivalence*, en d'autres termes, une argumentation n'est qu'une série de propositions qui se contiennent (236) ou qui renferment des quantités égales sous des formules différentes. La différence des mathématiques aux autres sciences c'est que la certitude du point de départ dans les premières se communique à toutes les parties subséquentes de la démonstration, tandis qu'il en est rare-

nous avons traduit en partie : « *Qui ratiocinatur vel totum quærit additione partium, vel residuum substractione partis a parte : id quod (si vere fiat) nihil aliud est, præter conceptionem consequentiæ nominis partis ad nomen totius, vel nominum totius et partis ad nomen partis reliquæ. Quamquam autem in rebus quibusdam (ut in numeris) aliæ sint operationes ; præter additionem et substractionem, ut multiplicatio et divisio, in idem tamen recidunt ; nam multiplicatio est æqualium inter se additio ; et divisio aliud non est, quam ejusdem rei, quoties possumus substractio. Neque numeris solis operationes illæ conveniunt, sed omni rerum generi, quarum una alteri addi vel auferri potest..... Ubicunque locus est additioni et substractioni, ibi etiam locus est rationi ; et ubi illis locus non est, ibi neque rationi locus est.* »

ment de même dans les secondes, où l'esprit ne crée pas ses données et doit les prendre d'ailleurs, incapable qu'il est souvent de les bien saisir. L'exemple suivant va faire voir qu'on n'arrive des prémisses à la conclusion que par des propositions *équivalentes* ou qui se *contiennent les unes les autres,* propositions que Condillac appelle *identiques*, et si l'on se souvient de tout ce qui a été dit précédemment, ce même exemple ne sera qu'une surérogation :

Tous les corps sont compressibles;
Donc il n'y a point de contact dans la nature.

Ces deux propositions semblent d'abord présenter des faits séparés; mais en rétablissant tous les degrés intermédiaires par où l'esprit a dû passer pour arriver d'une assertion à l'autre, on se convaincra de l'*équivalence* ou du rapport de *contenance* caché sous la diversité des transformations :

Dire que tous les corps sont compressibles,
Équivaut à dire que toutes leurs parties peuvent se rapprocher;
Dire que toutes les parties des corps peuvent se rapprocher,
Équivaut à dire qu'elles sont distantes;
Dire qu'elles sont distantes,
Équivaut à dire qu'elles ne se touchent pas;
Donc, etc.

Raisonner, on le voit, ce n'est guère que transformer, ce qu'on n'a pas de peine à concevoir quand les propositions dont se compose le raisonnement se résolvent en définitions ou en *jugemens analytiques* a priori (56).

§ XXX.

Des Erreurs et de leurs remèdes [1].

334. Pour se diriger vers la vérité, il faut être en état de surmonter les obstacles qui se trouvent sur la route, c'est-à-dire de dissiper les erreurs qui peuvent nous faire illusion [2]. Or on appelle *fausse* 1° sous le rapport de la *forme*, toute connaissance qui n'est pas d'accord avec les lois subjectives de la pensée; 2° sous le rapport de la *matière* ou du fond, celle qui attribue à l'objet ce qui appartient purement au sujet et réciproquement, celle qui suppose au sujet ou à l'objet des manières d'être qui ne leur conviennent pas : toute connaissance qui, bien que *fausse*, nous paraît *vraie*, est une *erreur*. L'er-

---

[1] Quelques écrivains, tels que M. Adr. Garnier, ont borné toute la logique aux causes et aux remèdes de nos erreurs. *Précis d'un cours de Psychologie*, etc., Paris, 1831, in-8°, p. 163. Voy. dans les pensées de Pascal, l'article vi de la première partie intitulé : *Faiblesse de l'homme, incertitude de ses connaissances naturelles.*

[2] La forêt enchantée de la *Jérusalem délivrée* est une allégorie éminemment poétique des illusions qui nous dérobent la vue de la vérité, et qui s'obstinent à nous égarer quand nous marchons à sa rencontre.

reur ne parvient donc à nous abuser que par sa ressemblance avec la vérité. Dans l'idée la plus absurde, il y a toujours quelque chose de plausible qui lui ouvre l'entrée de notre esprit [1]. Une erreur complète, une erreur de toutes pièces serait un monstre sans contact avec notre intelligence.

335. Si l'on dressait un catalogue exact de toutes nos erreurs en indiquant les moyens d'y remédier, on rendrait à l'humanité un service plus signalé encore que si l'on formait la liste de tous nos maux physiques et des moyens de les guérir. Aussi quelques philosophes allemands, saisissant l'analogie de cette partie de la méthode avec la médecine, et amoureux de phraséologie nouvelle et de subdivisions minutieuses, ont-ils appelé la recherche de nos erreurs *pathologie logique*, et celle des moyens d'y remédier *thérapeutique logique* [2].

336. Si l'on a présent à l'esprit ce que nous avons dit des sophismes, des paralogismes et des paradoxes (§ XVIII), on s'apercevra que ces sortes d'erreurs, ainsi que toutes celles que nous pourrions découvrir, se réduisent à quatre chefs : 1° erreur par substitution; voir autre chose que ce qui est (*ignoratio elenchi, non causa pro causa, etc.*); 2° erreur par omission ou soustraction; ne pas voir tout ce qu'un objet renferme (*dénombrement imparfait, etc.*);

---

[1] Voy. ci-dessus p. 121, note 1.
[2] J. C. LIKAWETZ, *Elementa philosophiæ*, Græcii, 1820, II, 300-348.

3° erreur par addition; croire que l'objet renferme plus d'élémens qu'il n'en contient (*a dicto secundum quid ad dictum simpliciter, etc.*); enfin 4° erreur dans les signes, ce qui revient à la division d'Aristote : παρὰ τὴν λεξιν et ἔξω τῆς λέξεως (213).

337. Nos erreurs naissent de l'insuffisance et de l'altération de nos facultés ou de l'abus de ces facultés, soit naturelles, soit acquises. Les unes sont *générales*, c'est-à-dire communes à tous les hommes, les autres sont *particulières* aux nations, aux époques, aux sexes, aux âges, aux castes, aux professions, au culte, à l'éducation, au climat, etc. On peut les distinguer encore en erreurs *originaires* et en erreurs *dérivées*. La source des premières doit être recherchée avec soin, puisqu'une fois trouvée, on est sur la voie de toutes celles qui en découlent.

338. Les remèdes de nos erreurs sont ou *préservatifs* ou *curatifs*. Parmi les premiers on peut compter la connaissance de l'homme, le perfectionnement de nos facultés, qui dépend en partie de notre volonté [1], l'habitude de tendre à la vérité par le chemin le plus direct, celle de n'entamer aucune recherche sans avoir préalablement fait provision des secours nécessaires; la circonspection du jugement et la sagesse de le suspendre jusqu'à ce qu'il

---

[1] Pour ne parler ici que de la mémoire, nous citerons les méthodes de MM. Aimé Paris et de Castilho, à qui nous avons vu opérer des prodiges.

soit déterminé par des raisons valables et légitimes, suspension que les Grecs appelaient ἐποχὴ [1] ; la bonne foi dans toute espèce de spéculation, une raison formée par une discipline sévère; un esprit exempt de tout préjugé [2], un cœur en garde contre les passions. Pour éviter les erreurs de *langage*, il faut ne pas se servir de mots nouveaux sans les expliquer, ou sans que l'analogie les rende suffisamment intelligibles, ne pas innover dans le sens des mots connus, ne pas employer de termes qui n'expriment qu'un élément du complexe que nous voulons faire entendre, et surtout ne pas prendre des mots pour des choses, et par exemple, une métaphore, un terme abstrait pour une réalité, une entité (21). Enfin, quand nous interprétons le langage d'autrui, il faut examiner plutôt ce que l'auteur a voulu dire que l'acception ordinairement attachée à l'expression dont il s'est servi. Les moyens *curatifs* sont la réflexion, le raisonnement et l'expé-

---

[1] De ἐπέχω *inhibeo*.

[2] On a de Dumarsais un *Essai sur les préjugés*, qui a été vanté comme un chef-d'œuvre de philosophie et qui, à bien prendre, n'est qu'une déclamation assez vulgaire, et dont plusieurs idées même ne sont pas sans danger. On en jugera par cette définition de la morale : « *La morale est l'expérience appliquée à la conduite de l'homme en société.* » V. *Essai sur les erreurs populaires*, par Th. Brown, trad. de l'anglais (par Souchay). Paris, 1733 ou 1738. 2 vol. in-12. *Des erreurs et des préjugés répandus dans la société*; par J.-B. Salgues. Paris 1810-13, 3 vol. in-8°. — J. L. Castillon, *Essai sur les erreurs et les superstitions anciennes et modernes*, Amst., 1765, in-12, Paris, 1767, 2 vol. in-8°, etc.

rience, les avis des hommes habiles, l'étude des écrits les plus estimés anciens et modernes, etc.

339. Il se présente ici une question, plutôt morale et politique que logique, mais que nous ne voulons pas cependant omettre, à cause de son importance. Il s'agit de savoir *si l'erreur peut être utile aux hommes, si c'est ajouter au bonheur des hommes que de les tromper*. Nous répondrons sans hésiter, et d'une manière absolue, *que toute erreur est nuisible*. En effet, dans notre économie intellectuelle tout se tient, tout est dans une relation mutuelle; de sorte qu'il n'est point d'erreur qui, par quelque côté, ne nuise au développement de notre esprit, et qui n'écarte plus ou moins de son but l'homme doté par le souverain créateur de l'instrument nécessaire pour se procurer l'espèce de vérité qui est à son usage. Si l'on oppose que l'erreur est inévitable, que tous nous nous trompons, cette objection ne prouve rien, car si l'erreur est possible à tous les instants de l'existence, les moyens de la prévenir et de l'extirper le sont aussi, sinon toujours, du moins dans un nombre de cas qu'il dépend de nous de rendre de plus en plus fréquens. M. J. De Chénier a examiné ce problème dans un discours en vers dont nous présenterions un long extrait, s'il n'y affichait une philosophie un peu trop satirique pour l'objet que nous nous proposons. Nous nous contenterons d'en citer ces vers :

Si, conduit par mes sens à de faux résultats,
Je vois dans un objet ce qu'il ne contient pas,
Ou si je ne vois pas tout ce qui le compose,
J'erre ; et de mon esprit la borne en est la cause.
Le seul Être infini ne se trompe jamais,
Car en tous leurs rapports il voit tous les objets.
L'homme n'est pas un Dieu : l'erreur est son partage.
Mais en quoi sa faiblesse est-elle un avantage ?
Le plus vaste génie, étant fort limité,
Par des jugemens faux tient à l'humanité :
Si les plus grands esprits, d'Aristote à Voltaire,
Ont porté plus ou moins ce joug héréditaire,
Loin de le croire utile, ils le trouvaient honteux ;
Allégeant les tributs qu'on payait avant eux,
Par de constans efforts tous ont limé la chaîne
Que l'erreur imposait à l'ignorance humaine ;
Et c'est par eux encor que leur postérité
Mieux qu'eux, en certains points, connaît la vérité.

340. Mais, toute funeste qu'est l'erreur, une fois qu'elle est établie, qu'elle s'est mêlée, pour ainsi dire, à l'existence et en fait presque partie, il faut, pour l'extirper, user de la plus grande circonspection. C'est en ce sens que Fontenelle disait sans doute qu'un homme sage, lors même qu'il aurait la main pleine de vérités, devrait souvent se contenter de lever le petit doigt ; car toute pusillanimité purement personnelle serait indigné d'un sage. Il semble que l'on peut comparer le philosophe imbu de la maxime de Fontenelle, à l'oculiste qui, après l'opération de la cataracte, prépare l'œil irritable de son malade à supporter sans danger l'éclat de

la lumière, en le retenant au milieu du jour incertain d'un appartement disposé à cet effet ¹. En effet, il ne suffit pas qu'une innovation soit bonne en elle-même, qu'un perfectionnement sous le rapport absolu, soit désirable, il faut encore examiner s'ils répondent à un état donné, si les esprits sont capables de les comprendre, si, par une irruption brusque et mal combinée, ils n'ébranlent pas des institutions qui sont la base de la société, etc. Quel homme, par exemple, ne doit désirer que la liberté fasse le tour du monde? Mais jeter au milieu d'une peuplade sauvage et barbare les lois de l'Europe civilisée, condamner tout d'un coup une vieille monarchie à des formes républicaines, ne serait-ce pas un délire qui pourrait avoir les suites les plus terribles? Tout changement général réfléchi est une conclusion qui doit avoir pour prémisses la situation antérieure et présente de la société. Il y a encore dans notre vie actuelle des vestiges du monde romain, des forêts gauloises et germaines et des manoirs du moyen âge; et nous nous flatterions de nous faire une manière d'être qui ne tînt à rien, qui ne relevât que d'elle-même! *Prolem sine matre creatam!*

---

¹ Dugald Stewart, *Hist. ab. des sciences métaph.*, 1, 68-69.

§ XXXI.

Méthodes générales. L'Analyse et la Synthèse.

341. Sous le point de vue le plus général, il n'y a pour l'esprit que deux moyens d'acquérir des idées nouvelles ou d'exposer des idées acquises : 1° décomposer un tout en ses élémens ; 2° recomposer le tout en allant d'un élément à l'autre. La première méthode est précisément l'inverse de la seconde. Toutes deux parcourent le même espace, mais en partant d'un point opposé. Celle qui décompose est l'*analyse,* celle qui recompose la *synthèse.* A celle-ci l'on a donné aussi les noms de méthode *a priori,* d'*ascendante,* de *progressive* ou de *prochorèse*[1], à celle-là ceux de méthode *a posteriori,* de *descendante,* de *régressive* ou d'*anastrophe*[2] ; mais attendu que la *synthèse* suit, en remontant, le chemin que l'analyse a frayé, il semblerait plus naturel d'intervertir l'ordre de ces noms et d'appeler l'analyse *progressive* et la synthèse *régressive.* Quoi qu'il en soit, l'usage veut le contraire et il faut s'y soumettre. Seulement on a droit de s'étonner que l'on ait embrouillé des notions si simples en entassant les

---

[1] De προχωρέω, *procedo.*
[2] Ἀναστροφή, *conversio.*

contradictions et les lieux-communs déclamatoires.

342. L'*analyse* ne sait pas où elle va, elle ne connaît pas le but d'avance ; elle le cherche : c'est la méthode d'*invention ;* la *synthèse* sait du premier instant où elle en veut venir ; c'est la méthode de celui qui connaît déjà, la méthode de *doctrine*, d'*exposition* ou d'*enseignement ;* en un mot l'*analyse* est investigatrice, la *synthèse*, dogmatique.

343. L'analyse décompose un tout en ses parties conformément aux rapports qui les rendent dépendantes les unes des autres, et de décomposition en décomposition, arrive à un *élément* générateur dont tous les autres ne sont que des modifications. Cet élément s'appelle le *principe*. Ainsi, par exemple, traçons sur un tableau de six pieds carrés toutes les figures les plus variées et les plus bizarres que nous pourrons imaginer ; à la première vue il nous paraîtra bien difficile de ramener à l'unité cette confusion d'images. Cependant, si nous les décomposons, nous trouverons qu'elles se forment toutes du *cercle* et de la *ligne droite*. Le *cercle* et la *ligne droite* seront donc le *principe* ou l'*élément* de cette multitude de traits, et si, à l'exemple de quelques géomètres nous considérons le cercle comme un polygone d'un nombre infini de côtés, ce double élément se réduira à la ligne droite, qui elle-même cèdera la place au point mathématique. Voilà pour l'analyse (99).

344. Au contraire, prenons un traité de géométrie, prenons Euclide. La synthèse part de l'élément simple, le point, dont elle compose les lignes; elle compose de celles-ci les surfaces et de ces dernières les volumes ou solides. Ainsi donc, l'analyse va du composé au simple, du concret à l'abstrait, du particulier au général, de l'effet à la cause, tandis que la synthèse procède du simple au composé, de l'abstrait au concret, du général au particulier, de la cause à l'effet. Mais l'une et l'autre s'appuient sur le connu pour arriver à l'inconnu, et cela par des intermédiaires qu'enchaîne le même rapport de contenance ou d'équivalence, appelé ordinairement rapport d'identité [1].

345. Port Royal, pour mieux faire sentir en quoi l'analyse diffère de la synthèse, allègue les deux manières dont on peut se servir pour prouver qu'une personne E est descendue de Saint-Louis.

---

[1] M. De Nieuport, qui a fait une excellente digression sur l'analyse et la synthèse des mathématiciens, signale avec raison la faute suivante, échappée à l'historien des mathématiques, au savant et judicieux Montucla : *Dans la première* (la synthèse), dit cet écrivain, *on va du simple au composé, du connu à l'inconnu, du tronc aux rameaux; dans la seconde* (l'analyse), *on va du composé au simple, de l'inconnu au connu; des rameaux on remonte au tronc. Essai sur la Théorie du raisonnement.* Bruxelles, 1805, in-12, pp. 221, 222. — Dans un ouvrage élémentaire, d'ailleurs estimable, on dit, non moins erronément : *L'analyse va du plus simple au plus composé*, etc. J. F. Perrard, *Logique classique*, Paris, 1827, I, 393.

SYNTHÈSE.				ANALYSE.		
St-Louis fut père de	A.		E était fils de	D.	
A	de	B.	*Prochorèse ou progression.*	D	de	C.	*Anastrophe ou régression.*
B	de	C.		C	de	B.	
C	de	D.		B	de	A.	
D	de	E.		A	de	St-Louis.	

On voit que l'analyse consiste à montrer que cette personne eut pour père tel, qui était fils d'un tel, et celui-là d'un autre, et ainsi jusqu'à Saint-Louis; tandis que la synthèse commence par Saint-Louis, d'où elle arrive à la personne dont il s'agit. Et cet exemple est d'autant plus propre en cette rencontre, qu'il est certain que, pour trouver une généalogie inconnue, il faut remonter du fils au père; au lieu que pour l'expliquer, après l'avoir trouvée, la manière la plus ordinaire est de commencer par la souche pour en faire voir les rameaux [1].

[1] C'est sans doute cette double considération qui aura fait naître à RODOLPHE GOCKLENIUS l'idée du *sorite régressif* que nous appliquerons au raisonnement supposé du renard, dont il est question à la page 96.

SORITE PROGRESSIF.

Ce qui fait du bruit se remue,
Ce qui se remue n'est pas gelé,
Ce qui n'est pas gelé n'est pas solide,
Ce qui n'est pas solide plie sous le faix;
Donc ce qui fait du bruit plie sous le faix.

SORITE REGRESSIF.

Ce qui n'est pas solide plie sous le faix,
Ce qui n'est pas gelé n'est pas solide,
Ce qui se remue n'est pas gelé,
Ce qui fait du bruit se remue;
Donc ce qui fait du bruit plie sous le faix.

Voy. fig. 27.

346. Autre exemple plus compliqué. On demande :

Si l'âme est immortelle ?

Ici le *composé* c'est l'âme ; c'est dans ce que nous en *connaissons*, dans l'idée que nous en avons, qu'il faut chercher le point de départ du raisonnement. Or, comment l'âme se manifeste-t-elle originairement à nous ? Par la pensée. Supprimez la pensée, et l'idée de l'âme disparaît. Voici donc quel sera le premier pas de l'argumentation :

On ne peut concevoir l'âme qu'en tant qu'elle pense; on pourrait même douter de tout sans révoquer en doute la pensée, car douter c'est penser;

Or que trouvons-nous dans l'analyse de la pensée ?

Rien de ce que contient la notion d'étendue :

La pensée n'est donc point un mode de la substance étendue.

Ce doit donc être l'attribut d'une autre substance.

Par conséquent la substance étendue et la substance inétendue sont deux substances réellement distinctes.

D'où il suit que la destruction de l'une ne doit pas emporter la destruction de l'autre.

Or la substance qui pense n'a point de parties, et la destruction de la substance étendue se réduit à une dissolution de parties.

Donc on ne peut concevoir la dissolution de la substance qui pense.

Donc cette substance est immortelle.

Telle est l'analyse. Ici le connu est pris dans l'examen particulier de la chose que l'on se propose de connaître, et non dans les choses plus générales, dans les lois, les axiomes, les principes universels, les définitions, comme on fait dans la méthode de doctrine ou la synthèse. Ainsi, en suivant cette dernière méthode, on commencerait par établir ces maximes générales où le raisonnement aboutissait tout-à-l'heure, que ce qui n'a point de parties ne peut tomber en dissolution, et que la substance pensante n'a point de parties, etc.

347. On donne quelquefois le nom de *synthèse* non pas à la méthode qui compose, mais au composé lui-même; c'est dans ce sens que l'on dit que l'esprit débute par la synthèse (*Psych.* 41); en effet, sans un composé il n'y aurait pas de décomposition possible. Mais dans l'ordre naturel des idées, lorsque l'attention et la réflexion sont en jeu, c'est l'analyse qui occupe la première place. Qu'on ne croie pas cependant que tout puisse se ramener à cette dernière méthode. Les logiciens modernes qui s'appelaient eux-mêmes des *idéologues*, ont, par des énoncés emphatiques, attribué à l'*analyse* une importance exagérée et voulu lui sacrifier la *synthèse* qui, selon eux, n'en est qu'une forme : c'est comme si on réduisait toutes les opé-

rations sur les nombres à la *soustraction*, prétendant que l'*addition* n'est qu'une *soustraction transformée*. L'analyse et la synthèse sont deux moyens distincts qui nous sont donnés par la nature. Le premier est plus propre à l'invention, nous l'avons dit, le second à l'enseignement ; mais malgré cette propriété essentielle, on ne pourrait aller loin avec le secours exclusif d'une seule de ces méthodes ; toutes deux sont employées tour à tour par l'esprit sans que le plus souvent il ait la liberté du choix. Les conditions du théorème à démontrer ou du problème à résoudre, et la suite du raisonnement, nécessitent tantôt l'analyse, tantôt la synthèse.

348. L'important est de concevoir nettement le point précis de la question (218), de sorte que nous démêlions dans ce qui est connu et inconnu certaines conditions qui nous déterminent à rechercher une chose plutôt qu'une autre, et qui puissent nous faire juger, quand nous l'aurons trouvée, que c'est ce que nous cherchions.

349. En envisageant attentivement ces conditions, il faut prendre garde d'en ajouter qui ne soient pas enfermées dans ce que l'on propose, et d'en omettre qui y seraient contenues ; car on peut pécher en l'une et en l'autre manière.

On pécherait en la première manière si, lors, par exemple, que l'on nous demanderait quel est l'animal qui, au matin, marche à quatre pieds, à midi à deux, et au soir à trois [1], on se croyait astreint à prendre tous ces mots de *pieds*, de *matin*, de *midi*, de *soir* dans leur propre et naturelle signification; car celui qui propose cette énigme n'a point mis pour condition qu'on dût les prendre de la sorte; mais il suffit que ces mots puissent, par métaphore, se rapporter à autre chose; et ainsi la question est bien résolue, quand on dit que cet animal est l'homme.

350. Aussi ceux qui proposent des questions qu'ils ne veulent pas que l'on puisse résoudre facilement, ne manquent-ils pas de les charger de tant de conditions inutiles, que l'on ne puisse pas sans peine en découvrir le vrai point, et qu'ainsi on perde le temps et on se fatigue inutilement l'esprit en s'arrêtant à des choses qui ne peuvent contribuer en rien à les résoudre.

351. Si l'on se renfermait exclusivement dans la méthode synthétique, on n'arriverait au but que par le syllogisme disjonctif. Une argumentation purement analytique emploierait le syllogisme conjonctif ou hypothétique. Les deux méthodes réunies feront usage du syllogisme catégorique, pourvu que les deux autres, le disjonctif et le conditionnel, lui préparent la voie.

---

[1] C'est l'énigme proposée à OEdipe par le sphinx. Voy. *Port-Royal*, Logique, IVme part., ch. 2.

§ XXXII.

Méthodes particulières : — Méthode apagogique ; — Méthode des essais ; — Méthode hypothétique, et par occasion, de l'art de déchiffrer ; — Quelques mots sur la méthode des mathématiciens.

352. *Méthode apagogique*[1], *d'exclusion, ab absurdo.* Elle consiste à montrer qu'une chose est telle, non par ses principes, mais par quelque absurdité qui s'ensuivrait si elle était autrement. Euclide et tous les géomètres en font un fréquent usage. Cependant il est visible que cette méthode est plus propre à convaincre l'esprit qu'à l'éclairer, ce qui doit être le principal fruit de la science : car notre esprit n'est point satisfait s'il ne sait non-seulement que la chose est, mais encore pourquoi elle est; et cela ne s'apprend point par un raisonnement qui réduit à l'impossible. — Un pareil raisonnement qui est tout négatif, doit épuiser les cas impossibles ou absurdes, ce qui suppose une énumération exacte, de sorte qu'après les avoir rejetés tous, il ne reste plus que celui que l'on admet et auquel les objections faites contre les autres ne doivent point être applicables. Au surplus, ce procédé logique n'est recevable que quand on ne peut pas recourir à des preuves positives.

[1] Ἀπαγωγή, *abductio.*

353. *Méthode des essais.* — Celui qui y recourt cherche la vérité par des tâtonnemens qui ne le conduiront peut-être jamais au but. Cette méthode n'en serait pas une, si elle était tout-à-fait dépourvue d'art. Mais l'inventeur, dans ses essais, ne se conduit jamais entièrement au hasard. Il se dirige par des considérations de divers genres, tirées de la nature même du sujet, et sur lesquelles, par cette raison là même, il est fort difficile de donner des règles générales. On doit avouer qu'une telle méthode (quoique moins lumineuse que d'autres), n'est pas toujours infructueuse. C'est par elle, en grande partie, que Keppler parvint à déterminer la loi des temps périodiques, et obtint ainsi la récompense de ses immenses travaux [1].

354. *Méthode hypothétique ou conjecturale.* Elle emploie une supposition ou une fiction propre à résoudre la question proposée.

Cette méthode, fameuse par les écarts dans lesquels elle a entraînés ceux qui s'y sont livrés, ne doit être pratiquée qu'avec beaucoup de précautions. On peut distinguer deux parties dans le travail de celui qui l'emploie :

1° L'invention de l'hypothèse;

2° Sa vérification.

L'invention offre deux parties distinctes :

---

[1] P. Prevost, *Essais de philosophie*, II, 196.

1° Le choix des circonstances les plus remarquables du fait à expliquer ;

2° L'explication de l'une au moins de ces circonstances par une supposition probable.

Il y a également deux parties dans la vérification :

1° L'application de l'hypothèse à toutes les circonstances remarquables dont on avait fait choix ;

2° L'application à d'autres circonstances ou à d'autres faits congénères.

Cette application se fait :

1° Directement aux faits connus ;

2° Indirectement en tirant de l'hypothèse des conséquences, et les vérifiant ensuite par des expériences faites dans ce dessein.

Les règles de cette méthode sont :

1° Que pour chaque circonstance l'explication soit claire et suffisante ;

2° Qu'on n'accorde à l'hypothèse que le degré de confiance qu'autorise sa vérification ;

3° Que l'hypothèse soit utile, c'est-à-dire qu'elle fasse avancer la science. Que servirait-il, en effet, de former laborieusement une hypothèse qui ne rapporterait point le fait qu'on veut expliquer à une classe plus générale de faits connus?

La méthode d'hypothèse égare souvent dans l'étude de la nature, parce que, connaissant à peine et imparfaitement, en cette œuvre immense, quelques causes et quelques fins, notre manière de voir est très-hasardée, toutes les fois qu'elle n'est pas dirigée immédiatement par les faits. Descartes, séduit par ses succès dans un autre genre de science, abusa beaucoup de cette méthode.

Cependant, sagement employée, elle a eu et doit avoir des avantages : 1º Les faits prouvent qu'on lui est redevable de quelques découvertes. Celle de l'anneau de Saturne par Huyghens en est un bel exemple; celle de l'Amérique est plus éclatante encore. 2º Elle donne au philosophe un point de vue déterminé, plus propre à l'animer et à le soutenir dans la recherche qu'il entreprend, que ne peut faire une indétermination absolue. En limitant ainsi le champ de notre étude, souvent de simples conjectures ont été le germe de plusieurs inventions utiles. 3º Les hypothèses lient les faits, elles sont quelquefois la seule généralisation à laquelle on puisse atteindre. Cela est surtout vrai en certaines sciences, qui, comme la médecine, doivent être réduites en pratique long-temps avant d'être parfaites, et qui roulent même sur des objets si délicats et si difficiles, qu'on ne peut se flatter de les connaître pleinement, quoiqu'il soit nécessaire de réunir à la fois dans sa pensée une multitude de faits.

Il faut remarquer encore qu'à une époque où la science est fort avancée, et où elle a accumulé un nombre immense de faits, le danger des hypothèses est moindre et leur avantage plus grand qu'à toute autre époque, car 1° la multitude des faits bridera l'imagination, en lui présentant plus d'obstacles, et en renversant ses frêles édifices. 2° La mémoire a d'autant plus besoin qu'on lui offre des moyens de liaison entre les faits que ceux-ci sont plus nombreux. 3° Il y a d'autant plus de chances de saisir des rapports naturels et intéressans que le nombre des objets qu'on compare est plus grand.

Lorsque le but d'un phénomène et les moyens employés pour le produire, ne sont pas tout-à-fait indéterminés, il est évident que la méthode d'hypothèse est moins périlleuse. Ainsi cette méthode s'applique heureusement à l'art de déchiffrer des caractères inconnus dans une langue connue [1].

En voici une application assez détaillée, et qui pourra mettre sur la voie de la découverte du vrai au moyen d'hypothèses ou de conjectures.

355. *De l'art de déchiffrer.* Aux règles précédentes de la méthode hypothétique en général, il faut ajouter celle-ci, particulière à l'art de déchiffrer :

Avant tout on doit dresser un catalogue des signes

---

[1] G. J. 'S GRAVESANDE, *Introductio ad philosophiam*, Venetiis, 1737, pp. 227-244. — P. PREVOST, *Essais de philosophie*, II, 197, 201. — C. LE SAGE, *Mémoire sur la méthode d'hypothèse*, à la fin des *Essais de Prevost*, II. 258-305. — MARZARI (GIAMBATT.), *Dissertationi academiche nelle quali si offre la teoria generale delle ipotesi, ed una compiuta rifutazione di quella dei spiriti animali.* Padua, 1782, in-8°.

employés dans le chiffre, en ajoutant combien de fois reparaît chacun d'eux.

Il arrive souvent qu'on ne tire pas de là une grande lumière, mais rien, dans une chose difficile, n'est à négliger.

Pour que les règles données plus haut trouvent leur application, il est requis · 1° Que la langue du chiffre à interpréter soit connue et bien comprise, car quoiqu'on raconte que Viete savait lire un chiffre en langue inconnue, nous n'admettons pas la possibilité de ce fait à moins qu'il ne s'agisse d'hiéroglyphes directs. 2° Que dans ce chiffre la plupart des signes soient répétés plusieurs fois, car c'est dans leur situation respective que l'on trouvera les circonstances qu'on doit examiner.

Un écrit, quoique court, peut être expliqué si chaque lettre est exprimée par un seul signe, principalement si les mots sont séparés, mais lorsqu'il y a plusieurs signes pour la même lettre, et que les lettres doubles et même certains mots sont rendus par un signe particulier, alors il faut un écrit plus étendu et d'autant plus long, que le nombre des signes sera plus considérable, afin que leur signification se vérifie d'une manière incontestable.

Le retour des mêmes caractères et leur situation relative aident à déterminer les deux conditions de l'invention de l'hypothèse (354).

Un exemple qui n'est pas des plus faciles, mais

qui cependant est assez simple, éclaircira ce qu'on vient de dire. Il est en latin, et quoiqu'on y ait employé des lettres, on aurait pu y substituer des chiffres ou d'autres signes sans que la méthode eût changé pour cela.

*a b c d e f g h i k f l m k g n e k d g e i h e k
f b c e e f i c l a h f c g f g o i n e b h f b h i c e i k
f f m f p i m f h i a b c q i b c b i e i e a c g b f b c
b g p i g b g r b k d g h i k f s m k i t e f m.*

Je commence par former le catalogue indiqué plus haut :

f 14.   *g* 10.   *m* 5.   *n* 2.   *r* 1.
i 14.   *c* 9.   *a* 4.   *p* 2.   *s* 1.
b 12.   *h* 8.   *d* 3.   *o* 1.   *t* 1.
e 11.   *k* 8.   *l* 2.   *q* 1.

J'observe qu'il n'y a que dix-neuf caractères, parmi lesquels cinq ne se trouvent qu'*une* seule fois. J'en conclus qu'il n'y a qu'un signe pour chaque lettre.

Afin de faire mieux comprendre ce qui suit, je répéterai le chiffre tout entier, en marquant par des majuscules les passages dont il sera parlé plus bas :

$$\overbrace{}^{A} \overbrace{}^{B}$$
a b c d e f g h i k f : l m k g n e

$$\overbrace{}^{C}$$
k d g e i h e k f : b c e e f i c l a b

$$\overbrace{}^{D} \overbrace{}^{E} \overbrace{}^{F}$$
f c g f g o i n e b h f b h i c e i k f :

$$\overbrace{}^{G} \overbrace{}^{H} \overbrace{}^{I}$$
f m f p i m f h i a b c q i b c b i e i e

$$\overbrace{}^{K} \overbrace{}^{L}$$
a c g b f b c b g p i g b g r b k d

$$\overbrace{}^{M}$$
g h i k f : s m k h i t e f m.

Je fais attention à quelques endroits dignes de remarque, et je trouve que *g h i k f* se présente deux fois dans le même ordre (B M), qu'ailleurs *i k f* se répète encore (F); et enfin je vois une relation entre *h e k f* (C) et *h i k f* (B M).

Je tiens note de ces endroits et j'en conclus, parce que beaucoup de terminaisons sont les mêmes, que tous quatre ils renferment des fins de mots, ce que j'indique par des points (:).

Je compare la terminaison *h i k f* (B M) avec la terminaison *h e k f* (C). Or en latin rien de plus ordinaire que des terminaisons dont les quatre dernières lettres ne diffèrent que par l'antépénultième, qui, dans ce cas, est presque toujours une voyelle. La conjecture que *i* et *e* sont des voyelles est confirmée par le fréquent retour de ces mêmes caractères.

Donc *i* et *e* sont probablement des voyelles.

f m f (G) est un commencement de mot, puisqu'il succède immédiatement à une terminaison ; donc *m* ou *f* est une voyelle ; mais *m* ne revient que cinq fois et *f* quatorze ; la probabilité est donc plus grande pour *f*.

Donc *f* est probablement une voyelle et *m* une consonne.

J'examine *g b f b c b g* (K) ; nous venons de voir que *f* est une voyelle : *b* sera donc une consonne, selon toutes les apparences, et *c* une voyelle ; ce que je n'omets pas d'annoter.

Dans *g b g r b* (L) il y a trois consonnes, savoir : *b*, *b* et *r*, attendu que ce dernier signe ne paraît qu'une fois. D'où il suit que *g* est probablement une voyelle, car cinq consonnes de suite sembleraient appartenir à la langue des chevaux dans *Gulliver*.

Toutes ces conséquences, ne le perdons pas de vue, ne sont que probables, quoiqu'elles se déduisent clairement des prémisses ; mais leur fondement ou ces prémisses se réduisent à des probabilités.

Dans *f c g f g* (D) nous avons cinq voyelles, d'après ce qui précède. Mais cela n'arrive jamais dans cet ordre, quand bien même nous supposerions que *v* et *u* sont désignés par le même caractère, comme *i* et *j*, ce qu'on peut inférer du nombre total des signes. Le principe d'où nous sommes partis pour considérer *f c g*, comme des voyelles, est donc faux. Je suis donc autorisé à prendre *f* pour une consonne et *m* pour une voyelle, attendu qu'ils commencent un mot (G), et cela même équivaut à une certitude.

Il s'ensuit que dans *g b f b c b g* (K) *b* est une voyelle.

Or le passage (K) est remarquable en ce que cette même voyelle s'y trouve trois fois, séparée chaque fois par une lettre unique. En conséquence j'écris ainsi les voyelles :

```
  .  a  .  a  .  a  .
  .  e  .  e  .  e  .
  .  i     i  .  i  .
  .  o  .  o  .  o  .
. .  u  .  u  .  u  .
```

Et suppléant les consonnes, je cherche si je ne puis rien découvrir qui convienne à la langue latine. Je trouve d'abord *legere*, *edere*, *emere*, etc.; ou bien *amara, si tibi;* je trouverais sans doute encore d'autres solutions conjecturales, mais je ne les cherche pas, parce que je remarque que la lettre *e* se reproduit souvent trois fois de cette manière.

Donc *b* est probablement un *e*, et *c* probablement un *r*.

e r e.

J'écris *q i b c b i e i e* (I) en tenant compte de la signification des caractères déjà connus. Or *i* et *e* sont des voyelles d'après ce qu'on a vu plus haut. Mais on ne pourrait les disposer comme elles sont ici, à moins qu'une de ces voyelles ne fût prise pour une consonne, c'est-à-dire pour *j* ou *v*.

Si je mets *j* je ne trouve rien; si je mets *v*, j'ai d'abord *revivi*, pour *c b i e i e.*

Donc *i* est probablement un *v* et *e* probablement un *i*.

J'écris tout le passage (I) avec ce qui le précède et le suit, et les lettres connues sous celles qu'elles représentent :

i a b c q i b c b i e i e a c
u . e r . u e r e v i v i . .

Et je lis, en suppléant, *uterque revivit;* donc *a* est *t*, et *q* reste *q*.

Je marque également les lettres connues dans l'endroit qui suit (E F) :

$$h f b h i c e i k f$$
$$. . e . u r i u . .$$

et je lis *esuriunt*.

Donc *h* est *s*, *k* est *n* et *l* est *t*. Mais nous avons déjà vu que *a* est *t*; il faut, par conséquent, déterminer de quel côté est la plus grande probabilité. *a* revient quatre fois dans l'écrit, et *f* quatorze fois; entre les consonnes, *t* est d'un grand usage en latin; en outre *i k f* se rencontrent trois fois (B F M), et *unt* est une terminaison latine très-usitée.

Je me corrige donc et je prends *f* pour *t*. Il me reste alors à chercher sur nouveaux frais quelle est la valeur de *a* et de *q*; mais avant cela je passe à autre chose.

Nous avons plus haut rangé *m* parmi les voyelles et trouvé *e i u*.

Donc *m* est *a* ou *o*.

J'écris donc ainsi les passages (G) et (H) :

$$f m f p i m f h i$$
$$t a t . u a t s u$$
$$t o t . u o t s u$$

Il est clair qu'il faut lire *tot, quot, su*. — Donc *m* est *o*, et *p* est *q*.

J'ajoute le passage :

$$\begin{array}{l} a\,b\,c\,q\,i\,b\,c\,b\,i\,e\,i\,e\,a\,c \\ t\,e\,r\,.\,u\,e\,r\,e\,v\,i\,v\,i\,t\,r \end{array}$$

et rejetant les signes mal interprétés et dont l'explication vient d'être corrigée, c'est-à-dire laissant *a* et *q* en blanc, j'aurai :

tot quot su . er . uere vivi.

et je lis : *tot quot superfuere vivi p.*

Ce qui, pour *a* et *q*, me donne *p* et *t*, au lieu de *t* et de *q*, trouvés la première fois.

L'écrit commence par :

$$\begin{array}{l} a\,b\,c\,d\,e\,f\,g\,h\,i\,k\,f \\ p\,e\,r\,.\,i\,t\,.\,s\,u\,n\,t \end{array}$$

Il est évident que cela signifie *perdita sunt,* ce qui donne *d* pour *d* et *a* pour *g*.

Maintenant je suis sûr de ce que j'ai découvert précédemment, et je forme cet alphabet :

a		*p*	*e*		*i*	*i*		*u*	*n*		.	*r*		.
b	signifie	*e*	*f*	signifie	*t*	*k*	signifie	*n*	*o*	signifie	.	*s*	signifie	.
c		*r*	*g*		*a*	*l*		.	*p*		*q*	*t*		.
d		*d*	*h*		*s*	*m*		*o*	*q*			*f*		

Ce qui manque se découvrira aisément si dans

les interlignes du chiffre on place les lettres connues :

a b c d e f g h i k f l m k g n e k d g e i h e k f h
p e r d i t a s u n t . o n a . i n d a i u s i n t e

c e e f i c l a h f c g f g o i n e b h f b h i c e i k f f m
r i i t u r . p s t r a t a . u . i e s t e s u r i u n t t o

f p i m f h i a b c q i b c b i e i e a c g b f b c b g p i
t q u o t s u p e r f u e r e v i v i p r a e t e r e a q u

g b g r b h d g h i k f s m k h i t e f i n .
a e a . e n d a s u n t . o n s u . i t o .

On voit qu'il faut lire : *perdita sunt bona ;* donc *l* est *b*.

Maintenant, si pour *s* on met *b* dans l'autre endroit où il se trouve, on a *u r b p*, et il n'est pas douteux que ce ne soit *urbs*.

On comprend sans difficulté que *strata . u . i est* doit s'expliquer par *strata humi est*.

Donc *n* est *m*, et dans la première ligne se trouve le nom propre de *Mindaius,* où il y a aussi une faute, car il s'agit de *Mindarus,* général lacédémonien.

Restent seulement *r, s, t;* mais il n'y a aucune difficulté à découvrir leur signification, et tout le chiffre se traduit ainsi :

Perdita sunt bona. Mindarus interiit. Urbs strata

humi est. Esuriunt tot quot superfuere vivi. Præterea quæ agenda sunt consulito.

Telle est la route à suivre dans des solutions de cette espèce. Ici la méthode des essais et la méthode conjecturale se confondent ainsi que l'appréciation des probabilités, (*voy.* § xx); et cela est inévitable, attendu l'homogénéité de l'esprit humain. Nous avons remarqué que l'on peut multiplier les signes, ce qui rend plus épineuse l'interprétation d'un chiffre, surtout s'il y a plusieurs signes pour les lettres les plus usitées. On use aussi d'autres artifices particuliers pour augmenter la difficulté et la rendre insoluble. Mais lorsque le chiffre est étendu, il est presque impossible qu'on n'y trouve pas matière à des rapprochemens et à des comparaisons qui mettent sur la trace de la signification des signes, et le plus petit jour suffit souvent pour découvrir le plus grand mystère.

Dans le troisième volume des œuvres de Wallis, il y a des exemples de semblables écrits énigmatiques, avec leurs interprétations.

356. *De la méthode des mathématiciens.* Cet art de conjecturer et de deviner ce qui est à l'aide d'hypothèses, emprunte de grands secours à la connaissance des artifices et des combinaisons du calcul. En général, ici comme ailleurs, l'étude des mathématiques, quand elle n'est pas exclusive, donne à

l'esprit des habitudes de sévérité, d'exactitude, de justesse, d'ordre et de liaison [1]. Cependant il ne faut pas croire qu'il n'y ait de raisonnement rigoureux ni de vérité démontrée [2] qu'en mathématiques, que la méthode des géomètres soit à préférer partout, principalement en philosophie. En vain l'on s'étaie de l'autorité de PLATON, qui avait mis au-dessus de la porte de son école une inscription par laquelle il en excluait quiconque était étranger à la géométrie : Οὐδεὶς ἀγεωμέτρητος εἰσίτω. Ce n'est en effet qu'une tradition rapportée par BESSARION, et FULLEBORN a oublié de citer un seul témoignage tiré de l'antiquité pour confirmer cette anecdote. D'ailleurs l'autorité d'un nom, quelque imposant qu'il soit, ne suffit pas pour changer la nature des choses. Or l'objet des mathématiques et les moyens qu'elles emploient diffèrent essentiellement de ceux des autres sciences, et cette différence fondamentale doit de toute nécessité influer sur les méthodes.

357. Nous avons déjà vu que l'évidence des mathématiques reposait sur des définitions préalables d'objets construits par l'esprit, tandis que les autres connaissances roulent sur des objets qui lui sont donnés (329), et ne peuvent même aborder les dé-

[1] M. DESTUTT DE TRACY a pourtant soutenu l'opinion contraire, et il articule assez longuement ses motifs, *Principes logiques*, Paris, 1817, in-8º, pp. 89-93.

[2] *Demonstratio* κατ' ἐξοχήν.

finitions que lorsqu'elles sont déjà très-avancées ou même entièrement faites (105). En second lieu, la langue mathématique est composée d'un petit nombre de signes dont la valeur n'est pas contestable, qui se combinent entre eux avec une infaillible régularité (268), et qui s'identifient avec les objets mêmes de la science. Troisièmement, dès que les règles sont suivies en mathématiques, l'homme le plus médiocre arrive au même résultat que l'homme de génie, souvent même presqu'à son insu ; tandis que toutes les règles du monde n'inspireront pas à un écrivain sans talent une phrase ou un vers supportable [1].

358. Et quant à cet avantage de la méthode géométrique de ne rien avancer qui ne repose sur

---

[1] M. Massias, *Problème de l'esprit humain*, Paris, 1825, in-8°, p. 167, s'exprime ainsi : « Les méthodes originairement instituées comme moyens,
» deviennent aussi objets de science; on peut être savant dans la logique,
» dans la rhétorique, dans la poétique, dans l'art de peindre, sans être,
» pour cela dialecticien, orateur, poëte ou peintre. On peut connaître et
» nommer une à une toutes les pièces d'un bel ouvrage, sans être capable
» d'en faire un pareil.

» Dans les mathématiques la méthode est la science elle-même, parce
» qu'elle ne peut montrer ce qu'il faut faire qu'en le faisant, et que la con-
» naître c'est savoir faire ce qu'elle indique. Nous ne prétendons pas, pour
» cela, que le génie mathématique, celui qui invente de nouvelles métho-
» des, de nouvelles formules, et qui en fait de grandes et heureuses
» applications, ne soit aussi rare que le génie poétique : mais un homme
» ordinaire, au moyen de ces méthodes, de ces formules une fois inven-
» tées, peut reproduire, en d'autres applications, tout ce qu'a trouvé le
» génie inventeur; ce qui n'a point lieu dans les beaux-arts. »

des propositions évidentes ou déjà démontrées, il n'empêche point que l'ordre naturel des idées ne soit quelquefois confondu, et que l'on n'emploie, par exemple, le cercle pour établir les théorèmes relatifs aux lignes droites; en outre, ainsi que l'observe Port-Royal [1], les géomètres ont souvent plus de soin de la certitude que de l'évidence, et de convaincre l'esprit que de l'éclairer. En effet, il ne suffit pas, pour avoir une parfaite connaissance de quelque vérité, d'être convaincu qu'une chose est vraie, si de plus on ne pénètre, par des raisons prises de la nature de cette chose même, pourquoi cela est vrai; car jusqu'à ce que nous soyons arrivés à ce point là, notre esprit n'est point pleinement satisfait et cherche encore une plus grande connaissance que celle qu'il a; ce qui est une marque qu'il ne possède point encore la vraie science (352).

359. Tout ce qui précède tend à faire voir que la méthode des géomètres n'est pas irréprochable, malgré ses nombreux avantages, et confirme ce que nous avons déjà dit sur les procédés particuliers aux diverses sciences (272). Se rapprocher,

---

[1] IVme partie, ch. 9, Port-Royal fait quelques observations sévères sur la méthode des mathématiciens, mais elles n'ont rien de commun avec l'insoutenable paradoxe de Jos. Scaliger, qu'un grand esprit ne saurait être mathématicien, paradoxe qu'Huet a pris néanmoins la peine de réfuter. *Huetiana*, pp. 347-350. Cf. Van Ewyck, *Diss. inaug. de comparata cognitionis in mathesi et in philosophia indole*. — J. Fr. Fries, *Die mathematische natur philosophie*, Heidelb., 1822, p. 39 sq., etc.

autant que possible des mathématiciens, sous le rapport de la rigueur des démonstrations et de l'étroit enchaînement des idées, c'est sans doute une marche aussi sage que profitable ; mais vouloir marcher en tout point comme eux, c'est souvent tenter l'impossible, s'exposer à s'égarer, et prendre des formes pour des réalités. Spinoza et Wolf ont tenté d'exposer, l'un les principes de la philosophie de Descartes, l'autre ceux de la philosophie de Leibnitz, *more geometrico* [1] ; malheureusement, dans Wolf surtout, cette méthode conduit aux abus d'un formalisme pénible et à la prétention chimérique que tout peut se démontrer (232).

360. Néanmoins, Locke lui-même et Leibnitz l'ont prouvé, la démonstration n'est pas bornée aux seules idées de l'*étendue*, de la *figure*, du *nombre* et de leurs *modes*. « Il y a des exemples assez consi-
» dérables, écrit Leibnitz, de démonstrations hors
» des mathématiques, et on peut dire qu'Aristote
» en a donné déjà dans ses premiers analytiques.
» En effet, la logique aussi est susceptible de dé-

---

[1] Certaines notions fondamentales une fois admises, dit Tenneman à propos de Spinoza, *Manuel*, etc., ii, 88, telles que celles de substance et de causalité, ainsi qu'un petit nombre d'axiomes, il développe, à la manière des mathématiciens, toute la série de ses idées qui, à partir des prémisses convenues, forment un enchaînement très-sévère, sauf en un seul point..... Le défaut essentiel du système consiste dans la valeur dogmatique donnée par l'auteur à certaines notions pures de l'intelligence, et dans la confiance exclusive qu'il accorde à la démonstration logique, etc.

» monstration, et celles des géomètres ou les ma-
» nières d'argumenter qu'EUCLIDE a expliquées et
» établies, en parlant des propositions, sont une ex-
» tension ou promotion particulière de la logique
» générale... Les jurisconsultes ont aussi plusieurs
» bonnes démonstrations, surtout les anciens ju-
» risconsultes romains, dont les fragmens nous
» ont été conservés dans les *Pandectes*.... Leur
» manière précise de s'expliquer a fait que, bien
» qu'assez éloignés les uns du temps des autres, on
» aurait de la peine à la discerner, si leurs noms
» n'étaient pas à la suite des extraits. » LOCKE, à
son tour, établit à deux reprises différentes que la
morale est susceptible de démonstration [1].

§ XXXIII.

De l'Observation.

361. Toute vérité pouvant se résoudre en un fait, soit nécessaire, soit contingent, soit permanent, soit passager, périodique ou non périodique, et l'existence des faits internes [2] étant aussi bien

[1] Liv. III, ch. xi, § 16, et liv. IV, ch. iii, § 18.
[2] « Les faits psychologiques, dit BONSTETTEN, ne sont pas moins certains
» que les faits physiques; ils ne sont pas moins nombreux, et de plus ils
» sont sans cesse sous les yeux de qui sait les voir. Nous appelons imbé-
» ciles les hommes qui ont les yeux ouverts sans rien voir : nous sommes
» tous un peu ces imbéciles-là en psychologie; nous nous voyons passer

constatée que celle des faits externes (299), l'art d'observer les uns comme les autres est une partie importante de la méthode.

362. L'observateur se distingue de celui qui fait des expériences proprement dites, en ce que le premier n'altère point et que l'autre altère le sujet qu'il examine : celui-ci interroge la nature, celui-là se contente de l'écouter.

363. 1° L'observateur ne doit point avoir d'opinion arrêtée à l'avance sur l'objet qu'il se propose d'observer;

2° Il doit s'appliquer à développer et à perfectionner surtout sa faculté d'attention (*Psych.* 84), ainsi que l'organe le plus directement en rapport avec l'objet particulier qu'il a en vue;

3° Il a souvent besoin d'aides et d'instrumens [1];

» sans nous rien dire..... » Préface du *Tableau psych. de l'homme*, dans le tome II des *Études de l'homme*, et tome I, p. 137 : sur l'*Art de s'observer soi-même*.

[1] M. Quetelet a fait, à l'occasion des instrumens considérés comme moyen d'enseignement plutôt que de découverte, des réflexions que nous mettrons à profit : « Je regarde l'emploi d'un cabinet de physique comme
» étant peut-être plus nuisible qu'utile pour l'enseignement élémentaire.
» — Les auditeurs, en effet, et surtout les jeunes gens, sont généralement
» moins occupés du principe qu'on veut leur faire comprendre, que de
» l'instrument qui doit le mettre en évidence. Le mécanisme de l'instru-
» ment, qui souvent est très-compliqué, absorbe entièrement leur attention
» et la distrait de l'objet principal. Pour eux la science ne sert, en quelque
» sorte, qu'à donner l'explication de ce que contiennent les collections ;
» de manière qu'ils perdent de vue la science, en sortant du cabinet ; et
» ils l'ont bientôt entièrement oubliée, lorsqu'ils ont cessé de fréquenter

l'habileté des uns et la perfection des autres sont une condition requise de succès.

4° Par rapport aux objets qui peuvent fixer l'attention de l'observateur, nous remarquerons : 1° que jamais peut-être un sujet n'est épuisé, et que l'homme le plus laborieux et le plus pénétrant laisse beaucoup à découvrir à ses successeurs ; 2° que les objets les plus communs sont d'autant plus importans à étudier, qu'ils offrent d'ordinaire beaucoup d'applications d'une utilité directe. D'ailleurs, par-là même qu'ils sont communs, il arrive qu'on les néglige ou que l'on adopte à leur égard de vieux préjugés qu'il est urgent de déraciner. Cependant il y a des raisons non moins fortes de s'attacher aux phénomènes qui, par leur rareté,

» les cours. — L'idée d'un principe de physique s'identifie tellement dans
» l'esprit de la plupart des personnes avec celle de l'instrument qui sert à
» l'exposer, que toutes deux deviennent inséparables. On cherche à maté-
» rialiser des principes abstraits, pour leur donner de la consistance et les
» retenir. Puisque tel est le faible des hommes, il faut chercher à en tirer
» avantage, il faut substituer à des machines souvent compliquées et qu'on
» ne trouve que dans des collections scientifiques, des instrumens très-
» simples et qui sont toujours à notre portée ; il faut analyser avec soin les
» phénomènes que nous avons constamment sous les yeux ; chaque fois que
» nous reverrons ensuite ces phénomènes, nous serons portés naturelle-
» ment à répéter l'explication qu'on nous en aura donnée. Notre cabinet
» de physique ne se trouvera plus resserré dans l'enceinte de quelques murs
» où nous ne pénét. ons que rarement ; il se trouvera partout autour de
» nous ; chaque pas nous rappellera une leçon, nous forcera de revenir
» sur les théories que nous allions perdre de vue, et, en nous habituant
» à la réflexion, nous présentera la science sous un jour plus agréable. »
Physique populaire. De la chaleur. pp. IV-VII.

frappent l'imagination, et font concevoir l'espérance de quelque découverte frappante. Voilà pour l'observateur avant l'observation.

364. En le considérant pendant l'acte de l'observation, on peut faire les remarques suivantes :

1º L'attention rendra l'observateur exact et pénétrant ;

2º Quelque adresse, jointe à une imagination active et bien dirigée, lui donnera cette espèce d'industrie, qui sait tirer parti de tous les moyens qui sont à sa portée ;

3º La passion qui l'anime et qui tient son attention tendue, le rendra à la fois patient et courageux ;

4º Mais accoutumé à soumettre toujours la passion la plus louable aux règles d'un jugement sain, il ne se livrera point à une ardeur inconsidérée et écoutera la voix de la prudence. Il s'efforcera de ne voir dans un fait, dans un phénomène, que ce qui y est, et de voir en même temps tout ce qui y est.

365. L'observation faite, il est souvent utile de la répéter et de la contrôler par d'autres sur des objets distincts. Enfin il faut soigneusement en apprécier la valeur [1].

366. VOLTAIRE, dans le joli conte de *Zadig*, nous a donné un exemple de ce que peut l'habitude d'observer et de recueillir les circonstances en ap-

---

[1] Cf. P. PRÉVOST, *Essais de Philosophie*, II, 159-165.

parence les plus indifférentes, pour en tirer des conséquences pratiques d'une haute utilité (*Psych.* 264; note 2). La citation de ce passage ne sera sans doute pas déplacée ici [1].

« Un jour se promenant auprès d'un petit bois,
» il vit accourir à lui un eunuque de la reine,
» suivi de plusieurs officiers qui paraissaient dans
» la plus grande inquiétude, et qui couraient çà et
» là comme des hommes égarés qui cherchent ce
» qu'ils ont perdu de plus précieux. — Jeune
» homme, lui dit le premier eunuque, n'avez-vous
» point vu le chien de la reine? — Zadig répondit
» modestement : c'est une chienne et non pas un
» chien. — Vous avez raison, reprit le premier eu-
» nuque. — C'est une épagneule très-petite, ajouta
» Zadig; elle a fait depuis peu des chiens; elle
» boîte du pied gauche de devant et elle a les oreil-
» les très-longues. — Vous l'avez donc vue, dit le
» premier eunuque tout essoufflé. — Non, répon-
» dit Zadig, je ne l'ai jamais vue, et je n'ai jamais
» su si la reine avait une chienne.

» Précisément dans le même temps, par une bi-
» zarrerie ordinaire de la fortune, le plus beau
» cheval de l'écurie du roi s'était échappé des mains
» d'un palfrenier dans les plaines de Babylone. Le

---

[1] On a prouvé dans l'*Année littéraire* que l'idée du chapitre qu'on va lire a été inspirée à VOLTAIRE, par un conte persan. CH. NODIER, *Questions de littérature légale*, Paris, 1828, in-8º, pp. 191-199.

» grand-veneur et tous les autres officiers couraient
» après lui avec autant d'inquiétude que le pre-
» mier eunuque après la chienne. Le grand-veneur
» s'adressa à Zadig, et lui demanda s'il n'avait
» point vu le cheval du roi. — C'est, répondit
» Zadig, le cheval qui galope le mieux ; il a cinq
» pieds de haut, le sabot fort petit, il porte
» une queue de trois pieds et demi de long ; les
» bossettes de son mors sont d'or à vingt-trois ca-
» rats ; ses fers sont d'argent à onze deniers. —
» Quel chemin a-t-il pris ? où est-il ? demanda le
» grand-veneur. — Je ne l'ai point vu, répondit
» Zadig, et je n'en ai jamais entendu parler.

» Le grand-veneur et le premier eunuque ne
» doutèrent pas que Zadig n'eût volé le cheval du
» roi et la chienne de la reine ; ils le firent con-
» duire devant l'assemblée du grand Desterham,
» qui le condamna au knout et à passer le reste de
» ses jours en Sibérie. A peine le jugement fut-il
» rendu qu'on retrouva le cheval et la chienne. Les
» juges furent dans la douloureuse nécessité de ré-
» former leur arrêt ; mais ils condamnèrent Zadig
» à payer quatre cents onces d'or, pour avoir dit
» qu'il n'avait point vu ce qu'il avait vu : il fallut
» d'abord payer cette amende ; après quoi il fut
» permis à Zadig de plaider sa cause au conseil du
» grand Desterham ; il parla en ces termes :

» Étoiles de justice, abîmes de science, miroirs

» de vérité, qui avez la pesanteur du plomb, la
» dureté du fer, l'éclat du diamant et beaucoup
» d'affinité avec l'or, puisqu'il m'est permis de
» parler devant cette auguste assemblée, je vous
» jure par Orosmade que je n'ai jamais vu la chienne
» respectable de la reine, ni le cheval sacré du roi des
» rois. Voici ce qui m'est arrivé : je me promenais
» vers le petit bois où j'ai rencontré depuis le vé-
» nérable eunuque et le très-illustre grand-veneur.
» J'ai vu sur le sable les traces d'un animal, et j'ai
» jugé aisément que c'étaient celles d'un petit chien.
» Des sillons légers et longs, imprimés sur de pe-
» tites éminences de sable entre les traces des pat-
» tes, m'ont fait connaître que c'était une chienne
» dont les mamelles étaient pendantes, et qu'ainsi
» elle avait fait des petits il y a peu de jours. D'au-
» tres traces en un sens différent, qui paraissent
» toujours avoir rasé la surface du sable à côté des
» pattes de devant, m'ont appris qu'elle avait les
» oreilles très-longues; et comme j'ai remarqué
» que le sable était toujours moins creusé par une
» patte que par les trois autres, j'ai compris que
» la chienne de notre auguste reine était un peu
» boîteuse, si je l'ose dire.

» A l'égard du cheval du roi des rois, vous sau-
» rez que, me promenant dans les routes de ce bois,
» j'ai aperçu les marques des pas d'un cheval; elles
» étaient toutes à égales distances. — Voilà, ai-je

» dit, un cheval qui a un galop parfait. La pous-
» sière des arbres, dans une route étroite qui n'a
» que sept pieds de large, était un peu enlevée à
» droite et à gauche, à trois pieds et demi du mi-
» lieu de la route. Ce cheval, ai-je dit, a une
» queue de trois pieds et demi, qui, par ses mou-
» vemens de droite et de gauche, a balayé cette
» poussière. J'ai vu sous les arbres, qui formaient
» un berceau de cinq pieds de haut, les feuilles
» des branches nouvellement tombées; et j'ai connu
» que le cheval y avait touché, et qu'ainsi il avait
» cinq pieds de haut. Quant à son mors, il doit
» être d'or à vingt-trois carats, car il en a frotté
» les bossettes contre une pierre, que j'ai reconnue
» être une pierre de touche, et dont j'ai fait l'essai.
» J'ai jugé enfin, par les marques que ses fers ont
» laissées sur des cailloux d'une autre espèce, qu'il
» était ferré d'argent à onze deniers de fin. » —
» Tous les juges admirèrent le profond et subtil
» discernement de Zadig, etc. »

§ XXIV.

De la Généralisation. — Méthode historique.

367. Le but de l'observation est de lier un fait individuel avec un principe, ou du moins avec un fait un peu généralisé ou qu'on cherche à rendre

tel. Une masse de faits particuliers, si considérable quelle soit, ne forme point une science, quoiqu'indispensable à sa formation. Une science doit s'appuyer sur des principes ou sur des idées générales (19 et 134). C'est ce qu'on appelle les *lois* qui gouvernent les faits.

368. La notion de *loi* est moins celle de deux phénomènes dont l'un produit toujours l'autre, (*Psych.* 29), que celle de deux phénomènes qui se suivent, qui coexistent constamment ou du moins presque toujours. Cette notion ainsi restreinte est moins sujette à l'erreur.

369. La recherche des lois qui président aux destinées de la société humaine, est une des plus intéressantes auxquelles se soit livrée la hardiesse d'esprit des modernes : c'est là, à proprement parler, la philosophie de l'histoire. Arrêtons-nous un moment sur ce sujet, qui fournit matière à des réflexions qu'on peut appliquer ailleurs.

L'homme visible est fait de matière : une force invisible, inconnue, indépendante de lui, imprime à la matière dont il est fait des mouvemens et des lois dont l'action produit et maintient l'organisation et la vie ; le cœur bat, les poumons s'enflent, le sang circule, toutes les fonctions, tous les phénomènes vitaux s'accomplissent sans que l'homme y concoure, sans qu'il exerce sur leur marche aucun pouvoir, sans qu'il en ait seulement la conscience.

Au sein de cette organisation, dans le cours de cette vie, l'homme pense, veut, agit, se sent, se connaît, se détermine et produit à son tour des faits dont il est le premier et volontaire auteur. 1º Une matière élémentaire; 2º une organisation préétablie; 3º une intelligence libre, tel est l'homme dans sa condition actuelle; à l'un ou à l'autre de ces principes se rapporte tout ce qui se passe en lui ou en provient.

370. Tel l'homme, tel le genre humain; la destinée de l'humanité a pour fidèle image la vie de l'individu. Des faits se produisent extérieurs, visibles, élémens matériels de l'histoire. Ces faits se lient, s'enchaînent, se modifient réciproquement par des rapports et selon des lois que ne leur impose point la volonté de l'homme, qu'entrevoit à peine, et très-incomplétement, son intelligence. Qu'il s'agisse d'événemens naturels que personne n'a préméditéss ni voulus, ou d'événemens émanés, à leur source, d'une intention individuelle, les uns et les autres, en prenant place dans ce vaste réseau, dans cette immense série de causes et d'effets qu'on appelle l'histoire, tombent sous l'empire de règles que l'homme n'a point instituées et ne peut changer, amènent des effets qui n'étaient point entrés dans sa prévoyance ni dans son dessein. C'est aussi une organisation préétablie, à laquelle se rattachent tous les phénomènes visibles, et qui en gouverne le développement. En même temps l'homme

est intelligent et libre; sa volonté donne en lui naissance à des faits d'un autre ordre, faits individuels et moraux qui, à ce titre seul, appartiennent à l'histoire, et passent ensuite au dehors pour devenir ou enfanter des événemens. En sorte qu'ici, comme dans l'individu, trois élémens distincts se rencontrent : 1º les faits proprement dits, extérieurs, matériels; 2º les forces et les lois naturelles, générales, immuables, d'après lesquelles les faits se lient et se modifient; 3º les actes libres de l'homme lui-même; la vie morale des individus au sein de la vie sociale du genre humain.

L'ensemble de ces trois ordres de faits c'est l'histoire [1].

371. Mais pour réduire les seconds en formules générales, il ne faut rien donner à la précipitation, à une fausse profondeur, à une apparence d'originalité. Autrefois, on amassait beaucoup de faits partiels, on savait beaucoup, mais d'une manière trop fragmentaire, et on généralisait peu; aujourd'hui, au contraire, on sait peu et l'on généralise beaucoup. Il est vrai qu'on regagne en morgue, en suffisance, en ridicule gravité, ce qu'on perd en connaissances acquises. En y regardant de près, nous devons nous trouver bien petits à côté des SIRMOND, des THOMASSIN, des BALUZE, des MAR-

---

[1] *Revue Française*, 1, 221-224.

tène, des Durand et des Mabillon. Pour avoir, durant quelques jours, feuilleté leurs doctes in-folios, pour nous être mis dans la tête quelques idées générales, nous nous croyons fort supérieurs à ces hommes prodigieux, et dans quelques-uns de leurs lambeaux, pris souvent au hasard, nous nous taillons un manteau d'érudit, ajustant cette friperie aux lieux-communs politiques, philosophiques et littéraires qui ont cours pour le moment.

372. Cette méthode, plus propre à éblouir qu'à éclairer, a dicté à un homme plein de sens et d'un savoir substantiel, à M. B. Guérard, quelques lignes qu'il y avait du courage à écrire, au sein de la dépravation littéraire où nous vivons.

« Quoique le genre historique soit de nos jours
» en grand honneur, nous devons avouer que les
» siècles de l'érudition sont passés. Actuellement
» on s'attache moins à savoir beaucoup ou bien,
» qu'à connaître les faits principaux pour en tirer
» des généralités et des systèmes. Cette méthode
» est peu scientifique, et ceux qui la suivent man-
» quent en général d'une solide instruction ; ils
» font beaucoup moins de frais de mémoire que
» de frais de sentiment, d'esprit et d'imagination ;
» ils raisonnent beaucoup plus qu'ils ne prouvent ;
» ils endoctrinent beaucoup plus qu'ils n'éclairent,
» et procurent, en somme, assez peu d'agrément.
» Cependant, leur langage sentencieux et leur style

» figuré plaisent un moment à la multitude; on les
» traite d'esprits profonds, parce qu'ils sont sub-
» tils, et le titre de savans leur est décerné sans
» examen..... Mettant de côté tous les systèmes,
» oubliant même pour un temps les ouvrages de
» seconde main, vous vous attacherez à voir de
» près plutôt que de haut, pour me servir de l'ex-
» pression de M. Daunou; à recueillir tous les faits
» comme ils se présenteront; à les étudier d'abord
» isolément, pour acquérir une intelligence par-
» faite de chacun d'eux, puis à les rapprocher les
» uns des autres, pour les considérer dans leur
» ensemble et les généraliser. Lorsque vous en ti-
» rerez les conséquences qui souvent en découlent,
» vous aurez soin de n'en extraire rien de plus que
» ce qui s'y trouve, mais aussi d'en exprimer tout
» ce qu'ils contiennent; autrement vous y pren-
» driez trop ou trop peu (336), et vous courriez
» le risque, en péchant contre la logique, de tom-
» ber dans les conjectures et dans le faux. Placé
» face à face avec les originaux, vous toucherez
» aux sources de l'histoire, sans qu'aucun inter-
» médiaire s'interpose entre vous et les monumens
» sur lesquels elle se fonde; c'est vous qui, char-
» gés de fouiller les vieux titres de nos annales,
» devrez fournir un jour à la plume de l'écrivain
» le thême, et, pour ainsi dire, la matière pre-
» mière de ses compositions historiques. Tels sont

» les principes qui doivent, je le pense, vous servir
» de guides, et telle est la tâche qui vous est ré-
» servée ¹. »

373. La critique que fait M. Guérard de ces généralisations tranchantes qui créent ou supposent les faits au lieu de les résumer, tombe sur les autres sciences politiques et morales comme sur l'histoire. Que de maximes erronées ont force de loi dans le monde, courent de bouche en bouche, et, par le vague de l'expression, l'indétermination du sens, fournissent un éternel aliment à la déclamation et à l'erreur! *Liberté illimitée en tout et pour tous; il faut accepter les faits accomplis* ², sentences politiques; *laisser faire, laisser passer,* principe d'économie publique; *il faut marcher avec son siècle,* maxime de morale et d'esthétique. Voilà, de même qu'une foule d'autres propositions générales, des idées qui, pour avoir un côté vrai, pour être plausibles, vues

---

¹ *Discours d'ouverture du cours de première année, à l'école des chartes*, dans la seconde livraison de la *France littéraire*, Paris, 1832, pp. 277-278.

² Cette dernière proposition, dans sa grande latitude, est impie, subversive de toute morale et apologétique de toute espèce de crimes, surtout de ceux qui ont été consommés avec une atroce industrie. Et d'ailleurs, de ces faits, s'il en est d'irrévocables, il en est d'autres à qui l'on peut substituer des faits meilleurs : et ensuite au-dessus des faits il y a des principes plus forts, plus puissans, plus durables, qui servent à les apprécier, à les légitimer ou à les proscrire. Ces généralisations sont donc détruites par des généralisations d'un ordre plus élevé : autrement, dans ce cas, le crime serait inviolable à l'abri du succès, et le devoir adorerait la violence triomphante!

de profil, ainsi que ce roi qu'on avait représenté de la sorte parce qu'il était borgne, sont invoquées comme la sagesse des nations et qui peuvent servir de point d'appui aux prétentions les plus insensées!

374. Au lieu que les généralisations qui sont le résultat d'un grand nombre de faits scrupuleusement constatés, étudiés dans toutes leurs circonstances essentielles et judicieusement comparés, soulagent la mémoire, sont un fanal pour l'esprit en mettant de l'ordre au sein de la confusion, en offrant un moyen de vérifier et de classer tous les phénomènes les plus divers, et empêchent que la vie de l'homme ne s'use tout entière à s'assurer d'une seule notion expérimentale, ce qui arriverait nécessairement si le pouvoir de généraliser ne devançait l'expérience, et après lui avoir emprunté ses données, ne lui imposait des lois à elle-même. Car, où en serait, je le demande, la science humaine, si pour prononcer, par exemple, sur la pesanteur des corps, je devais, chose impossible, les passer tous en revue les uns après les autres, sans oser jamais adopter à cet égard de maximes générales, et incertain si l'expérience du lendemain ne donnerait pas un démenti à tous mes travaux antérieurs (260)?

§ XXXV.

Des Systèmes.

375. Point de généralisations, point de systèmes. Un système est une association de connaissances tellement liées qu'elles partent toutes d'un même principe et puissent s'y ramener en formant une chaîne continue. La beauté d'un système consiste dans son unité; mais il faut que cette unité soit donnée par la nature des choses, et qu'on ne l'obtienne jamais en les mutilant (*Psych.* 75).

376. Dans un système, il y a à considérer la *forme* et la *matière*. Celle-ci consiste dans les connaissances mêmes, celle-là dans la manière dont elles sont liées.

Les parties d'un système sont *nécessaires* ou *accidentelles*. Les premières sont tellement unies entr'elles, que, si l'on en supprime une seule, toute la liaison du système est rompue. Les secondes pourraient être éliminées sans que cette liaison en souffrît.

Les parties nécessaires sont ou *constitutives*, ou *dérivées*, celles-ci sont *coordonnées* ou *subordonnées*.

Ce qui est *constitutif* doit être un, autrement il n'y aurait point d'unité dans le système; c'est le principe dont émanent ses parties *dérivées;* les *coordonnées* immédiatement, les *subordonnées* en sortant les unes des autres.

377. Pour construire un système, il faut avoir une connaissance préalable de la science que l'on veut avancer ainsi, un principe régulateur et constitutif [1], et un fonds d'idées propres à être systématisées. Le système est complet lorsque la nécessité ou la possibilité de toute déduction ultérieure vient à cesser, non à cause de l'impuissance de l'auteur, mais parce que le sujet est réellement épuisé.

378. Les qualités d'un système sont, outre l'unité, la certitude, la continuité, la conséquence et la précision. Mais rarement il les réunit, et voilà pourquoi les mots *système* et *systématique*, au lieu d'indiquer le perfectionnement de la science, signifient souvent quelque chose d'aventureux et d'arbitraire qui l'altère, la défigure ou la rend purement hypothétique.

379. On range aussi parmi les systèmes les grandes classifications scientifiques qui ne sont que des divisions et des énumérations de parties au moyen d'idées générales (23). Les logiciens les fondent sur trois principes : 1º celui de *généralisation ;* 2º celui de *spécification* et 3º celui de *continuité*. Le premier s'énonce ainsi : *les choses les plus diverses se ressemblent, sont homogènes sous quelque rapport*. Le second,

---

[1] La découverte de ce principe est l'effort le plus heureux et quelquefois le plus difficile de la science, et PASCAL n'a presque rien exagéré en disant : « La dernière chose qu'on trouve en faisant un ouvrage, est de savoir celle qu'il faut mettre la première. » *Pensées*, 1, 272.

les choses les plus homogènes, les plus semblables, diffèrent ou sont hétérogènes sous quelque rapport; enfin le troisième, *on peut, sans interruption, descendre du genre aux espèces et remonter des espèces aux genres.*

380. Sans les bonnes nomenclatures, sans les classifications exactes, il est difficile, pour ne pas dire impossible, de faire des progrès dans les sciences. Certaines sciences même ne sont que des nomenclatures.

381. Toute classification est un point de vue de l'esprit, un artifice de signes. Mais aucune nomenclature bien faite des objets de la nature n'est, à proprement parler, arbitraire. Comme il existe des rapports réels entre les êtres naturels, les signes généraux sous lesquels nous distribuons ceux-ci, doivent être l'expression de quelques-uns de ces rapports, et même il est tel rapport si important que, si nous le négligeons, notre généralisation est certainement vicieuse.

382. L'importance ou la valeur des rapports que nous saisissons, et qui doivent servir de caractère à nos genres, dépend surtout de leur constance. Ainsi, par exemple, si l'on me charge de ranger une bibliothèque, je pourrai peut-être avoir l'idée de disposer les livres d'après leur format. Mais ce rapport est externe, frivole, passager. Ce qui constitue un livre est moins sa forme extérieure que

l'objet dont il traite; le format d'un même ouvrage peut d'ailleurs varier sans que l'ouvrage, considéré comme œuvre intellectuelle, éprouve le moindre changement; et il en est, en effet, une foule à qui les réimpressions ont fait subir les formes les plus diverses. Le rapport le plus constant de plusieurs livres entre eux c'est l'analogie ou l'identité des sujets dont ils traitent.

383. Mais remarquez que la principale difficulté de ce travail de distribution n'est pas la généralisation proprement dite. C'est au contraire la distinction des espèces sous un même genre et leur disposition continue, sans lacune, et en maintenant toujours le rapport de génération. Car, comme on remarque que l'homme, par une suite de sa nature, passe subitement de l'individu à la classe la plus générale, ce qui distingue l'homme exercé à réfléchir, ainsi que nous en avons déjà fait la remarque, c'est la plus grande facilité qu'il trouve à indiquer les différences qui échappent à d'autres (27).

§ XXXVI.

La Méthode réduite à douze règles principales.

384. Les quatre premières de ces règles sont extraites du discours de la méthode de DESCARTES [1],

---

[1] On peut rapprocher du discours sur la méthode deux écrits du même auteur : *Règles pour la direction de l'esprit. — Recherche de la vérité*

et les huit autres de la logique de Port-Royal. Les unes ont rapport à l'invention, les autre à l'enseignement.

Invention. — 1° Ne reconnaître pour vrai que ce qui est évidemment tel. En d'autres termes : ne rien comprendre dans ses jugemens que ce qui se présente à l'esprit avec une parfaite clarté, et de manière à ne permettre aucun doute.

2° Diviser chaque objet dont l'examen paraît difficile, en autant de parties qu'on peut le faire, ou du moins en autant qu'il est nécessaire, pour résoudre la difficulté qu'il présente.

3° Mettre de l'ordre dans ses idées. Et pour cet effet commencer par les objets les plus simples et les plus aisés à connaître, pour monter peu à peu, comme par degrés, jusqu'à la connaissance des plus composés. Ou, si les objets sont indépendans à cet égard, les assujétir néanmoins à quelque ordre naturel ou arbitraire, afin d'en faciliter la contemplation.

4° Faire toujours des énumérations complètes : et lorsqu'on passe en revue les objets d'un certain genre s'assurer qu'on n'en omet aucun, qu'il n'y a aucune lacune dans le tableau que nous nous en formons.

par les lumières naturelles. Tom. XI des *OEuv. compl.* éd. de M. Cousin; ainsi que le beau traité de Spinoza : *De intellectus emendatione*, p. 410 du t. II de ses œuvres, éd. de Paulus, et celui de Locke : *De la conduite de l'entendement*, t. VII de ses œuvres, éd. de M. Thurot.

Enseignement. *Définitions.* — 1° Ne laisser aucun des termes un peu obscurs ou équivoques sans le définir [1].

2° N'employer dans les définitions que des termes parfaitement connus ou déjà expliqués.

Axiomes. — 3° Ne demander en axiomes que des choses parfaitement évidentes.

4° Recevoir pour évident ce qui n'a besoin que d'un peu d'attention pour être reconnu véritable.

Démonstrations. — 5° Prouver toutes les propositions un peu obscures, en n'employant à leur preuve que les définitions qui auront précédé et les axiomes qui auront été accordés, ou les propositions qui auront déjà été démontrées.

6° N'abuser jamais de l'équivoque des termes, en manquant de substituer mentalement les définitions qui les restreignent et qui les expliquent.

Ordre des idées. — 7° Traiter les choses, autant qu'il se peut, dans leur ordre naturel, en commençant par les plus générales et les plus simples, et expliquant tout ce qui appartient à la nature du genre avant que de passer aux espèces particulières.

8° Diviser, autant qu'il se peut, chaque genre en toutes ses espèces, chaque tout en toutes ses parties, et chaque difficulté en tous ses cas.

---

[1] Mais toute définition inutile doit être évitée comme étant plus propre à embrouiller les choses qu'à les éclaircir, et c'est même une maxime reçue en droit romain que : *Omnis definitio in jure periculosa.*

PRÉCIS

DE

L'HISTOIRE DE LA LOGIQUE.

SOURCES.

1. Joh. Alb. Fabricii *Specimen elencticum historiæ logicæ*. Hamb. 1699, in-4º (et in ejus opuscull.).

2. Petr. Gassendus, *De origine et varietate logicæ*.

3. Joh. Geo. Walchii *Historia logicæ* (in ejusd. *Parergg. Acadd.* Lips. 1721, p. 453 sq.).

4. J. N. Frobesii *Bibliographia logica*, à la suite de sa logique. Helmst, 1746, in-8º.

5. Joach. Geo. Daries, *Meditationes in logica veterum*, appendice à sa *Via ad veritatem*, Jenæ, 1755, in-8º.

6. Geo. Gust. Fulleborn's *Kurze Geschichte der Logik bei den Griechen*. In ejusd. *Beitraegen zur Gesch. der Philos.* IVᵉ cah. nº 4.

7. Joh. Gli. Buhle, *Antiquiorum græcorum ante*

Aristotelem conamina in arte logica invenienda et perficienda. In commentarr. Soc. reg. scientt. Gott., t. XI.

8. Des Freiherrn W. L. G. Von Eberstein *Versuch einer Geschichte der Logik und Metaphysik bei den Deutschen von Leibnitz bis auf gegenwaertige Zeit.* Halle, 1794, in-8º.

9. Andr. Metz, *De Philosophorum criticorum de logica meritis atque nonnullis, quæ inter illos adhuc controversa sunt, capitibus logicis.* Herbip. 1799, in-4º.

10. Adam Smith, *Histoire de la logique et de la métaphysique des anciens,* dans les *Essais philosophiques* trad. par P. Prevost. Paris, 1797, 2 vol. in-8º, t. II, pp. 29-56.

11. Fried. Calker, *Denklehre oder Logik und Dialectik, nebst einem Grundriss der Geschichte und Litteratur derselben.* Bonn, 1822.

12. Ign. Denzinger, *Historia logices,* in *Institutt. log.* Leod. 1824, t. II, pp. 687-736.

Et les divers écrivains qui ont traité de l'histoire de la philosophie.

I. *Écoles d'Ionie et d'Italie.*

Dès que l'homme a pensé, il a obéi aux lois de la pensée, dès qu'il s'est proposé un but, il a cherché pour y parvenir le chemin le plus court, le plus facile; mais il a agi d'abord instinctivement, et ce n'est que tard qu'il a réfléchi sur les procédés de son intelligence. L'histoire de la science ne remonte donc pas à ces époques indéterminées où l'on peut placer le berceau de toutes les hypothèses sur le développement de l'humanité; elle part de dates précises et d'époques connues où les connaissances moins incomplètes, moins confuses, commencent à se systématiser, à former un corps de doctrine.

C'est chez les Grecs que nous trouvons les premières traces évidentes de cette grande amélioration; et jusqu'ici l'on ne remonte pas plus haut que la Grèce, attendu que les contrées dont elle a pu recevoir les traditions ne sont pas encore assez connues, et que nous ne faisons que fouiller dans cet orient dont on attend des révélations qui peut-être changeront une partie de nos croyances.

Thalès de Milet, (av. J. C. 620) se place à la tête de l'ère philosophique et fonde l'école d'Ionie. L'activité intellectuelle se portait alors au dehors, sollicitée par les besoins matériels et l'imposant spectacle de la nature. Déjà, quoiqu'en dépit de la maxime répandue : γνῶτι σεαυτόν, elle négligeàt l'observation interne, elle s'efforçait de réaliser dans le monde physique cette unité qui est la forme absolue de la faculté de connaître, et cherchait un principe (αρχή) à l'infinie multitude des phénomènes de l'univers. *Thalès* voyait ce principe dans l'eau, *Anaximandre* (611-546) dans l'infini, *Anaxi-*

mènes(560-500) dans l'air, *Diogène* d'Apollonie(472) et *Archelaüs* (460) dans le mélange de l'air et du feu.

Cette école avait tâché de résoudre le problème par l'expérience et la réflexion appliquées à la matière de la sensation (empirisme); l'école italique dont *Pythagore* de Samos (584-504) fut le chef, en considéra plutôt la forme (rationalisme). Nous n'avons rien à dire ici des systèmes d'*Aristée* et d'*Alcméon* de Crotone, d'*Hippon* de Rhégium, d'*Hippasus* de Métaponte, d'*Ecphante* de Syracuse, d'*Archytas* de Tarente, d'*Ocellus* de Lucanie et de *Timée* de Locres. Un fait certain c'est qu'il y avait dès lors une physique et une métaphysique, mais point de logique spéculative. De même existait la poésie, cette grande et primitive manifestation de l'humanité, quoique l'on n'eût point encore formulé l'art poétique.

De l'école d'*Ionie* sortirent celles de *Socrate*, des *Cyrénaïques*, de l'*Académie*, du *Lycée* ou des *Péripatéticiens*, du *Portique*, de *Mégare* et des *Cyniques*. L'école italique donna naissance à celles d'*Élée*, d'*Épicure*, de *Pyrrhon* et d'*Héraclite* : remarquons cependant que ce n'est là, en quelque sorte, qu'un rapport de race et non d'affinité de doctrines; car toute philosophie où domine l'*empirisme*, aboutit en définitive à *Thalès*, et le *spiritualisme*, quelque modification qu'il subisse, remonte à *Pythagore*.

II. *Zénon d'Élée.*

Ainsi se continuait le mouvement libre de la raison pour arriver à la connaissance des choses, mais sans une conscience claire des règles qui la dirigeaient. Il semble que c'est dans l'école d'*Élée* qu'il faut chercher l'origine de la science du raisonnement. Mais, singulière destinée de notre espèce! à peine quelques lois du raisonnement furent-elles reconnues, qu'on en abusa pour la défense de vaines subtilités. *Zénon* d'Élée (460) est considéré par *Aristote* comme l'auteur de la dialectique [1]. Ses quatre démonstrations contre le mouvement, et en particulier le fameux argument dit l'*Achille*, ont puissamment contribué à sa célébrité. Voici en quoi consiste cet argument qui tend à prouver que ce qui court le plus vite ne peut jamais atteindre ce qui va le plus lentement. Supposons une tortue à vingt pas en avant d'*Achille*, qu'*Homère* appelle *Achille aux pieds légers;* limitons la vitesse de la tortue et de ce héros à la proportion d'un à vingt. Pendant qu'*Achille* fera vingt pas, la tortue en fera un; elle sera donc encore plus avancée que lui. Pendant qu'il fera le vingt-unième, elle ga-

---

[1] *Zénon* divisait l'art de penser 1° en *Dianoétique* (Διανοέμαι, ratiocinor) ou les différentes manières de tirer des conséquences; 2° en *dialectique* proprement dite, comprenant des préceptes pour apprendre à bien répondre; et 3° en *éristique* (Ἐρίζω, contendo) qui est l'art de disputer.

gnera la vingtième partie du vingt-deuxième pas, et pendant qu'il gagnera cette vingtième partie, elle parcourra la vingtième partie de la vingtième partie du vingt-deuxième pas, et ainsi de suite.

III. *Les Sophistes.*

Les sophistes s'emparèrent de la dialectique, qui devint dans leurs mains un instrument merveilleux pour soutenir le pour et le contre, et s'appliquèrent à imaginer de ces ruses de raisonnement dont nous avons déjà donné plus d'un exemple, et au moyen desquelles ils songeaient plutôt à déconcerter qu'à éclairer leurs adversaires. *Gorgias* de Léontium, disciple d'*Empédocle*, tâcha de prouver qu'il n'y a rien de réel, rien qui puisse être connu ni transmis à l'aide des mots. La distinction entre les objets, les perceptions et les mots, était importante, mais elle demeura stérile. *Protagoras* d'Abdère soutint que la connaissance humaine consiste uniquement dans la perception du phénomène par le sujet; que l'homme est la mesure de toutes choses, πάντων χρημάτων μέτρον ἄνθρωπος; que la différence entre les perceptions, quant à la vérité et la fausseté, est nulle, qu'elles sont uniquement préférables ou pires; que toute manière de voir a son contraire, et qu'il y a autant de vérité d'une part que de l'autre; que par conséquent l'on ne peut disputer sur rien.

IV. *Socrate*.

Cette sophistique eut un redoutable adversaire dans *Socrate* (469-400), qui lui opposa son sens droit, son ironie et son caractère. Pour la réduire au silence, il eut soin d'assigner aux mots un sens précis et de ramener sans cesse la controverse sur son véritable terrain. De plus il donna l'exemple du doute philosophique et fit l'usage le plus heureux de cette méthode qui consiste à extorquer la vérité de la bouche même de celui qui s'y refuse, en lui adressant une suite de questions adroitement ménagées, qui mènent au but d'une manière insensible (n°s 200, 241). *Socrate* prétendait prouver, en pratiquant cette méthode, que les vérités sont toutes dans l'esprit de tous, et qu'il ne s'agit pour l'instruire que de mettre le disciple en position d'*accoucher* de ce qu'il sait.

Quoique *Socrate* ne soit pas à proprement parler un philosophe d'école, et qu'il n'ait point professé de doctrine systématique, il influa puissamment sur les intelligences, et donna une nouvelle direction à la philosophie, en l'appliquant à des questions pratiques d'une importance majeure, ainsi qu'en montrant la source intérieure d'où dérive toute croyance.

On vit un grand nombre de disciples sortir de ses entretiens et prendre des directions diverses ; car il était étranger à l'esprit de secte et de dogmatisme, et par sa méthode favorisait le développement original des esprits.

V. *Cyniques.*

Le cynique *Antisthène* (380) affichait pour la science spéculative un mépris qu'il motivait sur ce principe que l'essence des choses ne se laisse point définir. Il soutenait encore qu'il n'y a que des jugemens identiques et que nul homme ne peut en réfuter un autre.

VI. *Cyrénaïques.*

Aristippe (380), chef des Cyrénaïques, se renfermait avec ses disciples dans une morale dont le plaisir était le principe et le but; mais conséquent avec lui-même, il plaçait dans le témoignage des sens le *criterium* de la vérité. Un autre cyrénaïque, *Théodore* (300), surnommé l'*athée*, prenant également pour principe la sensibilité, en vint à refuser toute objectivité à nos perceptions, nia l'existence d'un *criterium* universel de la vérité, et par là prépara les voies au scepticisme.

VII. *Pyrrhonisme.*

Pyrrhon d'Élis (340) soutenait que la science est

inutile et impossible, et que l'opposition des principes, ἀντιλογία, ἀντίθεσις τῶν λόγων nous démontre l'incompréhensibilité des choses, ἀκαταλεψία. Par conséquent le sage doit retenir son jugement ἐπέχειν, et tendre à l'impassibilité, ἀπάθεια. Les motifs d'*époque* ou de retenir son jugement τόποι ou τρόποι τῆς ἐποχῆς, sont au nombre de dix : 1° Les idées que nous avons des choses changent avec la condition du sujet connaissant, qui n'est pas la même dans tous les individus ; 2° elle varie dans chaque homme en particulier, de manière que les représentations des mêmes choses ne sont pas les mêmes ; 3° chaque sens est pour nous la source de notions différentes, aucun ne peut donc nous attester la vérité ; 4° les représentations fournies par un même sens changent avec les conditions où il se trouve ; 5° les représentations varient encore selon les lieux, la position, etc. ; 6° elles sont obscures et incertaines parce que nos perceptions sont toujours mixtes et multiples ; et parce que 7° les choses suivant des représentations complexes sont tout autres que si celles-ci étaient décomposées et ramenées à des élémens simples ; 8° nos représentations dépendent des rapports divers des choses entr'elles ; 9° elles cessent d'être les mêmes si nous percevons souvent la même chose ou si l'objet agit plus fortement sur nous ; 10° enfin elles dépendent aussi de l'habitude, des préjugés, de la superstition, etc.

VIII. *École de Mégare.*

Euclide (400), qui la fonda et qui avait fréquenté celle d'Élée avant d'être un des auditeurs de *Socrate*, a déjà été cité dans cet ouvrage ainsi que ses disciples (164). Il enseigna que les conclusions fondées sur l'analogie sont nulles, et que dans l'argumentation ce n'étaient pas les prémisses ($\lambda\epsilon\mu\mu\alpha\tau\alpha$) qu'il fallait attaquer, mais les conséquences, et cela par des raisonnemens apagogiques (n° 352).

Stilpon de Mégare (500) nia la valeur objective des idées de rapport et la vérité des jugemens qui ne sont point identiques.

IX. *Platon et la première Académie.*

Platon (né l'an 430 ou 429) se plaçant dans le point de vue du rationalisme, fonda un système dogmatique plus complet. Il a donné le premier aperçu des lois de la pensée, des règles de la proposition, de la conclusion, de la preuve et de la méthode analytique; le premier essai pour fonder une langue philosophique. Le principe de l'identité et de la contradiction a été élevé par lui au rang de premier principe de la philosophie (n° 326).

M. Abel Remusat a inséré dans ses *Mélanges asiatiques* un mémoire sur la vie et les opinions de *Lao-Tseu*, philosophe chinois du sixième siècle avant notre ère, qui, sur la fin de sa vie, avait voyagé vers l'occident, et dont les doctrines offrent une grande analogie avec celles de *Platon* et de *Pythagore*. M. *Pauthier*, suivant la même ligne, s'est demandé quel avait dû être, entre la Chine et la Grèce, l'anneau intermédiaire, et il a cherché si l'Inde, placée entre l'Asie mineure et la Chine, n'était pas le terrain où étaient venues s'unir les pensées philosophiques de ces deux illustres nations ; et marchant plus loin encore, il a voulu savoir si l'Inde se trouvait enclavée en effet dans une chaîne intellectuelle, partant de la Chine pour aboutir à l'Europe, ou si l'Inde, au contraire, n'était pas jusqu'ici le pays autochtone, et n'avait pas droit à être regardée comme la source primitive à laquelle étaient venues puiser la Chine de *Lao-Tseu* et la Grèce de *Pythagore* et de *Platon* [1].

X. *Aristote et le Lycée.*

Aristote (384-321), dans le point de vue de l'empirisme, créa un système de philosophie plus vaste encore et plus scientifique. Doué d'une puissance prodigieuse d'analyse, possédant les connaissances les plus vastes et les plus propres à vérifier

---

[1] *Mémoire sur l'origine et la propagation de la doctrine du Tao, fondée par Lao-Tseu*, trad. du chinois... par M. G. PAUTHIER. Paris, 1832.

des théories, il refit, en quelque sorte, la logique, comme science des formes de la pensée. Le premier il essaya une énumération complète des élémens de la raison, et il peut être regardé comme celui qui posa les lois de la démonstration. Enfin, il avança aussi beaucoup la logique par ses recherches sur le langage, particulièrement dans le traité περὶ ἑρμηνείας. Il n'a pas fallu moins de huit siècles d'erreurs pour attacher du ridicule à la mémoire de ce grand homme, qu'on a rendu responsable de toutes les absurdités débitées en son nom, des interprétations fausses dont ses écrits étaient l'objet, et du culte fanatique qui lui était rendu.

Théophraste d'Érésos et *Eudème* de Rhodes, tous deux disciples d'*Aristote*, s'efforcèrent de perfectionner le syllogisme hypothétique, négligé par leur maître, et d'augmenter le nombre des modes de syllogismes.

XI. *Épicure.*

Épicure (c. 337-270), qui avait fréquenté l'académie, ne tarda pas à rompre avec ses doctrines; il rejeta la logique de nom plutôt que d'effet, car quoiqu'il fît peu de cas des formes du raisonnement, il était loin de manquer de méthode, et emprunta à *Démocrite* sa philosophie de la représentation, qui repose sur l'hypothèse des subtiles émanations des corps : le contact de ces *images* avec les organes sensibles produit les perceptions qui répondent parfaitement aux objets eux-mêmes et qui par conséquent ne sauraient être fausses, tandis que les jugemens sont vrais ou faux, selon qu'ils répondent ou non aux perceptions sensibles.

XII. *Zénon et les Stoïciens.*

Épicure rencontra un adversaire et un rival dans *Zénon* de Cittium (340), chef des stoïciens. Sorti également de l'académie, il se proposa d'arrêter les entreprises du scepticisme, et considérant en conséquence la logique comme faisant partie intégrante de la science du sage, il établit qu'elle a pour objet non-seulement la forme de la pensée mais encore la matière même de la vérité. Selon lui, toute connaissance nous arrive par le canal des sens, et les impressions sensibles, φαντασίαι, comparées, opposées et réunies par la faculté de connaître, το λογιστικον, se changent en idées générales κοίναι εννοαί, qui ne sont que des points de vue de l'esprit. De là aussi toutes nos autres notions et jugemens. Les véritables, φαντασίαι καταληπτικαί, autrement καταλήψεις sont celles qui se vérifient par leur objet même, qui correspondent à cet objet, auxquelles s'attache toujours un libre assentiment, et qui font la base de la science. La règle du vrai est par conséquent la droite raison, ὀρθὸς λόγος, qui conçoit l'objet conformément à ce qu'il est.

Chrysippe (280-212) perfectionna la syllogistique, marqua avec plus de précision encore la différence entre les notions sensibles et celles qui ne viennent pas des sens, et enseigna que les idées étaient moins des impressions des objets que des modifications du sujet. On lui attribue plusieurs sophismes célèbres [1].

XIII. *Nouvelle Académie.*

Le dogmatisme des stoïciens et leur confiance dans la certitude donnèrent lieu à la réaction de la moyenne académie, fondée par *Arcesilaus* (né en 318 ou 316) de Pitane en Éolie. Il professait un scepticisme général et nia la possibilité de tout *criterium* de la vérité objective. *Carnéade* (215) de Cyrène, donna des fondemens à cette philosophie du doute, prétendant que le sage, dans l'impuissance d'atteindre le vrai, doit se contenter de la probabilité.

Cependant le scepticisme s'affaiblit insensiblement au sein même de l'académie. Sa lutte contre le dogmatisme devint chaque jour moins active. Enfin sous les *Ptolémée* il se manifesta une décadence pro-

[1] Voy. pp. 70-72.

gressive dans l'esprit philosophique, et le goût dominant favorisa de préférence des travaux de seconde main, des commentaires, des compilations, des mélanges : ce fut l'âge de la critique et non celui de l'invention.

XIV. *Les Romains.*

La Grèce une fois soumise, ses arts et sa philosophie firent partie du butin des Romains, avec ses statues, ses vases, ses tableaux. Ce fut *Sylla* qui envoya à Rome les ouvrages d'*Aristote*, qui furent ensuite mis en ordre et expliqués par *Andronicus* de Rhodes (80).

La logique ne dut à ces conquérans aucun progrès notable, quoique *Cicéron* eût répandu les Topiques d'*Aristote*, en les abrégeant, et laissé dans ses nombreux écrits des traces fréquentes de la dialectique des académiciens et des stoïciens. On fit pourtant une application heureuse des préceptes de l'art de raisonner à la rhétorique, dont l'étude plaisait davantage à un peuple tout positif et qui ne demandait aux lettres et aux sciences que de nouveaux moyens politiques.

XV. *Continuation de la philosophie chez les Grecs.*

Malgré la décadence de la philosophie grecque, les anciennes sectes avaient encore des représentans; mais à défaut de l'originalité et de la grandeur des idées, on subtilisait sur les opinions reçues, on en faisait un amalgame, on travaillait à les concilier.

Le crétois *Ænésidème*, qui florissait un peu plus tard que *Cicéron*; *Favorinus*, *Agrippa*, *Ménodote*, de Nicomédie, et *Sextus* surnommé *Empiricus*, continuèrent l'école des sceptiques. Le premier attaqua la réalité de l'idée de causalité. *Agrippa* réduisit les dix motifs du doute à cinq plus généraux : 1º La discordance des opinions; 2º la nécessité indéfinie pour toute preuve d'être prouvée elle-même; 3º la relativité de nos représentations; 4º le besoin des hypothèses; 5º le cercle vicieux inévitable dans les preuves. *Sextus* nia la réalité de la connaissance des objets.

Les néoplatoniciens dont *Plotin* (205-270) a systématisé la doctrine, renchérissaient sur le mysticisme de *Platon* et plaçaient la science dans la contemplation immédiate de l'être divin. L'enthousiasme prit bientôt la place du raisonnement, l'extase celle de l'observation. La magie, la théurgie, la cabale vinrent ajouter au désordre et détourner l'esprit de ses voies légitimes.

XVI. *Le Christianisme.*

Le christianisme eut mission de l'y rappeler.

Par lui-même il n'admettait pas l'examen, mais il rencontrait de l'opposition, il devait chercher à convaincre, et il fut impossible de ne pas agiter ces questions : par quelle voie une révélation peut-elle fonder une croyance? à quoi peut-on reconnaître qu'une doctrine est divine, et quel est son véritable sens? On appela même les opinions philosophiques des païens à la défense des nouveaux dogmes, il s'en fallut peu qu'on ne fît un chrétien de *Platon*, et l'on ne négligea aucune des armes que pouvait fournir la dialectique, quoique quelques Pères de l'Église aient affecté de la mépriser. Mais la philosophie n'avait pas moins perdu son rang à la tête des sciences; elle l'avait cédé à la théologie.

La polémique et l'enseignement des Pères empêchèrent peut-être les idées philosophiques de s'effacer tout-à-fait, ou du moins retardèrent leur anéantissement. On remarque vers cette époque les livres de dialectique faussement attribués à *St.-Augustin*, les écrits de *Marcianus Capella* (474 de J. C.), de *Cassiodore* (480), et de *Boëce* (n. 470), qui conserva dans l'Occident quelque connaissance d'*Aristote*.

XVII. *Scholastique.*

Des cinquième et sixième siècles de l'ère chrétienne, marqués par des guerres perpétuelles, par les conquêtes et les ravages des Barbares, date cette ignorance universelle et profonde, compagne de la dégradation de la servitude [1].

Au neuvième siècle apparaît la scolastique, ainsi appelée parce qu'elle se forma principalement dans les écoles fondées depuis le temps de *Charlemagne*. Elle réduisait la philosophie à la logique telle que l'avaient enseignée les livres attribués à *St.-Augustin; Boëce, Cassiodore*, l'Anglo-Saxon *Bède*, surnommé le *Vénérable*, (673-735), et l'Anglais *Alcuin* (736-804), dont le disciple *Rhabanus Maurus* (776), répandit la dialectique en Allemagne. Cette logique pauvre et décharnée prit un peu plus d'étendue quand on eut une contrefaçon de la philosophie aristotélique des Arabes, à l'aide de traductions informes.

Lorsque l'autorité fondait seule la certitude et posait les prémisses de la science, on devait se borner à en tirer les conséquences, et la syllogistique qui en montrait les moyens était réputée naturellement le plus noble exercice de l'esprit humain. Jusqu'au onzième siècle règne un aveugle réalisme. Du onzième au treizième, apparition du nominalisme, commencement d'une manière de penser plus indépendante, mais bientôt comprimée. Aux treizième et quatorzième siècles, l'Église s'allie étroi-

---

[1] Cela est vrai en thèse générale et nonobstant le côté littéraire signalé si ingénieusement par M. Guizot.

tement à l'aristotélisme des Arabes, qu'elle avait proscrit plus d'un fois, et fait dominer les opinions des réalistes qui semblaient la sauvegarde de la réalité objective de la révélation. Du quinzième au seizième siècle, séparation progressive de la théologie et de la philosophie.

Les Arabes les plus connus qui travaillèrent sur la logique d'*Aristote* furent *Avicenne* (992-1036) et *Averrhoës* (1217).

Parmi les scolastiques on remarque *Jean Scot Érigène* (877), *Lanfranc* (1005-1089), et le cardinal *Pierre Damien*, qui perfectionnèrent l'étude et l'usage de la dialectique appliquée à la théologie; *Jean Roscelin*, chanoine de Compiègne (1089), qui le premier ne voulut voir dans les idées générales que des mots, *flatus vocis* [1], au moyen desquels nous désignons les qualités communes que nous observons entre les divers objets individuels; *Abeilard* (1079-1143), qui maniait avec une étonnante dextérité l'argument apagogique ou négatif; *Alain* de Lille (1114-1203), désireux de prouver la vérité par la méthode des mathématiciens; *Simon* de Tournai et *David* de Dinant, qui dirigèrent contre la foi les armes affilées et à double tranchant de la dialectique; *Jean* de Salisbury (m. 1180), ennemi déclaré des arguties de l'école; *Alexandre de Hales*

[1] Voy. n° 21.

(m. 1245), habitué à se servir de la forme syllogistique avec une rigueur telle qu'on le surnomma le *Docteur irréfragable; Albert-le-Grand*, (n. 1193 ou 1205), commentateur d'*Aristote; St.-Thomas* d'Aquin (1225-1274), génie vraiment remarquable et qu'on n'a pas trop loué de son temps en l'appelant *le Docteur universel; Duns Scot* (1275-1308), dialecticien subtil, *Raymond Lulle* (m. 1315), connu par son *Ars magna* ou mécanisme logique pour combiner certaines classes d'idées, et raisonner de tout sans étude ni réflexion; *Guillaume d'Occam* (m. 1343 ou 1347), qui refusa de s'en rapporter exclusivement à l'autorité, suivit avec une scrupuleuse fidélité les règles d'une logique raisonnable, entre autres celle-ci : *Entia non sunt multiplicanda prœter necessitatem*, et se porta défenseur du nominalisme ; enfin *Jean Buridan* de Béthune (1358), célèbre par ses règles pour faire trouver les idées intermédiaires dans l'opération logique, etc.

XVIII. *Renaissance des lettres.*

De grands événemens préparèrent, favorisèrent cette renovation et concoururent à la développer. Long-temps avant le quinzième siècle l'esprit humain fit effort pour se replacer au rang dont on le croyait irrévocablement déchu. Les croisades, l'affranchissement des communes, l'introduction dans le corps social d'une classe moyenne, la découverte de la poudre à canon et de l'imprimerie, celle du cap de Bonne-Espérance et de l'Amérique, la chûte de l'empire de Constantinople, l'arrivée des Grecs en Italie, le perfectionnement des langues modernes, la réforme religieuse et les nouvelles relations entre les peuples, tout se réunissait pour solliciter l'activité de l'homme et lui donner une direction qu'on n'avait point encore soupçonnée.

Mais, comme si la liberté complète n'était pas le partage des mortels, l'esprit ne secoua le joug de l'ignorance que pour abdiquer son originalité. Rome, couchée dans la poussière, se vengea de ses destructeurs, en soumettant leurs descendans au despotisme de ses antiques opinions. Cependant, si jamais sacrifice de l'individualité et de l'indépendance put s'expliquer, c'est en présence des chefs-d'œuvre grecs et latins. Certes l'admiration était légitime et la société d'alors semblait bien petite à côté de cette haute poésie, de cette éloquence altière des Homère, des Virgile, des Cicéron, des Démosthènes.

L'ancienne philosophie ressuscita avec les historiens, les orateurs et les poètes d'autrefois. Le faux *Aristote*, qui s'était introduit dans le monde scientifique, disparut. On ne jugea plus de *Platon* sur des ouï-dire : les originaux furent mis sous les yeux des érudits et des penseurs. Ce qui frappa d'abord, ce fut l'élégance et la dignité des formes qu'on opposait au langage inculte, à l'appareil grotesque de l'école. Les *Érasme* (m. 1536) [1], les *Vivès* (m. 1540), les *Nizolius*, les *Sadolet*, semblaient plus occupés de style que de philosophie, mais détruisaient réellement ainsi la science prétendue, qu'on avait en vénération et qui n'était au fonds qu'une science de mots.

C'est par la reproduction et les combinaisons des divers systèmes philosophiques de l'antiquité, que depuis le XVme siècle jusqu'à la fin du XVIme, on combattit principalement la scolastique. Le cardinal *Nicolas De Cuss* dit *Cusanus* (1401-1464) ne nous accordait qu'une connaissance vraisemblable, et faisait une exposition nouvelle des idées de *Pythagore* sur les nombres, dans lesquels il découvrait le principe de tout ce que nous pouvons savoir; le florentin *Marsilio Ficino* (1433-1499) traduisit *Platon*; le vénitien *Ermolao Barbaro* (1454-1494) traduisit *Aristote*; le romain *Laurent Valla* (1406-1457) et le frison *Rodolphe Agricola* (1445-1485) s'efforcèrent de déblayer le terrain de la logique et d'en rendre l'étude moins frivole.

Aristote dut l'autorité qu'il obtint dans les universités protestantes à *Mélancthon* (1497-1560), l'un des réformateurs, dont on a un traité de dialectique remarquable.

[1] Voy. un parallèle entre *Erasme* et *Voltaire*, dans notre *Quatrième mémoire sur l'ancienne université de Louvain*.

Parmi les logiciens de son école on peut compter *Joach. Bilstenius* (1592), *Paul Frisius* (1596), *Otton Casmann* (1594), *Andr. Libavius* (1593), *Barth. Keckermann* (1608), *J. H. Alstedius* (1623), *J. Conr. Danhauer* (1631), *Fr. Burgersdicius* (1626). D'autres encore s'attachèrent à présenter d'une manière neuve les principes de la logique péripatétique, et nous nous bornerons à citer *Jod. Willich* (m. 1652), *J. Sturm* (1507-1589), *Jac. Zarabella* (1532-1689), *Barth. Viotti* (1514), *Fort. Crell* (1621), *Sim. Simonius* (1567), *J. Neldel* (m. 1666), *Ern. Sonner* (m. 1612), *Mich. Piccart* (m. 1620), *Dan. Sthal* (m. 1654), *J. Zeisold* (m. 1667), *Herm. Conring* (1606-1681), *Melch. Zeidler* (m. 1686), *Chr. Dreier* (m. 1688), *Fréd. Bachmann* (m. 1703), *J. Andr. Schmidt* (m. 1726).

P. Ramus ou *La Ramée* (1515-1572) accusa la logique d'*Aristote* d'être toute factice, sans ordre et sans clarté, et il en composa une nouvelle plus pratique, moins faite pour l'école que pour la vie civile et le cabinet du savant. La logique de *Ramus* qu'il intitule *ars bene disserendi*, est divisée en deux parties: l'une traite de l'invention des argumens, l'autre de l'ordre et du jugement. Il eut d'assez nombreux partisans en Allemagne, en Angleterre et en Écosse, tels que *Audomarus Talœus* (m. 1662), *Thomas Freigius* (m. 1583), *Scribonius* (1583), *Gasp. Pfaffrad* (1675), *Heizon Buscher* (1597), *H. Rennemann*

(1598), *Thomas Rhœdus* (1613), *André Cramer* (1614), *Jérôme Treutler* (1614), *Rod. Goclenius*¹ (1548-1628) et *J. Milton* (1672). Parmi ses adversaires on distingue *Antoine Govea* (1562), *Joach. Perionius* (1562), *J. Charpentier* (1562), *Jacq. Schegk* (1570), *Nic. Frischlin* (1547-1590), *Phil. Scherbius* (m. 1605), etc. *Corneille Agrippa* de Nettesheim (n. 1486) devint fauteur du grand art de *Raymond Lulle,* sur lequel écrivit *Giordano Bruno* de Nole (m. 1600), qui en donna des leçons publiques à Paris.

Agrippa, né à Cologne, sur la lisière des Pays-Bas, vécut quelque temps dans ce pays, où il était bibliothécaire (*indiciaire*) de la gouvernante *Marguerite*. L'ancienne logique, celle d'*Aristote* modifiée par l'école, régnait alors généralement dans ces provinces, où *Ramus* trouva aussi des partisans et des ennemis, et il en fut de même jusqu'à *Descartes. Corn. Martinius* d'Anvers attaqua *Ramus* (1623), *Rod. Snell,* d'Oudewater (n. 1547), adopta ses principes. Les suivans traitèrent la philosophie péripatétique avec plus ou moins de talent : *Aug. Hunnœus,* de Malines (n. 1521); *Barth. Latomus* ou *Masson,* d'Arlon (n. 1485); *Barth. Peters,* de Lintre en Brabant (m. 1630); *Christoph. Vladeraccus,* né en Brabant (m. 1601), abréviateur d'*Hunnœus,*

Voy. p. 244 note.

David Gorlœus, d'Utrecht (1620); *Denis de Leew*, de Ryckel en Hesbaie (m. 1635); *Fr. Titelmann*, de Hasselt (m. 1553); *George van Brussel*, professeur à l'université de Paris (1496); *Gérard van Harderwyck* (m. 1503); *Gérard Matthys*, gueldrois (m. 1572); *Gilb. Jacchœus*, d'Aberden en Écosse, mais fixé à Leyde (1616, 1628); *Gisbert Van Ysendoorn*, de la Gueldre (n. 1601); *Guil. Van den Steene* ou *Lapidanus*, de Verwyck (1542); *Guil. Philippi*, de Halle (m. 1664); *Jean Caramuel Lobkowitz*, de Madrid (n. 1506); *Jean Dullard*, de Gand, professeur à Paris (1520); *Josse Clichtovœus*, de Nieuport (m. 1543); *Jean Murmellius*, de Ruremonde (m. 1517); *Juste Velsius* ou *Welsens*, de la Haye, docteur de Louvain (1541); *Laurent Ghiffene*, de Renaix (m. 1637); *Pierre Guinellus*, d'Harderwyck (1554), etc.

XIX. *Depuis François Bacon jusqu'à Emmanuel Kant.*

François Bacon, né à Londres en 1561, comcommença une ère nouvelle qui vit la philosophie devenir par elle-même une partie distincte de la science humaine et s'affranchir progressivement de la théologie, tandis que le principe de la connaissance, mieux étudié, plus approfondi, était placé dans un nouveau jour, et que de grands résultats obtenus par l'observation de la nature matérielle, donnait plus de fermeté et de rectitude aux théories métaphysiques.

Ce fut sur l'expérience, à l'aide de l'induction, que *Bacon* prétendit reconstruire l'édifice de nos connaissances.

Ses *Legum leges* sont une espèce de logique à l'usage des législateurs.

L'un de ses contemporains, le calabrois *Thomas Campanella* (n. 1568), rechercha la possibilité d'un dogmatisme philosophique à opposer au doute des sceptiques. Cependant, selon lui, la logique n'est point une science qui s'occupe du réel et du nécessaire, de Dieu ou de la création; c'est un art qui a pour objet la langue philosophique.

Th. Hobbes (n. 1588), ami de *Bacon*, empiriste comme lui, avança en logique des opinions dont nous avons déjà eu l'occasion de faire la critique [1].

Pierre Gassendi (1592-1655), en revenant sur le système d'*Épicure*, ne se borna pas à tracer l'histoire de la logique, mais il aborda l'antique problème du *criterium* [2] de la vérité, définit la logique l'*art de bien penser*, et la divisa en logique pure *abjuncta a rebus* et appliquée, *conjuncta cum rebus*. Les fonctions de cette science sont, suivant lui, de nous enseigner à : 1° *bene imaginari*, 2° *bene proponere*,

[1] Voy. p. 185, 231.
[2] Voy. p. 223.

3° *bene colligere*, 4° *bene ordinare*, ce qui revient à la distribution connue : 1° l'idée, 2° le jugement, 3° le raisonnement et 4° la méthode.

Le plus illustre de ceux qui marchèrent sur les traces de *Bacon* et de *Hobbes* fut *Jean Locke* (1632-1704). Plein de mépris pour la logique telle qu'elle était enseignée dans les écoles, il partit du principe que la sensation est le principe unique de nos connaissances, et attribua à la science du raisonnement l'emploi de considérer la nature des signes dont l'esprit se sert pour entendre les choses, ou pour communiquer ses idées aux autres. Entre autres reproches que *Tennemann* lui adresse, est celui d'avoir, par la méthode facile et commode qu'il introduisit, affaibli les habitudes sévères d'une étude laborieuse et approfondie. Une pareille critique ne pouvait venir que de la docte et patiente Allemagne, où la science semble s'embellir des difficultés qui l'entourent, où l'on aurait quelque scrupule de savoir vîte et aisément.

Si *Locke* n'a point manqué d'adversaires tels qu'*Henri Lee*, *Jean Norris*, *Brown*, *Shaftesbury*, *Berkeley*, il a eu aussi des disciples enthousiastes. En Angleterre l'imposant exemple de *Newton* servit de protection à l'empirisme. L'école écossaise épura et limita cet empirisme, et rendit d'importans services à la psychologie, sans cependant s'astreindre à une méthode sévère. *Thomas Reid* et *Dugald Ste-*

ward, malgré leur diffusion, sont pleins de remarques et de vues excellentes; la logique du dernier remplit tout le troisième volume de la traduction de ses *Essais* sur la philosophie de l'esprit humain.

Les Français firent à *Locke* le plus brillant accueil, préparés qu'ils étaient par *Gassendi* à adopter les idées du méthaphysicien anglais. *Winne* avait rédigé un abrégé du livre de ce dernier, et *Bosset* l'avait traduit en français au grand applaudissement de ses compatriotes. *Coste*, sous les yeux de l'auteur même, traduisit l'ouvrage entier, et cette version a fait époque dans le monde philosophique. De son côté, *Leclerc* écrivit un manuel de logique dans l'esprit de la doctrine de *Locke*. Parmi ceux qui s'en approprièrent les principes, nous nommerons *J. P. de Crousaz*, *Bonnet* et *Condillac*. Le premier divise la logique comme nous l'avons fait, et y introduit beaucoup de choses qui appartiennent proprement à la psychologie. *Condillac*, ainsi que nous avons déjà eu l'occasion de le remarquer, la réduisit tout entière à la méthode analytique. *Diderot* (1713-1784), d'*Alembert* (1717-1771), *Helvetius* (1715-1771), sous le rapport de la méthode logique, s'en sont tenus exclusivement à l'empirisme ou au sensualisme.

Aux Pays-Bas *S'Gravesande* et *Muschenbroeck*, partisans de la philosophie *a posteriori*, écrivirent des traités de logique encore justement estimés. En

Italie, *Antoine* de Gênes publia des élémens de l'art logico-critique. En Allemagne, un grand nombre d'écrivains fondèrent la logique sur des principes empiriques et psychologiques comme *Ern. Platner, Chr. Meiners, J. Ch. Lossius, J. Nic. Tetens, J. C. H. Feder, J. A. H. Ulrich, Columban Roeser, G. S. Steinbart, M. F. Ebeling, P. Villaume, Ebh. de Rochow, Ph. de Knigge, K. H. L. Poelitz, J. Chr. Dolz.*

La logique n'eut pas de moindres obligations au rationalisme. *Descartes* (1596-1650), dont le nom réveille le souvenir de tant de titres de gloire, voulut, comme *Bacon,* purger le raisonnement des disputes de mots et des graves niaiseries des sophistes. Quoiqu'il n'ait point formé de système logique, on doit avouer qu'il contribua puissamment à établir l'indépendance du génie philosophique et à le soustraire à la servitude des préjugés; qu'il envisagea le doute scientifique non-seulement d'une manière nouvelle mais vraie, et qu'il attira l'attention des philosophes, sur les faits de conscience tout-à-fait négligés avant lui. Au cartésianisme appartiennent *Louis de la Forge, Pierre Sylvain Regis, Antoine Legrand, J. Clauberg, Adr. Heerebord, Gérard De Vries, H. A. Roel, Regnier de Mansvelt* (les cinq derniers nés aux Pays-Bas), *Michel-Ange Fardello, Ant. Arnauld, Arnould Geulinx* d'Anvers (m. 1669), *Joh. Csere de Apacza.*

Il est peu d'ouvrages aussi populaires que la logique dite de *Port-Royal*, que les uns attribuent à un certain *De Trigny* [1], d'autres à *Ant. Arnauld*, d'autres encore à *Nicole* [2]. Ce livre, par sa clarté, par ses heureuses applications, par le dédain des difficultés frivoles, par un sens droit et sûr, mérita d'abord de devenir classique. Cependant il n'est point sans défaut, et, chose remarquable, on semble n'y avoir pas bien saisi le caractère et le but de la syllogistique.

Nic. Malebranche (1638-1715), dans son livre si étincelant de style, *de la Recherche de la Vérité*, traduit en latin par *Lenfant*, a soulevé plusieurs questions dont la solution doit tourner au progrès de la logique. Telles sont celles relatives aux sources de nos erreurs et à la méthode; il y a semé une foule d'observations fines et originales, bien que les principes sur lesquels il bâtit son système ne soient point admissibles.

Après *Descartes* et *Malebranche* il est juste de mentionner *Spinoza* (1632 - 1677), qui, dans le traité inachevé *de Intellectus emendatione*, donné au public après sa mort, a tracé une méthode logique d'accord avec sa doctrine générale. En voici les

---

[1] C'est ce que dit J. H. ACKER, *Ad. Struv.*, p. 46.

[2] M. Alex. Barbier met cet ouvrage sur le compte d'Ant. Arnauld et de P. Nicole, sous le nom du sieur Lebor, avec un avis de l'éditeur P. Nicole. Paris, Savreux, 1662, in-12. *Dict. des anonymes*, I, 311.

points principaux : le plus haut degré de perfection de l'homme est dans la connaissance de l'union qui lie son esprit à toute la nature, et pour parvenir à ce degré il faut préalablement avoir de la nature une intelligence suffisante. Toute science a pour but le perfectionnement humain ; tout ce qui s'écarte de cette voie est inutile ; en outre il faut que l'étude ne fasse pas divorce avec la vie active. L'intelligence recevra tout le développement possible, si, rejetant les procédés incomplets pour parvenir à la connaissance, on s'arrête à celui d'une idée adéquate des choses, c'est-à-dire, renfermant leur réalité objective. Or, pour cela, une méthode est indispensable : la seule bonne est celle qui indique comment l'esprit se dirige par la règle de la vérité, et cette règle est dans la notion de l'être absolument parfait.

Les principes de *Spinoza* furent adoptés par l'auteur d'un livre publié à Hambourg en 1684, sous ce titre : *Specimen artis ratiocinandi naturalis et artificialis ad pansophiæ principia manu ducens,* où la logique est exposée sous cinq chefs : le nom, la proposition, le syllogisme, l'erreur et la méthode.

Déjà, en Angleterre, *Édouard Herberth* (1581-1648) avait admis l'existence de principes de connaissances indépendans de l'expérience et dont le caractère était l'universalité. *Locke* avait été contraire à ces opinions, *Leibnitz* (1646-1706) le fut à son tour à celles de *Locke* et ressuscita le dogme des idées innées, mais dans un autre sens que ses prédécesseurs. Selon lui les vérités nécessaires sont innées, non qu'elles soient, dès la naissance, présentes à la conscience, mais par leur rapport avec notre constitution intellectuelle. Ambitionnant de refaire la philosophie de telle sorte qu'elle pût se vanter d'une précision analogue à celle des mathématiques, il donna pour base à nos raisonnemens deux principes essentiels, celui de contradiction ou d'identité, et celui de la raison suffisante [1]. Il chercha aussi à résoudre le problème d'une caractérisque ou *langue universelle*, qui contiendrait implicitement des moyens d'invention et de jugement, et dont les signes rendraient les mêmes services pour toutes sortes de connaissances, que les signes arithmétiques et algébriques pour les rapports de quantité. Ce projet n'était pas nouveau, et M. *Degerando* [2], en rappelant les différentes tentatives faites pour le réaliser, cite parmi ceux qui l'ont reproduit, *Galien, Vossius, Scaliger, Hermannus Hugo* [3], *Bacon, Sanchez, Izquierdo, Philippe Labbé*,

---

[1] Voy. p. 225.

[2] *Des signes, etc.*, IV, 416-451.

M. Degerando pouvait citer aussi *François Mercure van Helmont*, qui a considéré l'hébreu comme la langue naturelle des hommes *Nouvelles archiv. histor.* VI, 156-158.

[3] Hermannus Hugo, né à Bruxelles en 1586, est l'auteur d'un traité :

Beck d'Ipevick et *Athanase Kircher.* En 1668 *John Wilkens* publia un *Essai d'un caractère réel et d'un langage philosophique.* On trouve dans le second volume des Mémoires de l'Académie royale de Turin l'*Essai d'une algèbre philosophique ou sciagraphie,* par *Louis Richer.* En France, *Maimieux* mit au jour dans l'année 1797, une pasigraphie; en Allemagne, *Burmann* et *Ch. Fr. Krause* se sont occupés de la même recherche.

Parmi les successeurs de *Leibnitz* se signalèrent *M. G. Hansch* (1651-1708), et *Ch. Wolf* (1679-1754). Celui-ci réduisit en système les opinions de son maître, et les exposa selon la méthode mathématique. Il appelle la logique *philosophie rationnelle,* la définit la science de diriger la faculté cognitive dans la recherche de la vérité et la divise en *théorique* et *pratique.* Dans la première partie il traite : 1º des principes de la logique; 2º des notions; 3º du jugement; 4º du raisonnement; dans la seconde il montre de quel usage peut être la logique : 1º pour distinguer le vrai du faux, le certain de l'incertain; 2º pour découvrir la vérité; 3º pour la composition, la critique et la lecture des ouvrages scientifiques et littéraires; 4º pour la communication de la vérité aux autres hommes; 5º pour l'ap-

---

De prima scribendi origine et universæ rei litterariæ antiquitate, typis Plantini, 1617, in-8º; et réimprimé depuis avec une préface, des appendices et des notes savantes de *C. H. Trotz.* Traj. ad Rh. 1738, in-8º.

préciation des forces requises à l'effet de connaître; 6° pour la pratique de la vie. Malgré le formalisme repoussant qu'il affectait dans ses écrits, il eut d'innombrables sectateurs : *G. B. Bülfinger* (1603-1750), *J. P. Reusch* (1691-1754), *L. Ph. Thümmig* (1697-1728), *M. Knutzen* (m. 1751), *A. G. Baumgarten* (1714-1752), *H. S. Reimarus* (1694-1765), *J. Chr. Gottsched* (1706-1766), *Fr. Ch. Baumeister* (1708-1785), *Ch. F. Ant. Corvin* (1739), *G. Plouquet* (1719-1790), *J. A. Ernesti* (m. 1781), *Jean Carlowszky* (m. 1794), *J. H. Lambert* (1728-1777), *G. Fr. Meier* (m. 1777), *J. A. Eberhard* (1738-1809), *Ern. Platner* (1744-1818).

En France non-seulement *Deschamps* (1736) traduisit la logique de *Wolf*, mais *Formey* l'accommoda au goût français dans sa *belle Wolfienne*, ou plutôt au mauvais goût qui régnait alors.

Les adversaires de *Wolf* furent également nombreux, tels que *J. P. De Crousaz*, déjà nommé, *J. Jac. Lange* (1670-1744), *J. F. Muller*, *J. A. Rudiger* (1673-1731), *J. F. Buddeus* (1667-1729), *J. G. Walch* (1693-1775), *S. C. Hollmann* (m. 1787), *Ch. A. Crusius* (1715-1775), *J. G. Daries* (1714-1791).

Pendant que *Leibnitz* éclairait de son vaste génie tout le champ du savoir humain, d'autres philosophes, dans leurs vues particulières, s'efforçaient de donner à la logique ce qui lui manquait encore. A leur tête se placent : *E. W. De Tschirnhausen* (1651-1708) et *Chrétien Thomasius* (1655-1728).

Tschirnhausen, qui avait étudié à l'université de Leyde, où domina la philosophie de *Descartes*, travailla dans l'ouvrage singulier intitulé : *Medicina mentis*, à un art de faire des découvertes et à une méthode pour l'observation scientifique, en prenant sans cesse pour modèle les procédés des mathématiques. Quant à *Thomasius*, sa méthode fut suivie par *Ephraïm Gerhard* (m. 1718), *Nic. Jérôme Gundling* (1671-1729), *J. G. Heineccius* (1680-1741) et *Gott. Gerh. Titius* (1661-1741).

La France, de son côté, compte parmi les écrivains auxquels la logique eut des obligations : *Fontenelle*, *Buffier*, *Dumarsais* (1769), *Cochet* (1750), *D'Argens*, *E. Bertrand* (1764), *Borelly* et *Marmontel*.

L'auteur des *Entretiens sur la pluralité des mondes* n'a laissé sur la logique que des fragmens [1] peu dignes en général de la réputation de ce philosophe, au jugement de *Borelly*.

Buffier (1732) traita des premières vérités avec une élégance de formes et une justesse d'idées qui arrachèrent des éloges à *Voltaire*. On a cru trouver dans cet auteur le fondement du système de l'auto-

---

[1] *Fragmens d'un traité de la raison humaine. — De la connaissance de l'esprit humain. — Sur l'instinct. — Sur l'histoire.*

rité adopté par l'école théologique de M. *De Lamennais*.

D'Argens, dans ses réflexions sur l'incertitude de nos connaissances, touche inévitablement à la logique. Mais cet écrivain sans profondeur, sans originalité, sans style, est au-dessous du médiocre.

Quant à *Marmontel*, il a écrit pour ses enfans avec autant de clarté, que de bonhomie. Il a rajeuni la logique de *Descartes* et d'*Aristote*, et emprunté à l'antiquité des citations heureuses.

J. A. Borelly (n. 1778) écrivit des *Élémens de l'art de penser*, qui eurent du succès. On estimait encore en France et en Hollande la logique de l'anglais *Isaac Watts*, traduite par *J. D. Hahn* (1754), et celle de l'abbé *Seguy* (1762).

Mais les rationalistes et les empiristes n'étaient pas seuls à s'occuper de logique. D'autres y appliquèrent les principes, soit du mysticisme, soit du scepticisme; tels sont parmi les Français : *Fr. de la Mothe Levayer* (1586-1672), *Blaise Pascal* (1623-1662), *Pierre Poiret* (1646-1719), l'adversaire de *Locke*; *P. D. Huet* (1630-1721), et *P. Bayle* (1647-1706), que la révocation de l'édit de Nantes (1685) donna aux Pays-Bas, qui héritèrent encore d'autres hommes de mérite exilés de France et devinrent ainsi l'asyle de la liberté de penser. *Martin Schoockius* (n. 1614), étant professeur à Groningue, avait écrit un traité en quatre livres contre le scepticisme en 1652. On lui doit aussi une logique (1658). En Angleterre s'offrent : *Théophile Galeus* (1628-1678), *Jos. Glanville* (m. 1680), *Hen. Moor* (m. 1687), *Rad. Cudworth* (m. 1688), *Sam. Parker* (m. 1688), *J. Pordage* (m. 1698 et *David Hume* (m. 1776). Enfin en Allemagne *J. A. Jér. Hirnhaimb.*

Les efforts des sceptiques étant assez puissans pour réduire le dogmatisme au silence, il fallait, ou renoncer à toute philosophie qui garantissait la certitude, ou détruire le scepticisme lui-même. C'est à quoi tendit un des hommes les plus éminens des temps modernes, *Emmanuel Kant*, de Koenigsberg (1724-1804).

XX. *Depuis Kant jusqu'à présent.*

Ce réformateur, qui fut le père de la *philosophie critique*, ne vit dans la logique que la science des formes de la pensée, la science de ses lois nécessaires. En l'indiquant comme devant être traitée *a priori*, il l'envisagea moins comme un instrument (*organon*) que comme une règle, une législation (*canon*) de la connaissance et une introduction (*propédeutique*) à toute doctrine non seulement philosophique, mais encore mathématique, par conséquent comme une science existant par elle-même et ayant ses principes propres. Il la distingua en *transcendentale*, *universelle* et *spéciale*.

La logique *transcendentale* expose les lois *a priori* de l'entendement et de la raison purs; elle est ou *analytique* ou *dialectique*; *analytique* ou science du vrai, elle se divise en *analytique des concepts* ou *notions*, et en *analytique des principes de la déduction*. La dialectique est la logique des apparences *logica speciei*, et doit affranchir l'esprit de toutes les subtilités sophistiques. Une chose tout-à-fait remarquable est la manière dont *Kant* déduit les catégories des formes de nos jugemens, dans la partie qu'il appelle *analytique*. — La logique universelle est *pure* et *appliquée*; la première se partage en *élémentaire* et en *méthodologique*. L'élémentaire décrit les formes originaires de la pensée, la *conception*, le *jugement*, le *raisonnement*, et en expose les lois, sous le rapport de la *quantité*, de la *qualité*, de la *relation* et de la *modalité*. La *méthodologie* traite de la définition, de la division et de la preuve.

La logique appliquée enseigne ce que doit observer l'homme dans l'emploi de son intelligence *in concreto*.

Élémentaire ou *méthodologique* la logique *universelle* doit être traitée *a priori*, c'est-à-dire tirée des principes mêmes de la pensée; tandis que lorsqu'elle est appliquée, elle appelle inévitablement à son secours l'observation psychologique.

Enfin, quant à la dernière division, il y a autant de logiques *spéciales* possibles qu'il y a de sciences particulières.

André Metz a écrit une dissertation académique expressément dans l'intention de démontrer le mérite logique de *Kant*, qui a été suivi, entre autres, par *J. G. C. C. Kiesewetter, L. A. Jacob, J. Ch. Schaumann, C. Ch. E. Schmid, J. G. E. Maas, J. C. Hoffbauer, Sal. Maimon, Gl. Ern. Schulze, Materne Reuss, Aug. Mehmel, F. W. D. Snell, J. Neeb, Ch. Fr. Callisen, G. Gerlach, G. Esser*, etc. Les étrangers eux-mêmes rédigèrent des manuels d'après le système Kantien, et nous indiquerons celui de *J. S. Fuchs* de Leutschau, la logique publiée à Posen, en 1805, par *Étienne Gyorgyi*, celle donnée en 1820 à Kaschau par *Sigism. Carlowzky*, et l'*Essai philosophique* sur la critique de la connaissance, par *Paschal Galuppi*, Naples, 1819.

Il ne manqua point d'écrivains qui s'emparèrent de la logique de *Kant*, pour l'exposer suivant leurs idées. De ce nombre sont : *G. B. Joesche* (1800) et *G. T. Krug* (1806). Celui-ci, qui a beaucoup écrit sur les matières philosophiques, se propose cette question : *Quelles sont les lois de l'âme en tant qu'elle connaît?* En d'autres termes : *Comment opère l'âme ou l'esprit en connaissant?* Il y répond dans la *dianéologie*, la *gnoséologie* et la *cacologie* ou *l'esthétique*. La *dianéologie* ou *logique* est la science des lois originaires de la pensée, et l'auteur la rapporte tout entière à l'analyse. La *gnoséologie* ou *métaphysique* étudie la pensée sous le rapport synthétique.

La logique est *générale* et *spéciale*. La première est *pure* et *appliquée*. Les principes de la logique pure se déduisent du premier fait de conscience *je pense;* la formule de la connaissance est celle de l'identité A = A.

Ch. F. Fischabber (1818) se proposa *Krug* pour modèle. *Jac. Fries* employa une méthode nouvelle nommée par lui-même *Anthropologico-phychologique;* il exposa avec beaucoup de talent la marche de l'induction et appliqua avec succès les règles logiques à différentes espèces de sciences.

Herbarth (1813) enseigna qu'il faut retrancher de la logique tout ce qui tient au fonds même ou à la matière de la pensée, attendu qu'elle n'est qu'une science de formes.

Sigwart (1818) définit aussi la logique la science des lois de la pensée, et dit qu'elle comprend la *théorie de la pensée* et celle de la *cognition*, celle-ci restant subordonnée à l'autre. La logique appliquée expose ce qui peut influer sur la pensée, par suite des accidens du sujet pensant ou de l'objet pensé. A cet auteur sont dues plusieurs observations nouvelles sur les jugemens et les syllogismes. On doit aussi une mention à *J. S. Beck* (1820) et à *J. Hillebrand* (1820), qui soutient que la logique n'est pas purement une science *formale* et qu'elle doit nous enseigner comment la pensée arrive réellement à la vérité. Il la divise en doctrine : 1° des *formes élé-*

mentaires; 2º des *liaisons logiques* et 3º en logique *pragmatique.* Dans la première partie il montre ce que c'est que penser, quelle est la loi universelle de la pensée et sous quelles conditions la pensée lui obéit. Dans la seconde il traite des fonctions générales et spéciales du sujet pensant; celles-là comprennent l'*individuation,* la *spécification,* la *générification;* celles-ci l'idée ou *conceptus,* le *jugement,* le *raisonnement.* Enfin, dans la troisième partie il s'agit des principes, des définitions, des divisions, des preuves et des règles méthodologiques.

F. H. Tieftrunck (1801), *E. A. Eschenmayer* (1817), *Fr. Calker* (1822) et *J. Salat* (1820) ont chacun, de leur côté, ajouté quelque chose à la science.

Au milieu d'un bruyant concert d'éloges il se manifesta cependant une opposition. Nous ne dirons rien de ceux qui rejetaient l'ensemble du système de *Kant,* mais seulement nous mentionnerons les écrivains qui en ont censuré quelques parties. C'est ainsi que *Salomon Maimon* (1798), quoiqu'il eût basé sur les principes de *Kant* sa *Théorie de la pensée,* désapprouva sa déduction des catégories que *J. G. Herder* (1799) censura également. *Schwab* reconnaissait que cette déduction était régulière, mais jugeait l'énumération des catégories incomplète. *G. Bardili* (m. 1808) s'appliqua à faire de la logique la source des connaissances réelles, autrement à l'élever au rang de la métaphysique. Son système, plein d'obscurité et d'une abstraction fatigante, n'a pas obtenu le succès auquel il semblait viser. *Reinhold*, toúr à tour disciple de *Kant*, de *Fichte* et de *Bardili*, créa la théorie de la *faculté représentative*, et dans ses dernières années se sonsacra à une critique du langage qu'il considérait comme la source de tous les mal-entendus en philosophie : il envisagea surtout cette critique dans le sens de la synonymie des mots, se proposant de démêler les équivoques et les inconséquences de la logique dans ses formes traditionnelles et communément admises et, par là, de donner la raison du reproche adressé à la philosophie, d'avoir si long-temps prétendu à devenir une science, sans pouvoir y réussir.

Fréd. Bouterwek, dans son *Apodictique* qu'après une première exposition il reprit en sous-œuvre et modifia sensiblement, soutient avec *Jacobi*, que toute pensée purement logique est médiate, et que toutes nos connaissances immédiates reposent sur le lien primitif de la faculté pensante avec le sentiment intérieur dans l'énergie de la vie spirituelle, ce qui, par parenthèse, n'a pas toute la lucidité désirable. Le *criterium* de la vérité est la *foi que la raison a en elle-même*, en tant que raison pure; elle croit à la vérité en tant qu'elle y reconnaît, en vertu du lien dont on vient de parler, son énergie propre et originale, et que dans cette même énergie, elle trouve le germe des idées à l'aide desquelles elle peut s'élever au-dessus de la sensibilité, jusqu'à la recherche du principe de toute existence et de toute pensée, ou à l'idée de l'absolu. Cependant *Bouterwek* ne répudia pas le principe de contradiction, seulement il ne l'adopta que comme une règle, un *canon négatif*, et comme le *criterium des possibles*.

J. H. Abicht (1804) définit la logique l'art de discerner la vérité, ou, ce qui est la même chose, de parvenir à des idées vraies, et il la ramène à la philosophie active. Trois questions sont proposées par lui et remplissent le cercle entier de la science : 1º quel est l'art d'acquérir des connaissances vraies? 2º quel est l'art de distinguer le vrai du faux? 3º quel est l'art de réunir et de disposer, conformément à la vérité, les connaissances acquises?

Fr. Berg (1805), *Ernest Reinhold* (1819), *Arthur Schoppenhauer* (1819) et *Fr. Ed. Benecke* (1820), ont aussi traité la logique sous le point de vue du criticisme, mais en conservant la plus complète indépendance.

Fichte, Schelling et leurs disciples se plaçaient sur un autre terrain. En effet, ils demandaient si les principes de la logique se soutiennent par eux-mêmes ou non, et si cette science, dans le cas de la négative, relève de la métaphysique. Ces deux philosophes enlevaient à la logique son existence propre. *Fichte*, dans sa *doctrine de la science* (*Wissenschaftlehre*), soutient que ni la conscience, ni ses objets, ni la matière de la connaissance, ni ses formes, ne sont présupposés comme données, mais sont produits par un acte du *moi* et recueillis par réflexion. La doctrine de la science est celle qui démontre les principes eux-mêmes. Donc cette science, la plus élevée de toutes, existe en soi, se pose elle-même comme possible et valable ; donc il existe un principe primitif et absolu, et ce principe est que le *moi* est l'activité absolue, que tout ce qui existe hors du *moi* est un produit du *moi* comme posé par lui, opposé par lui à lui-même, c'est-à-dire le limitant. En un mot, le moi est *sujet-objet*. On conçoit que ce système, si difficile à saisir dans son ensemble, et qui souvent cause à celui qui l'étudie de véritables vertiges, ne peut être résumé facilement en quelques lignes. Cette observation n'est pas moins applicable à *Schelling*, qui fit sortir toute science, non plus du principe exclusif du *moi* préconisé par *Fichte*, mais d'un principe plus haut, de l'absolu renfermant dans son sens et le *moi* et la nature. Il admet, comme fondamentale, la proposition suivante : les lois de la nature doivent se retrouver immédiatement au dedans de nous comme lois de la conscience, et réciproquement les lois de la conscience doivent pouvoir se contrôler par le monde extérieur, où elles se retrouvent comme lois de la nature.

Plusieurs écrivains voulurent mettre la logique en harmonie avec ce système. *J. J. Wagner*, accordant peu de valeur scientifique aux formes logiques, essaya de la remplacer par une *philosophie mathématique*, afin que l'entendement pût réduire toutes ses connaissances à l'évidence intuitive. *Ignace Thanner* (1807) pense que la logique et la métaphysique n'appartiennent pas à la philosophie proprement dite, cependant il demeure persuadé que leur étude est d'une utilité indispensable à tous ceux qui visent à s'élever dans les hautes régions de la science. Partant du principe de l'identité absolue, il tâche de faire voir que, quelles que soient les formes de la pensée, sa marche est toujours la même.

G. M. Klein (1810 et 1817) met la logique dans la dépendance de la métaphysique. *J. W. Fr. Hegel* (1817) ayant exposé la *phénoménologie* de l'âme humaine, d'après les principes de l'école de *Schelling*, prétend établir une logique *réelle*, c'est-à-dire qui soit moins destinée à exposer les formes abstraites de la pensée, qu'à enseigner par quelle voie la pensée peut atteindre la véritable essence des choses. En conséquence, rejetant de la logique ses formes pures, il la partage en logique de l'*être*, logique de l'*essence*, et en logique des conceptions ou de l'idée.

Thad. Ans. Rixner, marchant sur les traces de *Hegel*, considère la logique comme la théorie universelle de la science sous le rapport de qualité, et la divise en logique de la *vraie science* ou κατ' εξοχην, et en logique de la *science apparente* ou dialectique.

Henri Ritter (1824) condamne, dans son traité, le sentiment de ceux qui veulent que l'on donne des abstractions pour fondement à la logique et pense qu'elle doit être déduite de la notion même de la science (qui est pourtant elle-même une abstraction), attendu que la pensée a la science pour objet.

Fr. Ant. Nusslein (1824), admettant que la philosophie est la science de la liaison des choses avec le principe absolu de l'existence, ou avec Dieu, établit que l'idée de Dieu est la base de toute philosophie. Il divise la science philosophique en *théologie* et *cosmosophie* (*Weltweisheit*); la cosmosophie en *physiologie, pneumatologie* et *psychologie*. Quant à la logique, elle est, d'après lui, une fraction de la pneumatologie ou la science de l'âme en tant qu'elle connaît; sa fonction principale est de montrer le *criterium* de la vérité, ou, en d'autres termes, la *science des lois de la science*. Dans tout le reste il se rapproche beaucoup de *Klein*.

J. And. Metz revendique, au contraire, pour la logique, des principes qui lui appartiennent, et le privilége de servir d'introduction à toute doctrine, par conséquent aussi aux mathématiques et à la métaphysique.

J. André Wendel soumet la logique à des considérations sceptiques et affirme que par elle-même la science ne peut pas exister.

Il est impossible de rendre compte de tous les travaux analogues exécutés en Allemagne, où ils excitent une sympathie dont on n'a pas d'idée ailleurs, et où, en outre, le mouvement de la pensée est fortement encouragé par la liberté qu'on accorde à l'écrivain de conserver son caractère, de choisir telle forme, telle méthode qui lui plaisent, et même de faire son style à son gré; tandis qu'en d'autres pays, il y a, dans un temps donné, un type pour la vogue, pour la faveur publique, et dont on ne peut s'écarter sans se voir rejeté de toutes parts et exposé au ridicule et au mépris.

A côté de cette abondance et même de cette superfluité, il nous est pénible d'avouer l'indigence de notre patrie. Mais nous trouvons notre excuse dans le malheur de notre existence politique sans cesse ébauchée, soumise constamment à des influences contraires et manquant d'unité et d'individualité. Nous n'avons à citer, dans la première moitié de la période où nous nous renfermons, qu'un nom, un seul nom, celui d'un homme qui, sur un plus grand théâtre, aurait pu par la force de sa tête, s'élever à la plus brillante réputation. Chacun reconnaîtra le commandeur *De Nieuport*, qui publia sur la théorie du raisonnement, l'analyse et la synthèse des géomètres, des considérations dont nous avons déjà fait usage. La *Dialectique légale* de M. *Spruyt*, espèce de topique péripatétique, est mentionnée ici pour mémoire. *Cyprien Regnier van Osterga*, de Zwolle (m. 1687), avait publié à Utrecht, en 1638, une *Logica juridica*.

Le gouvernement des Pays-Bas, en dotant la Belgique de trois universités, y avait assigné à la philosophie une place éminente et déjà, malgré de vieux préjugés et le peu de popularité de cette espèce d'études, elle commençait à porter ses fruits, ainsi que le démontrent un assez grand nombre de dissertations écrites par des élèves et que des maîtres fameux n'ont pas dédaigné de louer. Parmi les hommes qui travaillèrent avec le plus de zèle à inspirer à notre jeunesse le goût sévère de la philosophie est M. *Ignace Denzinger* [1], de Wurtzbourg, naguère professeur à l'université de Liége, où son absence laisse encore une lacune que l'on comblera difficilement. Ses diverses publications sur la logique présentent la science au point où elle est arrivée aujourd'hui, et mettent le lecteur au courant de tout ce qui a été fait sur la matière. On reproche seulement à l'auteur de manquer de clarté et d'élégance, défauts qu'il rachète autant que possible par l'érudition et la solidité.

En 1823, M. *L. A. Gruyer* fit paraître à Bruxelles,

---

[1] Voy. p. 188, note.

une critique du système des facultés de l'âme, par M. *Laromiguière* qui, bien qu'elle appartienne spécialement à la psychologie, touche à plusieurs questions de logique.

En Hollande, contrée studieuse, et où les traditions littéraires n'ont jamais été interrompues, la philosophie, moins en faveur que les recherches philologiques, jeta cependant de l'éclat. Pour ne parler ici que de la logique, celle de *Wyttenbach*, bien que rédigée d'après les anciennes méthodes, est remarquable par le goût et le bon sens. M. *Aitzema* (1821) a traduit dans sa langue, la logique kantienne de *F. Snell*, et a donné ainsi un appendice utile aux travaux importans de MM. *Kinker* et *Van Hemert*, sur la philosophie critique. En 1828 la *Société pour l'utilité publique*, dont on n'a pas toujours apprécié les intentions, publia des leçons de logique à l'usage des jeunes gens qui ont quitté les écoles. L'auteur est M. *Alex. Bake*, recteur de l'école latine de Leeuwarden.

Passant en France, qui exercera encore long-temps et d'une manière presque exclusive sur la Belgique l'empire de ses opinions et de ses préjugés, soit littéraires, soit politiques, nous y voyons la philosophie partagée en quatre camps, l'école sensualiste, l'école théologique, l'école éclectique et une quatrième école qui n'a point encore de nom, qui ne se distingue des autres qu'en les méprisant toutes, qui tend à un principe d'unité et d'*organisation*, non-seulement de la science, mais encore de la société, et dont le *Saint-Simonisme* dépositaire maladroit de quelques idées fécondes, a été un des nombreux essais.

La plupart des logiques publiées dans ce pays n'offrent pas un caractère bien décidé. Elles sont presque toutes un mélange de l'empirisme de *Condillac* et du rationalisme de *Descartes*. Cependant l'empirisme y domine, surtout dans les écrits de MM. *Destutt-Tracy* (1801), *L. J. J. Daube* (1805) et *Lancelin* (1819). Ces auteurs, à l'exemple de *Condillac*, exagèrent les avantages de l'analyse et en font le pivot de l'intelligence humaine.

Cependant M. *Degerando* (1800) avait déjà abandonné cette route étroite. En faisant parfaitement voir la liaison des signes avec la pensée, il avait trouvé l'occasion de réfuter grand nombre d'erreurs de la logique condillacienne. Vingt-huit ans après lui M. *Massias*, dans un mémoire couronné par l'Institut (1828), a montré, à son tour, l'influence de l'écriture sur la pensée et sur le langage, et M. *De Fortia*, en prouvant l'ancienneté de l'écriture (1832), a fourni une base historique aux spéculations de la philosophie sur cette matière [1].

[1] M. *Massias* pose en principe que dans toute langue il y a pensée, parole, écriture, c'est-à-dire qu'avant d'être déterminée au-dehors dans un son ou dans une image, l'idée est limitée, *écrite* dans l'esprit par la propre

C. Mongin (1803) sacrifie la logique et la métaphysique à la grammaire générale.

Lacroix (1816) va plus loin, et dans ses *Essais sur l'enseignement* il supprime d'autorité la logique qu'il remplace par l'étude des mathématiques. M. *Suzanne* vise à la même réforme.

La logique de *Noël* (1802) n'a ni originalité ni méthode : les limites de la science n'y sont pas reconnues.

J. S. Flotte (1815), dans un ouvrage d'ailleurs estimable, présente une définition de la logique si vicieuse qu'il semble en méconnaître complètement le caractère scientifique : « C'est, dit-il, un *recueil d'observations faites par des philosophes* sur la manière de conduire les opérations de l'esprit, pour éviter l'erreur autant qu'il est en nous et saisir la vérité. »

M. *Laromiguière* (1815), qui s'est recommandé par un style pur, d'une lucidité extrême et peut-être prétentieuse, par une analyse fine et ingénieuse, mais incomplète et sacrifiant quelquefois la vérité au plaisir de l'unité et de la symétrie, a détruit avec beaucoup de talent le principe de la *sensation*

---

activité de celui-ci, qui ne saurait par où saisir ce qui n'aurait point une circonférence arrêtée. Cette limitation de l'*écriture intuitive* s'opère par un mouvement spécial de l'organe cérébral, mouvement toujours le même pour une même idée, et différent pour chaque idée différente. — L'écriture intérieure devient explicite dans le geste, puis dans des figures ou images grossières qui deviennent écriture idéologique, puis enfin phonographique.

transformée de Condillac, montré que l'âme humaine, même avant l'expérience, n'est pas une table rase, et procédé à une nouvelle déduction de nos facultés qu'il considère dans leur origine, dans leurs effets et dans leurs moyens. Ce dernier point de vue donne naissance à la logique, laquelle ne dépend pas entièrement de l'art de la parole, mais doit cependant y être ramenée. M. *Laromiguière* est éclectique comme M. *Maine de Biran,* à qui l'on doit une critique pleine de sagacité des leçons de ce métaphysicien.

P. F. T. Delarivière (1819) est convaincu que l'on ferait un excellent système de logique, si les savans (ceux de Paris, sans doute) voulaient se donner la main. En attendant il prononce que la logique doit s'appuyer sur la grammaire. Elle est, suivant lui, la science du discours *interne* ou *externe ;* de là la logique *spéciale* et la *grammaire,* à laquelle on peut adjoindre la *rhétorique* en qualité de logique pratique.

M. *Hauchecorne* (1818) enseigne que l'homme, destiné par la nature aux opérations de la pensée, se forme les idées des choses, les compare à l'aide du jugement, déduit des jugemens les uns des autres ou raisonne, et enfin coordonne ses idées, ses jugemens et ses raisonnemens : tout cela est l'office de l'entendement. Or les opérations de l'entendement sont si étroitement liées à celles de la volonté que l'entendement semble prononcer et la volonté exécuter ses sentences. La logique montre quelles doivent être ces décisions de l'entendement; les moyens de diriger la volition appartiennent à la philosophie morale. La logique est ou naturelle ou artificielle; celle-ci est le fondement de la rhétorique.

M. *De Bonald* (1818) appartient à l'école théologique ou de l'autorité, avec MM. *De Maistre, D'Eckstein, De Lamennais, Laurentie, Gerbet, De Coux, etc.* Simplifiant le problème de l'origine de nos connaissances, il la tire de la révélation du langage.

F. J. H. Genty veut que la logique soit une *philosophie spéculative première*, qui gouverne l'âme dans la recherche de la vérité, de sorte qu'elle ne doit pas se borner à exposer la marche que suivent la pensée et le discours, mais qu'il faut qu'elle démontre en outre les principes de la connaissance. Ces trois fonctions sont remplies dans la logique, la grammaire et la métaphysique. La logique dirige l'esprit en tant qu'il pense ou qu'il est faculté représentative, qu'il juge et qu'il raisonne; par conséquent c'est un art de la pensée.

A. Garrigues (1821) distingue la philosophie en *spéculative* et *pratique;* l'une étudie la nature, l'homme, Dieu; l'autre pose les devoirs de l'homme en lui-même, et de l'homme en société. Ce qui regarde l'entendement est traité dans un supplément à la doctrine de l'homme. L'auteur admet des idées primitives et des idées acquises et attribue les premières au sens intime, à la raison et à la conscience.

Sans travailler expressément sur la logique, M. *Massias* (1821) concourut à la détacher de l'empirisme. Il faut louer, sous le même point de vue, MM. *Guizot, De Villers, De Larsch, Bonstetten, Berard, Benjamin Constant, Keratry, Virey, Droz, Ch. Cocquerel* ou du moins l'auteur de *Caritéas* (1827), le comte de *Montlosier* et surtout M. *Ballanche.*

Justement amoureux de la clarté, M. *Maugras* (1822) a jugé avec une aigreur très-peu philosophique beaucoup d'hommes célèbres dans lesquels il ne retrouvait pas cette qualité estimable, qui, au fond est relative, et dépend quelquefois autant de l'intelligence du lecteur que de la tournure d'esprit de l'écrivain. En conséquence il traite avec le dernier mépris la philosophie allemande et écossaise, et reprend les erremens des anciens logiciens, définissant la logique « *un recueil d'observations et* » *de préceptes* dont le but est de diriger les opéra- » tions de l'entendement dans la recherche et dans » la démonstration de la vérité. »

Cependant dès 1811 M. *Royer-Collard* préparait une révolution philosophique. Il avait d'abord entrepris la critique de ce qui était, c'est-à-dire de la vieille foi condillacienne. Remplacé dans sa chaire par son élève de prédilection, il légua à M. *Cousin* le soin de systématiser le spiritualisme rationnel qui jusqu'alors manquait de direction et d'ensemble, et qui n'offrait sous le nom d'éclectisme qu'un assortiment souvent fortuit de pièces de rapport.

Par l'élévation de son esprit, l'étendue de ses connaissances et la noblesse de son caractère [1], en outre par la puissance de sa parole, par la poésie de son imagination, M. *Cousin* semblait propre à opérer le grand changement qu'avait provoqué M. *Royer-Collard*. Celui-ci ne s'était guères mis en communication qu'avec la France des XVIIme et XVIIIme siècles, et avec l'Écosse des *Reid* et des *Dugald Stewart*. M. *Cousin*, tout chargé des trésors de l'antiquité, aborda la docte Allemagne.

Sans trop d'orgueil il pouvait prétendre à imposer ses opinions personnelles; il se décida en faveur d'une doctrine de tolérance, de modération, de modestie.

Il adopta un rôle nouveau, le plus humble en apparence, dit-il, mais en réalité le meilleur et le plus grand, celui d'être juste envers tous les systè-

---

[1] Nous mettons quelque vanité à dire que nos relations nous ont permis d'admirer dans M. *Cousin* les vertus pratiques d'un sage et d'un grand citoyen, et nous le déclarons ici avec d'autant plus d'empressement, que sa nouvelle fortune et son élévation à la pairie, dont, au reste, nous ne le félicitons pas, exciteront peut-être des ressentimens qui tenteront de ternir son caractère.

mes sans être dupe d'aucun ; de les étudier tous, ce sont ses paroles, et au lieu de se mettre à la suite de l'un d'eux, quel qu'il soit, de les enrôler tous sous sa bannière, et de marcher ainsi à leur tête à la recherche et à la conquête de la vérité. En un mot, il se fit *éclectique* dans le sens large et élevé du mot.

Comme on vient de le voir, M. *Cousin* ne prétend pas s'en tenir à ce qui a été dit, ce n'est pour lui qu'un levier pour soulever de nouvelles vérités. Aussi son enseignement présente-t-il beaucoup d'idées qui lui sont propres, bien qu'on l'ait accusé de manquer d'originalité et de donner pour des innovations des plagiats mal déguisés. Personne ne lui disputera la réduction des élémens de la raison ou *catégories de l'entendement*, réduction que nous nous sommes contentés d'indiquer (n° 52) et que nous expliquerons ici en peu de mots, parce qu'elle est inhérente à la logique, quoiqu'elle n'ait pas l'importance qu'on lui a supposée.

La raison humaine examine-t-elle les nombres et la quantité ? il lui est impossible d'y voir autre chose que l'unité ou la multiplicité.

S'occupe-t-elle de l'espace ? ou elle conçoit un espace déterminé et borné, ou l'espace des espaces, l'espace absolu.

S'occupe-t-elle de l'existence ? elle ne peut concevoir que l'idée de l'existence absolue ou l'idée de l'existence relative.

Songe-t-elle au temps? elle conçoit ou un temps déterminé, ou un temps sans limites, le temps absolu, savoir l'éternité, comme l'espace absolu est l'immensité.

Songe-t-elle aux formes? elle conçoit une forme finie, déterminée, mesurable, et quelque chose qui est le principe de cette forme, qui n'est ni déterminé, ni mesurable, ni fini, l'infini en un mot.

Songe-t-elle au mouvement, à l'action? elle ne peut concevoir que des actions bornées, relatives, secondaires, ou une force absolue, une cause première, au delà de laquelle, en matière d'action, il est impossible de rien rechercher et de rien trouver.

Pareille considération peut être appliquée à tout le monde extérieur, au monde intérieur, au monde moral.

Or chacune des deux propositions qui en résultent a deux termes, l'un nécessaire, absolu, un, substantiel, causal, parfait, infini; l'autre contingent, relatif, multiple, phénoménal, secondaire, imparfait, fini.

Identifiant entre eux tous les seconds termes et tous les premiers termes entre eux, les réduisant, en quelque sorte, au même dénominateur, toutes les propositions sont ramenées à une seule, à l'opposition de l'unité et de la pluralité, de la substance et du phénomène, de l'être et du paraître, de l'infini et du fini.

La méthode de M. *Cousin* est l'observation jointe à la spéculation, et se fonde sur la nécessité de résoudre ce problème : Trouver *a posteriori* quelque chose qui soit *a priori*.

La logique, suivant lui, est *la science de la légitimité du passage de l'idée à l'être,* c'est-à-dire la science qui nous apprend suivant quelles lois, à quelles conditions on est autorisé à dire *cela* (ce que je pense) *est, existe*.

La raison absolue, impersonnelle de sa nature, n'appartenant pas plus à tel sujet qu'à tel autre, est en rapport direct avec la vérité, mais ne peut entrer en exercice si la personnalité ou le moi n'est posé et ne s'ajoute à elle.

La logique est *naturelle* et *réflexive*.

La première repose sur le fait même : *verum index sui*.

La deuxième repose sur l'impossibilité où nous sommes de ne pas croire.

La forme de la première est l'affirmation pure, spontanée, irréfléchie, où l'esprit se repose avec une sécurité absolue, c'est-à-dire sans soupçon d'une négation possible.

La forme de la deuxième est l'affirmation réflexive, c'est-à-dire l'impossibilité de nier ou la nécessité d'affirmer, l'affirmation négative et la négation affirmative.

La logique s'occupe uniquement de l'absolu :

la dialectique s'occupe du rapport du contingent à l'absolu.

La forme du raisonnement est le syllogisme dont M. *Cousin* fait sentir la beauté comme figure.

M. *Cousin* rallia bientôt autour de lui tout ce qu'il y avait dans la jeunesse d'esprits sérieux et passionnés pour le vrai et le beau. Parmi ses disciples se sont particulièrement signalés MM. *Th. Jouffroy* [1], *Ph. Damiron, Michelet, Farcy* et *Adr. Garnier*. Nous nommerons aussi M. *Bautain*, professeur de philosophie à Strasbourg, quoique nous ne connaissions aucun écrit sorti de sa plume [2].

M. *Damiron*, auteur d'un *Essai* fort remarquable *sur l'histoire de la philosophie en France au dix-neuvième siècle*, a publié en 1831 un cours de philosophie. La logique y fait partie de la psychologie; c'est aussi dans la psychologie que l'absorbe presque tout entière M. *Adr. Garnier* (1831), car il ne lui a réservé qu'un seul chapitre, celui qui comprend les causes et les remèdes de nos erreurs, et encore paraît-il avoir regret à cette condescendance.

[1] Voy. p. 209.

[2] Le *Globe*, rédigé par la nouvelle école éclectique, fut très-utile à la France philosophique et littéraire, tant qu'il demeura étranger à la politique quotidienne. On lui reprochait, il est vrai, des doctrines plutôt négatives que positives, et de n'être pas étranger à l'esprit de coterie. Malgré cela, son influence fut favorable au mouvement des intelligences. Parmi les rédacteurs on nous permettra de citer notre ami M. *P. Leroux*, qui aujourd'hui, avec M. *H Carnot*, dirige la *Revue Encyclopédique*.

La révolution de juillet, qui ébranla le monde politique, fit aussi éprouver une secousse à la science. Elle fut fatale à l'éclectisme. D'abord ses soutiens se perdirent dans les affaires et désertèrent les lettres. En second lieu, les uns l'accusèrent avec quelque apparence de raison, de compilation maladroite et de gravité frivole; les autres détestèrent en lui cette politique indécise, ces principes hibrides en vertu desquels certains individus, sans rompre avec aucun parti, semblent donner des garanties au pouvoir le plus ombrageux par leur feinte modération et leur hypocrite équité [1], semblables à ces êtres également indignes de colère et de pardon, et que le *Dante* relègue à l'entrée de l'enfer. D'autres encore le trouvèrent essentiellement stationnaire et incapable de répondre aux besoins de l'époque, tandis que bien compris il est au contraire progressif et suppose à la vérité mille faces diverses qui, pour lui, ne sont jamais définitivement décrites.

Mais en demandant des croyances plus profondes, plus universelles, plus fortes, on s'est contenté de pousser de vaines clameurs, et cette vérité pleine et entière qu'on invoquait, hélas! n'a point paru!

---

[1] *De la révolution et de la philosophie*, par M. EDGAR QUINET, dans la *Revue des deux mondes*, 1er décembre 1831. — *Lettres à un Berlinois*, par M. LERMINIER. — *Coup d'œil sur la controverse chrétienne*, etc., dans la *Revue Européenne*, n° 14, t. II.

Dans cette situation, avec un présent qui ne produit rien, avec un avenir dont on n'est pas sûr, convient-il de répudier le passé? ce qu'on s'applaudit de faire dans les sciences physiques, pourquoi le proscrire en philosophie? La vérité est-elle un poëme dont l'originalité soit la première condition? est-elle une propriété particulière à laquelle le maître seul ait droit de toucher?

Nous avons foi dans la raison, dans la volonté humaines. Non, nos désirs de science et d'organisation ne seront pas déçus, mais en attendant que la providence daigne les combler, l'éclectisme, qui ne sera jamais la sauvegarde de la mauvaise foi et de la lâcheté, nous paraît être le port tranquille et sûr où nous devons attendre le moment de mettre à la voile pour des terres inconnues ; et lors même que ce moment sera venu, le plus hardi navigateur, sous peine de faire bientôt naufrage, devra encore s'éclairer de l'expérience de ses devanciers, il devra accepter ce qui aura été découvert avant lui : son point de départ sera toujours l'ÉCLECTISME.

BIBLIOTHÈQUE LOGIQUE,

ou

LITTÉRATURE DE CETTE SCIENCE.

A.

Abicht (*Joh. Heinr.*), Philosophie der Erkenntnisse. Bayr. 1791.

Le même, Von dem Nutzen und der Einrichtung eines zu logischen Uebungen bestimmten Collegium. Leipz. 1790.

Le même, Verbesserte Logik oder Wahrheits-Wissenschaft auf den einzig gueltigen Begriff der Wahrheit erbauet. Fuerth. 1802.

Le même, Anleitung und Materialien zu einem logisch-practischen Institute. Erlangen 1796.

Le même, System der elementar Philosophie, oder vollstaendige Naturlehre der Erkentniss-, Gefuehls- und Willens-kraft. Erlangen 1796.

Academiæ Lovaniensis commentaria in Isagogen Porphirii et in omnes libros Aristotelis de dialectica. Lov. 1568, fol.

Ackersdyck (Corn. ab), Logica. Traj. ad R. 1666.

Acontius (Jac.), De methodo sive de recta investigandarum tradendarumque artium ac scientiarum ratione. Basil. 1558.

Agrana (Nicol.), Disquisitiones in V Porphyrii universalia. Franc. 1601.

Agricola (Rudolphus), De dialectica inventione, libri III. Colon. 1527, Paris. 1554.

Alcuinus sive *Albinus Flaccus*, Dialectica et grammatica. Ingolst. 1604.

Alberti magni opera ad logicam pertinentia. Venet. 1494.

Le même, Commentaria in IV libros logicæ Aristot. Colon. 1490, fol.

Le même, Epitomata sive reparationes logicæ veteris et novæ Aristot. Col. 1496, in-4°.

Le même, Commentaria in Isagogen Porphirii et in omnes libros Aristot. de vetere logica. Col. Agr. 1494, fol.

Alemani (Ad.) De optimo genere disputandi, libri III. Paris. 1546.

Aler (P. Paul.), Dialectica nova. Trev.

Alexandri, Aphrod. in pr. anal. Aristot. comment. Venetis 1520.

Alstedii (Jo. Henr.) Logicæ systema harmonicum. Herborn. Nassov. 1614-1623.

Le même, Nucleus logicæ, complectens praxin artis nobilissimæ. Herb. 1623.

Le même, Theatrum scholasticum, in quo consiliarius philosophicus proponit systema et gymnasium mnemonicum, logicum et oratorium. Ed. alt. Herb. 1620.

Le même, Compendium lexici philosophici. Herbornæ 1626. Il est particulièrement question de la logique pp. 3356-3384.

Alvaradi (Alp.) Ars disserendi ac dicendi, lib. II. Bas il. 1600.

Ammonii Hermeæ Comment. in Aristoteles categorias et Porphyrii Isagogen. Gr. Venet. 1545.

Le même, Comment. in Aristotelis librum de interpretatione. Gr. Venet. 1545.

Ancillon, Mémoire sur la certitude et en particulier sur la nature de la certitude humaine. *Mém. de l'Acad. de Berlin,* 1792-1793, pp. 438-476.

Le même, Doute sur les bases du calcul des probabilités. *Ib.,* 1794-1795, pp. 3-32.

Le même, Considérations sur l'analyse des principes dans les sciences. *Ib.,* 1801, pp. 31-50.

Aneponymi (Georg.) Compendium philosophiæ sive organi Aristotelis. Gr. et Lat. Aug. Vind. 1600.

Angest (H.), Problemata logicalia. Par. 1507 et 1511.

Antonii Genuensis Ars logico-critica. Ed. quarta multo auctior et emend. Neapoli 1758.

Arborei Scholia ad predicamenta Aristotelis. Paris. 1582.

Le même, Dialectica. Paris. 1530 et 1536.

Aristotelis Organon, hoc est, libri omnes ad logicam pertinentes, gr. et lat. Jul. Pacius recensuit. Francof. 1592, 1597 et 1605.

Arnauld (Ant.), Des vraies et des fausses idées, contre ce qu'enseigne l'auteur de la recherche de la vérité. Cologne 1683.

Le même, L'art de penser. Paris 1664. (Logique dite de Port-Royal, tr. en latin par Buddeus). Hal. 1704. Voy. plus haut p. 318, et *J. H. Acker,* ad *Bibl. philos. Struvii,* p. 46. Parmi les auteurs supposés il nomme aussi le sieur *De Trigny*, mais avec doute.

Arnoult (Gatien), Programme d'un cours complet de philosophie. Paris 1831.

Augustini Tractatus de dialectica, Chirii Fortunatiani nomine ed. Bas. 1558. Vid. opp. S. Augustini a congr. Sti. Mauri edita. Antv. 1700, t. 1, p. 613.

B.

Baader (F.), Fermenta cognitionis. Berl. 1822-1823.

Baconis (Franc.) Opp. omnia. Amstel. 1730; fol. — Wurtzbourg 1770-1789, 3 vol. in-8º.

Le même, Neues organon, uebersetzt von *Bartoldy,* mit anmerk. von *Maimon.* Berl. 1793. — Account of the novum organum of Bacon, published by the society for the diffusion of useful knowledge. London 1827-1828.

Bake (Alex.), Lessen over de Redekunde, ten dienste van jonge lieden, die de scholen hebben verlaten. Leyden 1828.

Barby (Petr.), Commentarius in Aristotelis logicam. Lugd. 1692.

Bardili (C. G.), Grundriss der ersten Logik gereinigt von den Irrthuemern bisheriger Logiken ueberhaupt, der Kantischen insbesondre. Stuttgart 1800.

Le même, Beytrag zur Beurtheilung des gegenwaertigen Zustandes der Vernunftlehre in einigen Bemerkungen ueber die Tieftrunk'sche und Schulze'sche Logik. Landshut 1803.

Baumeister (Fr. Chr.), Institutiones philos. rationalis methodo Wolfii conscriptæ. Wittenb. 1735, ed. decima 1769, item 1790.

Le même, Philosophia definitiva ex syst. Wolfii. Wittenb. 1758 et 1789.

Le même, Philosophia recens controversa. Lips. et Gorlicii 1749 et 1766.

Le même, Logica. Wittenb. 1780.

Le même, De fallaci exspectatione casuum similium, pp. 303-321 de ses *Exercitationes academicæ.*

Lips. et Gorl. 1741, in-4º. — De definiendi pruritu. *Ib.* pp. 403-414.

Baumgarten (Alex. Gottl.), Acroasis logica, in Christ. L. B. De Wolf. Halæ 1761.

Le même, Acroasis logica aucta et in systema redacta a *J. Gott. Tœllnero.* Ed. II. Halæ 1773.

Bayle (P.), Système de philosophie, contenant la *logique* et la métaphysique. Imprimé par ordre du roi. Berlin 1785.

Beausobre, Réflexions philos. sur la certitude. Mém. de l'Acad. de Berlin, 1776, pp. 360-370.

Beck (J. S.), Lehrbuch der Logik. Rostock und Schwerin 1820.

Beck (D.), Institutiones logicæ. Salzb. 1784.

Le même, Philosophia rationalis. Salzb. 1764, in-4º.

Bedæ Venerabilis opera omnia. Col. 1688.

Bejer (C. F. A.), De formis cogitandi disjunctivis. Lips. 1813.

Bendavid (Laz.), Versuch einer logischen Auseinandersetzung der Mathem. Unendlichen. Berlin 1796.

Beneke (Fr. Ed.), Erkenntnisslehre nach dem Bewusstseyn der reinen Vernunft. Jena 1820.

Bérard (Fréd.), Doctrine des rapports du physique et du moral de l'homme. Paris 1823.

Berkeley, Dialogues entre Hylas et Philoponus, sur la réalité et la perfection de l'entendement humain; trad. de l'anglais par l'abbé de Gua de Malves. Amst. (Paris) 1750.

Berg (*Franz.*), Epikritik der Philosophie. Auerstadt und Rudolstadt 1805.

Bergk (*J. A.*), Die Kunst zu Denken. Leipz. 1802.

Bertii (*P.*) Logicæ peripateticæ lib. vi. Lugd. Bat. 1604.

Beurhusii (*Krid.*) Dialecticæ Rami lib. ii, prælectionum et repetitionum quæstionibus illustrati. Colon. 1588.

Le même, Pædagogia logica. Colon. 1583.

Le même, Defensio P. Rami dialecticæ. Francof. 1589.

Le même, Ad P. Rami dialecticæ praxin introductio. Francof. 1598.

Le même, Disputatio pro Ramea hoc est Socratica et Aristotelica philosophia. Col. 1610.

Bilstenii (*Jaach.*) Dialectica, in qua P. Rami et Phil. Melanchthonis præcepta conjunguntur. Hanov. 1592.

Blanchet (*Jean*), Logique de l'esprit et du cœur, à l'usage des dames. La Haye et Paris 1760.

Blemmidæ Nicephori Epitome logica. Opera Wegelini. Aug. Vind., 1605.

Boehme (*C. F.*), Beantwortung der Frage : *Was ist Wahrheit?* Altenb. 1803.

Boethii Opera cum notis varior. Basil. 1546.

Boisgelin (le cardinal de), L'art de juger par l'analyse des idées. Paris 1789. — Réimprimé en 1818 dans les *OEuvres* de l'auteur.

Bonstetten (*Ch. Victor de*), Études de l'homme. Genève et Paris 1821.

Borelly, Élémens de l'art de penser, ou la logique réduite à ce qu'elle a de plus utile. Nouv. éd. Liège 1821.

Born (*F. G.*), De scientia et conjectura. Leipz. 1805.

Bouterweck (*Fred.*), Lehrb. der philos. Vorkenntnisse. Goett. 1810 et 1820.

Le même, Lehrbuch der philos. Wissenschaften. Goett. 1820.

Braniss (*Jul.*), Die Logik in ihrem Verhaeltniss zur Philosophie geschichtlich betrachtet. Berl. 1823.

Bricot, Textus logices. S. L. et A.

Bruckeri (*Jac.*) Observatio de Pyrrhone a scepticismi universalis macula absolvendo.

Bruno (*Jord.*), De compendiosa architectura et complemento artis Lullii. Parisiis 1580.

Le même, Ars memoriæ, sive de umbris idearum. Parisiis 1582.

Le même, De Lampade combinatoria Lulliana. Vitemb. 1587.

Le même, De progressu et lampade venatoria logicorum. Vitemb. 1587.

Le même, De imaginum, signorum et idearum

compositione ad omnia inventionum, dispositionum et memoriæ genera, lib. III. Francof. 1591.

Bruxellensis (*Georgius*) ou *Van Brussel*, Facillima in Aristotelis logica interpretatio, textu, non nullisque a magistro Thoma Bricot editis quæstionibus accumulata. Parisiis 1496, in-4°.

Buchner (*A.*), Erkenntniss und Philosophie. Landsh. 1806.

Buddei (*Jo. Fr.*) Elementa philos. instrumentalis. Halæ 1703, edit. VII, 1717.

Buffier (*Cl.*), Traité des premières vérités et de la source de nos jugemens. Avignon 1822. (Voy. *Psych.* p. 24.)

Le même, Les principes du raisonnement exposés en deux logiques. Paris 1714.

Buhle (*Jo. Theoph.*), Aristotelis opp., vol. I-IV. Bipont. 1791-1793.

Le même, Antiquorum græcorum, etc. Voy. p. 289, n° 7.

Le même, Einleitung in die allg. Logik und die Kritik der reinen Vernunft. Goett. 1795.

Bullfinger (*G. B.*), Præcepta logica, curante Vellnagel. Jenæ 1729.

Burgersdicii (*Franc.*) Institt. logicæ ad Aristotelis præcepta concinnatæ. Cantabr. 1647, Genev. 1651, Amst. 1653 et 1670, Lugd. Bat. 1634, Ultraj. 1698.

Buridani (*J.*) Summula in logicam. S. L. 1487, in-4°.

Le même, Compendium logicæ. Venet. 1499.

Burkhaeuser (*Nic.*), Institt. logicæ. Wirceb. 1772.

Burleii (*Walteri*), Anglici, scripta in Isagogen Porphyrii et artem veterem Aristotelis. Venet. 1509.

Bursii (*Adami*), Dialectica Ciceronis. Samosci 1604.

Buscherus (*Heiz.*), De ratione solvendi sophismata ex Rami logica deducta, lib. II. Hamb. 1597.

Le même, Harmoniæ logicæ Philippo-Rameæ, lib. II. Lemgov. 1597.

Buttner (*M. Guolf.*), Dialectica germanice. Lips. 1576.

Buzenkay (*Mich.*), Compendii logici, lib. II, in quibus universa artis bene disserendi præcepta methodo accurata et perspicua ita sunt disposita, ut tiro, semestri spatio, fundamenta logicæ cum fructu jacere queat. 1696.

Bye (*Petr. Jacq. de*), Diss. ph. inaug. universam hypothesium philosophicarum theoriam exhibens. Lugd. Bat. 1790, in-4°, X et 170 pp.

C.

Cæsarii (*J.*) Dialectica. Paris. 1541.

Le même, Dialectica, acced. Jo. Murmellii Isagogen in decem Aristotelis prædicamenta. Moguntiæ 1550.

Calker, voy. p. 290, n° 11.

Callisen (*Ch. Fried.*), Kurzer Abriss der Logik und Metaphysik. Nurnb. und Sulzbach 1805.

Camerarii (*Guil.*) Selectæ disputationes philos. in tres partes distributæ. Pars prima præcipuas disput. *logicas* et morales complectens. Parisiis 1630.

Campanellæ (*Th.*) Philosophia rationalis. Paris. 1638.

Cantiunculæ (*Claudii*) Topica. Basil. 1520, fol.

Caramuelis (*J.*), Herculis labores logici. Francof. 1655.

Le même, Philosophia rationalis et realis. Lovanii 1642.

Carbonelli (*Hug.*) Ars Lulliana seu memoria artificialis. Paris. 1621.

Cardaillac (*De*), Cours élémentaire de philosophie. Paris 1831, 2 vol.

Cardani (*Hier.*) Dialectica. Bas. 1566.

Carlowszky (*Sigism.*), Logica. Cassoviæ 1820.

Caro (*J.*), Cours élémentaire de philosophie. Paris 1831.

Carpentarii (*Jac.*) Descriptio universæ artis disserendi ex Aristotelis organo logico collecta et in libros tres distincta. Parisiis 1552, 1564.

Cartesii (*Renati*) Opp. omnia. Amst. 1692-1701. Plus complet en français, pub. par M. Cousin. Paris 1824-1826, 11 vol. in-8°.

Cartier (*P. G.*), Logica s. ars cogitandi, dans

sa *Philos. eclect.* Aug. Vindel. et Wirceb. 1756.

Casmannus (Oth.), P. Rami dialecticæ et Melanchthonis collatæ. Hanov. 1594.

Cassandri (G.) Tabulæ præceptionum dialecticarum. Paris. 1548, in-4º; Colon. 1556, in-8º

Cassiodori Opp. ed. Joh. Garatius, Rotomagi 1679.

Castillon (De), Sur la manière d'enseigner de Socrate. *Mém. de l'Acad. de Berlin*, 1779, pp. 361-376.

Le même, Réflexions sur la logique. *Mém. de l'Acad. de Berlin*, 1802, pp. 29-49.

Le même, Mémoire sur un nouvel algorithme [1] logique. *Ibid.*, 1803, pp. 3-24.

Changeux, Traité des extrêmes ou des élémens de la science de la réalité. Amst. 1767, 2 vol. in-12, pp. 128-146 du t. 1er, l'auteur s'occupe spécialement de la logique.

Chauvin (Steph.), Lexicon philos. sive thesaurus philos. ordine alphab. digestus. Rotterod. 1692.

Cherbury (Herbert de), De la vérité en tant qu'elle est distincte de la révélation, du vraisemblable, du possible et du faux; traduit du latin par l'auteur. 1639, in-4º.

Chladenii (Job. Nart.) Dissert. de vita et hæresi Roscellini. Erlang. 1756.

---

[1] *Algorithme* veut dire art de supputer avec justesse.

Chlichtovœus (Judocus), Fundamentum logicæ. Paris 1534.

Le même, Introductio in terminorum cognitionem, in libros logicorum. Paris 1520, in-4°; 1526, in-8°.

Christiern (P. N.), Diss. de usu logicæ in ideis acquirendis. Upsal 1788, in-4°.

Claubergii (Joh.) Logica vetus et nova, methodum inveniendæ ac tradendæ veritatis, in Genesi simul et analysi facili methodo exhibens. Ed. sec. Amst. 1658. — Item cura Jo. Theod. Schalbruchii. Amst. 1691, in-4°. — Ejusdem compendium. Marburgi 1695, in-12.

Le même, Ontosophia nova et accedit logica contracta. Duisburgi ad Rh. 1660.

Le même, Onderscheijt tusschen de Cartesiaensche ende de anders in de schoolen gebruijckelijke philosophie. Nijmegen 1661.

Le même, Initiatio philosophi sive dubitatio cartesiana. Duisb. 1655.

Le même, Differentia inter Cartesianam et alias in scholis usitatam philosophiam. Accesserunt ob materiæ affinitatem dissertationes communicatæ agentes de libertate philosophandi, etc. 1680.

Le même, Defensio Cartesiana adversus Revium. Amst. 1652.

Le même, Specimen logicæ Cartesianæ; quod ipsi falso adscribi docet Thomasius Vernunftlehre, p. 31.

Clerici (Joan.) Opp. philos. in IV tomos digesta. Lips. 1710. — Sebast. Edzard a publié : Examen logicæ Joannis Clerici. Hamb. 1699, in-4º.

Le même, Logica. Amst. 1693.

Coeuret de St.-Georges, Principes de logique, ou art de penser, dans l'*Encyclopédie des Dames.* Paris 1822, in-18.

Complutensis Collegii FF. discalceati in Aristotelis dialecticam et philosophiam naturalem. Lugd. 1668, 2 vol. in-fol.

Condillac, OEuvres complètes. Paris 1822, 16 vol. — Voy. Essai sur l'origine des connaissances humaines, trad. en allem. par Hissmann. — Traité des sensations, trad. en allem. par J. M. Weissegger. — La logique, trad. en allem. — L'art de raisonner.

Conimbricensis collegii commentatt. in Isagogen Porphyrii et omnes libros Aristotelis de dialectica. Lovan. 1569.

Contzen (Adam), Prælectiones logicæ et metaphysicæ. Mechliniæ 1822.

Coronel (Ant.), Logica. Paris. 1530, in-4º.

Corvinus (Chr. Ant. Jo.), Institutiones philos. ration. methodo scientifica conscriptæ. Jenæ 1739, Itterum 1742 et 1747.

Cosmi Alem. Algazelis Arabis Logica et philos. Colon. 1501.

Crassotii (Jo.) Logica. Paris. 1617.

Crellii (Fort.) Isagoge logica. Stett. 1621.

Crousaz (J. P. de), Système des réflexions qui peuvent contribuer à la netteté et à l'étendue de nos connaissances, ou nouvel essai de logique. Amst. 1725, 1737 et 1741.

Le même, Logicæ compendium. Groningæ 1725.

Le même, Logicæ systema. Genevæ 1724.

Le même, Examen du Pyrrhonisme ancien et moderne. La Haye 1733, in-fol.

Le même, Observations critiques sur l'abrégé de la logique de M. Wolf. Genève 1744.

Crusius (Chr. A.), Weg zur Gewissheit und Zuverlaessigkeit der menschlichen Erkenntnisse. Leipz. 1747.

Le même, Entwurf der nothwendigen Vernunftwahrheiten. Leipz. 1745.

Le même, Dissert. de usu et limitibus rationis sufficientis. Lips. 1752.

Le même, De summis rationis principiis. Lips. 1775.

Le même, Abhandlung von dem Rechten Gebrauch und der Einschraenkung der sogenannten Satzes von Zureichenden Grunde oder besser determinirendem grunde.

D.

Dagoumer (Guill.), Philosophia ad usum scholæ

adornata. Lugd. 1746, t. 1, Log.; Dresde 1758, 6 vol. in-12.

Dalham (Fl.), De ratione recte cogitandi, Aug. Vind. 1762.

Damascenus (Joh.), Capita philos. sive dialectica, in ejusd. Opp. Paris. 1712, vol. 1.

Damiron (Ph.), Cours de philosophie. Paris 1831.

Danhauerus (Jo. Conr.), De syllogismo infinito, etc. Argent. 1631.

Le même, Apologia hujus tractatus. Argent. 1632.

Daniel (Gabriel), Voyage du monde de Descartes, suivant la copie de Paris. 1691. — Voy. aussi : Nouvelles difficultés proposées par un péripatéticien à l'auteur du Voyage du monde de Descartes. Paris 1693; et *Gruyer,* Métaph. de Descartes. Bruxelles 1832.

Daries (Joh. G.), Voy. p. 289, n° 5.

Le même, Via ad veritatem. Jenæ 1755; Germanice, cum notis, 1775.

Daube (L. J. J.), Essai d'idéologie, ou introduction à la grammaire générale. Paris 1805.

Dave (Ant.), Dialectica peripatetica. Lov. 1652.

Deddeley (P. Jac.), Summulæ logicæ sive dialectica minor, ex organo principiisque Aristotelis. Ingolst. et Aug. Vind. 1751.

Degerando, Des signes et de l'art de penser, considérés dans leurs rapports mutuels. Paris 1800, 4 vol.

De la Forge (Lud.), Tractatus de mente humana, ejus facultatibus et functionibus. Amstel. 1669.

Delarivière, Sommaire d'un cours de philosophie. Orléans 1820.

Le même, Logique classique. Clermont 1829.

Denzinger (Ign.), Prima lineamenta logices. Leod. 1818.

Le même, Institutiones logicæ. Leod. 1824, 2 vol. in-8º.

Le même, Prima elementa logices, secundum institutiones logicas exposita. Leod. 1826. — Edit. secunda exercitationum logicarum materie aucta.

Deschamps, Logique, ou réflexions sur les forces de l'entendement humain, par M. Ch. Wolf; trad. du latin. Berlin 1736.

Destutt, comte de *Tracy*, Élémens d'idéologie, logique. Paris 1818.

Le même, Principes logiques, ou recueil de faits relatifs à l'intelligence humaine. Paris 1817. — Trad. en italien sous ce titre : *Principi logici* (avec le mém. sur la métaphysique de Kant). Pavie 1822, in-12.

Dexippi, Quæstionum in Aristotelis categorias, lib. III e versione latina J. B. Feliciani. Paris. 1549.

Diderot (Den.), OEuvres philos. et dramat. Amst. 1772, 6 vol. Paris 1819, 7 vol. éd. compacte.

Dolz (J. Chr.), Kleine Denklehre. Leipz. 1807.

Dullardus (J.), Quæstiones in Aristotelis : περὶ ερμενείας. Paris 1509, fol.

Le même, Quæstiones in librum prædicabilium Porphyrii, cura Joannis Drabbii Bonicollii. Paris. 1520.

Le même, Præfatio ad Logicam Joannis Buridani.

Dutens, Logique, ou l'art de raisonner. Paris 1773, in-12, in-8º et in-4º, et dans les *OEuv. div.* de l'auteur.

E.

Ebeling (H. M. F.), Versuch einer Logik fur den gemeinen Verstand. Berlin 1785 et 1797.

Ebelius (J. P.), Hermes logicus. Gissæ Chattorum 1620.

Eberhard (J. A.), Allgemeine Theorie der Denkens und Empfinsens. Berlin 1786; Leipz. 1786.

Eberstein (Freyh. von), Voy. p. 290, nº 8.

Ebert. (P. C.), Elementa logicæ eclecticæ. Francof. 1763, in-4º.

Engel (J. J.), Versuch einer Methode die Vernunftlehre aus den Platonischen Dialogen zu entwickeln. Berlin 1780.

Engel, Sur la réalité des idées générales ou abstraites. *Mémoires de l'Acad. de Berlin*, 1801, pp. 129-145.

Engelhard (Nicol.), Institutionum philosophiæ

theoreticæ, t. 1, complectens logicam. Groningæ 1743.

Ernesti (Jo. Aug.) Initia doctrinæ solidioris. Lips. 1796.

Ernsthausen (V. T. E. von), Inhalt der logischen Wahrheit. Berlin 1804.

Esser (Wilh.), System der Logik. Eberfeld 1823.

Eufaeler, Specimen artis ratiocinandi naturalis et artificialis ad pantosophiæ principia manuducens. Hamb. 1684.

Euler, Lettres à une princesse d'Allemagne. Nouv. éd. Paris 1812. Logique, t. 1, pp. 420-494.

Ewyck (J. van), Dissertatio inaug. de cognitionis in mathesi et in philosophia indole. Traj. ad Rh. 1810.

F.

Fabricii (Joh. Alb.) Diss. de cavillationibus Stoïcorum. Lips. 1692.

Le même, Voy. p. 289, n° 1.

Facciolati (Jac.) Logicæ disciplinæ rudimenta ex optimis fontibus ducta. Venet. 1728.

Le même, Institutiones scholæ peripateticæ. Venet. 1729.

Fardella (Michel Aug.), Logica. Venet. 1696.

Fechner (G. Th.), Katechismus der Logik oder Denklehre. Lips. 1823.

Feder (*J. G. H.*), Logik und Metaph. Goett. 1790.

Le même, Grundsaetze der Logik und Metaphysik. Goett. 1794.

Le même, Vorlesungen ueber die Federsche Logik und Metaph. Lemgo 1793-1794.

Le même, Erklaerung der Logik, Metaph. und pract. Philosoph. nach Feder. Wien, 1793-1794.

Le même, Institutiones logicæ et metaph. Goett. 1797.

Felix, Leçons de logique. Yverdon 1770.

Felwingeri (*Jo. Paul.*), Philosophia Altdorfiana, hoc est disputationes collectæ Scherbi, Soneri, Piccarti. Norimb. 1644.

Feuerlini (*J. G.*), Diss. de variis modis logicam tradendi. Jenæ 1712.

Le même, De logica hieroglyphica. Lips. 1712.

Le même, Orat. inaug. de prudentia logica ex vitis eruditorum addiscenda. Alt. 1715.

Fichte (*J. G.*), Ueber den Begriff der Wissenschaftslehre oder sogenannten Philosophie. Weimar 1794-1798.

Le même, Grundlage der gesammten Wissenschaftslehre. Lips. 1794-1802.

Fillassier, Éraste, ou l'ami de la jeunesse. Cinquième éd. Paris 1803. Les entretiens 2 et 3 contiennent des *Élémens de logique*.

Fischhaber (*G. E. F.*), Lehrbuch der Logik. Stuttg. 1818.

Flatt (K. Ch.), Bemerkungen gegen den Kantischen und Kiesewetterischen Grundriss der reinen allgemeinen Logik. Tuebingen 1802.

Flotte (J. S.), Leçons élémentaires de philos., t. Ier, *logique*. 2me éd. Paris 1805.

Fonseca (Petr.), Institutt. dialecticæ, lib. VIII. Basil. 1590, Colon. 1591, Leod. 1608.

Formey, Examen de la question : Si toutes les vérités sont bonnes à dire. *Mém. de l'Acad. de Berlin*, 1777, pp. 333-354.

Forster (Chr.), A. G. Baumgarten philos. gen. cum dissertat. prooemiali de dubitatione et certitudine. Halæ 1770.

Foucher, Philosophia academica. Paris. 1692.

Francke (G. S.), Institutiones psychologiæ empiricæ et *logicæ* brevis delineatio. Kiliæ 1814.

Francke (F. J. C.), De sensu proprio quo Aristoteles usus est in argumentandi modis, qui recedunt ab ejus perfecta syllogismi forma. Diss. acad. Rostochii, 1824, in-4°.

Francisci de Oviedo Madritani, Soc. Jesu, cursus philos. ad unum corpus redactus, t. I, complectens summulas, *logicam*, physicam, etc. Lugd. 1651.

Freigii (Jo. Th.) Artium logicarum schematismi logici. Bas. 1560.

Fries (Jac. Fred.), Grundriss der Logik und desselben System der Logik, ein Handbuch fuer Lehrer und zum Selbstgebr. Heidelb. 1811-1819.

Frischlini (Nic.) Dialogus contra P. Rami sophisticam pro Aristotele. Francof. 1590.

Frisii (Pauli) Comparationum logicarum lib. III. Francof. 1596.

Frobesius (J. N.), Voy. p. 289, n° 4.

Fuelleborn's (Geo. Gust.), Voy. p. 289, n° 6.

G.

Gammari (P. A.) Rhetorica ac dialectica legalis, cum comm. Udalrici Zasii, s. l. et a.

Garnier (Adr.), Précis d'un cours de psychologie (avec une esquisse de logique, pp. 163-170). Paris 1831, in-8°.

Garrigues, Cours de philosophie. Paris 1821.

Garve, De nonnullis quæ pertinent ad logicam probabilium. 1766.

Gassendi (P.) Opera omnia. Lugd. 1658.

Le même, Syntagma philosophiæ Epicuri. Hagæ Comit. 1659.

Le même, Exercitationes paradoxicæ adversus Aristoteleos. Amstel., Elzev., 1649. De la page 101 à la page 109, il est particulièrement question de la logique.

Gaultier (l'abbé), Méthode pour analyser la pensée et pour faire des abrégés. Paris, in-18.

Georgii Aneporymi Compendium philos. sive organi Aristotelis. Græce et lat. Aug. Vindel. 1600.

Georgii Diaconi Epitome logicæ Aristotelis. Par. 1548.

Genty (F. J. H.), Élémens de philosophie, livre premier, Logique. Paris 1819.

Gerhard (Ephr.), Delineatio philos. rationalis eclecticæ. Jena, 1709 et 1716.

Gerlach (Glo. Wilh.), Grundriss der Logik. Halle 1817, 1822.

Le même, Grundriss der Fundamental-Philosophie. Halle 1816.

Georgii, Expositiones logicales. S. L. 1504, in-4º.

Gesneri (J. M.), Primæ Lineæ Isagoges in eruditionem universalem. Lips. 1785.

Geulingii ou *Geulincx (Arnold.)*, Logica fundamentis suis, a quibus hactenus collapsa fuerat, restituta. Lugd. Bat. 1662.

Le même, Annotata majora in principia philosophiæ R. Descartes; accedunt opuscula philos. Dordraci 1691.

Le même, De Geest-kunde, behelsende een selfs-lichaem en God-kunde, alsmede desselfs Geest-kunde na het beleed der wandel-wysgeeren, waer aen gehegt zyn enige geest- en lichaemkundige Redeneringen, etc. Dordr. 1696.

Ghiffene (Laurent.), Prodidagmata sive logicæ, pars I, introductoria ad organon Aristotelis. Lov. 1627 et 1641, in-4º.

Goclenii (Rud.) P. Rami dialectica collecta a

M. Chst. Cramero, recognita, aucta, edita. Ursell. 1600.

Le même, Isagoge in organon Aristotelis. Francof. 1598.

Le même, Problemata logica et philosophica. Marb. 1614.

Goess (*G. F. D. von*), Grundriss der Logik. Amst. 1795.

Gonzalez (*Fr.*), Logica tripartita. Romæ 1639, in-4°.

Gorlæus (*David*), Exercitationes philosophicæ. 1620. *Foppens,* Bibl. Belg. I, 229.

Gorscii (*J.*) Commentariorum artis dialecticæ lib. x. Lips. s. a.

Gottsched (*J. Chr.*), Erste Gründe der gesammten Weltweisheit. Leipz. 1734, 1777.

Goveani (*Ant.*) Responsio ad Rami calumnias pro Aristotele. Paris. 1543.

Goveani (*Th.*) Logica elenchtica, sive summa controversiarum, quæ circa materiam et præcepta logicæ agitari solent. Dublini 1683.

Groeffe (*Joh. Fr. Chr.*), Die Socratik nach ihrer urspruenglichen Beschaffenheit. Goettingen 1794.

Græter (*F. D.*), Ausfuehrliche Logik. Esslingen 1815.

Grosseri (*Sam.*) Pharus intellectus sive logica electiva, methodo neoveterum digesta. Lipsiæ 1697.

Gruithuisen (F. P.), Grundriss der reinen Logik, etc. Glogau 1808.

Gruyer (L. A.), Système des facultés de l'ame, par Laromiguière. Bruxelles 1823. Voy. au mot *Descartes.*

Guinelli (Petr.) Commentarius de doctrina et arte demonstrandi, 1554. *Bibl. Belg.* II, 981.

Gundling (N. H.), Via ad veritatem moralem. Halæ 1713 et 1726.

Guntheri (J. Casp.) Dissertatio de methodo disputandi megarica. Jenæ 1707.

Gutkii (Georg.), Logica divina sive peripatetica. Colon. 1631.

H.

Hageri (Joh. Geor.) Dissertatio de methodo disputandi Euclidis. Lips. 1736.

Hanschii (Mich. Gottl.) Principia philosophiæ more geometrico demonstratæ cum excerptis ex epistolis philos. et scholiis quibusdam ex historia philosophica. Francof. et Lips. 1728.

Le même, Ars inveniendi sive synopsis regularum præcipuarum artis inveniendi. Franc. et Lips. 1728.

Hanslik (J.), Uebersicht der logischen Formen, als Huelfsmittel beim oeffentl. und Selbstunterrigt. 3 Tabell. gr. fol. Prag. 1823.

Harlay (Fr. de), Artificii logici descriptio. Paris. 1605.

Hatrani (Steph.) Introductio ad principia philosophiæ solidioris. Debriezini 1757.

Hauchecorne, Abrégé latin de philosophie, avec une introd. et des notes françaises. Paris 1784, 2 vol. in-12. Le premier contient la Logique.

Le même, Logique française, pour préparer les jeunes gens à la rhétorique. Paris 1818.

Haumont, Discours sur les arts et les sciences en général, et sur leur langue en particulier. Brux. 1818.

Le même, Discours sur les systèmes. Brux. 1818.

Haunoldi (C.) Logica practica in regulas digesta. Ingolst. 1646.

Heereboord (Adr.), Ermenia logica, seu explicatio synopsis logicæ Burgersdicianæ. Lugd. Bat. 1654 et 1656.

Le même, Philosophia naturalis, moralis, rationalis. Lugd. Bat. 1654.

Hegel (G. W. F.), Wissenschaft der Logik. Nuernberg 1816.

Le même, Encyclopaedie der philos. Wissenschaften im Grundriss. Heidelb. 1817.

Hegendorphini (C.) Dialectica legalis cum scholiis ejusdem auctoris et *Fr. Jametii.* Paris. 1547.

Heigl (G. A.), Die platonische Dialektik. Landsh. 1812.

Heineccius (J. G.), Elementa philos. rationalis et moralis, ed. nov. et emend. Amst. 1730.

Helvetius (Adr. de), De l'Esprit. Londres 1776. Trad. en allemand par Forkert. Luonitz 1787.

Le même, De l'homme, de ses facultés et de son éducation. Londres 1774. Traduit en allemand par Wichmann. Breslau 1785.

Hemert (P. van), Beginzels der kantiaensche wysgeerte, naar het hoogduitsch vreylyk gevolgd, etc. Amst. 1796.

Hemsterhuys, Aristée, ou de la vérité. Paris 1779, et dans ses *OEuvres*.

Hennert (Joh. Fred.), Aphorismi philosophici. Traj. ad R. 1718.

Herbart (J. F.), Lehrbuch zur Einleitung in die Philosophie. Koenigsb. 1813-1821.

Herbert (B.), Elementa logicæ. Wurtzb. 1773.

Herberth (Ed.), De veritate prout distinguitur a revelatione, verosimili, possibili et a falso. Paris. 1624. Lond. 1645.

Henser (R. J.), Logica prælectionibus accommodata. Colon. 1815.

Hillebrand (Jos.), Grundriss der Logik und phisophischen Vorkenntnisslehre. Heidelb. 1820.

Hiller (J. F.), Curriculum philosophiæ, logicam compl. Wittenb., 3 p. in-8º.

Hippii (M. Fabiani) Problemata physica et logica peripatetica. Witteb. 1698.

Hispani (P.) Summulæ logicales. Colon. Agr. 1622, in-4º.

Hobbesii (Th.) Opera omnia Amst. 1668, 2 vol. in-4º.

Hoeckelshoven (Jo.), Systema logicum in versibus. Francof. 1611.

Hoffbauer (J. C.), Anfangsgruende der Logik, nebst einem Grundrisse der Erfahrungs-Seelenlehre. Halle 1794-1810.

Le même, Analytik der Urtheile und Schluesse. Halle. 1792.

Hogel (Ch.), Empirische Psychologie und Logik. Gera. 1810.

Hollmann (S. C.), Institutiones philos. Vitemb. 1729.

Horvatt (J. B.), Institutiones logicæ. Aug. Vind. 1772 et 1781.

Hotomanni (F.) Dialecticæ institutiones, lib. iv. Hærii 1573.

Huetii (P. D.) Censura philosophiæ Cartesianæ. Paris 1689 et 1694. Campis 1690.

Le même, De imbecillitate mentis humanæ, lib. iii. Amst. 1738.

Hume (Dav.), Treatise on human Understanding. Lond. 1748.

Le même, Essais philosophiques sur l'entendement humain (trad. par de Mérian, avec une préf. et des notes par Formey). Amst. 1758. Voy. le *Dict. des Anon.*, I, 447.

Hungar (C. F.), Ueber die Natur der Wahrheit. Dresden 1786.

Hunnæi (*Aug.*) Dialectica, Antverpiæ, typ. Plantin. Antv. 1566, 1570, 1573, 1592, 1595, 1598 et 1608.

Le même, Prodidagmata logicæ, de dialecticis vocum affectionibus et proprietatibus. Antverp. 1566.

Hutcheson (*Fr.*), Compendium logicæ et metaph. Argent. 1771.

I. J.

Jacob (*L. H.*), Grundriss der allgemeinen Logik und kritische Anfangsgruende der allg. Metaphysik. Halle 1789, et 1800.

Jacchœus (*Gilb.*), Primæ philosophiæ institutiones. Lugd. Bat. 1616 et 1628.

Jacquier, Élémens de psychologie, d'idéologie et de logique. In-12.

Jankowsky (*J. E.*), Logique en polonais. Cracovie 1822.

Jani di Soria Philosophiæ rationalis institutiones. 1741.

Joannis, Grammatici comment. in priora analyt. Aristotelis. Venetis 1536.

Julii Pacii Commentarius analyticus in Porphyrii Isagogen et Aristotelis organon. Francof. 1592.

Jungii (*Joach.*) Logica Hamburgensis; hoc est institutiones logicæ. Hamburg 1638.

K.

Kalkreuth (H. W. A. von), Was ist Wahrheit? Leipz. 1821.

Kant (Emm.), Kritik der reinen Vernunft. Leipz. 1781.

Le même, Die falsche Spizfindigkeit der vier syllogistichen Figuren. Koenigsb. 1763, et dans : *Kant's kleine Schriften*. Koenigsb. 1797.

Le même, Vermischte Schriften, herausgegeben von Tieftrunck. Halle 1799 et Koenigsb. 1807.

Le même, Logik, herausg. von G. B. Jaesche. Koenigsb. 1800.

Keckermanni (Barth.) Systema logicum. Hanov. 1613 et 1620. Francof. 1728, 2 vol. in-8º.

Kiesewetter (J. G. C.), Grundriss einer allgemeinen Logik nach kantischen Grundsaetzen. Berlin 1795, 1802. Leipz. 1824-1825, 2 vol.

Le même, Logik zum Gebrauch fuer Schulen. Berlin 1797. Leipz. 1814 et 1823.

Le même, Compendium einer allg. Logik nach Kant'schen Grundsaetzen. Berlin 1796.

Kinker (J.), Essai d'une exposition succincte de la critique de la raison pure; trad. du hollandais par J. Le Fèvre. Amst. 1801.

Klein (G. M.), Verstandeslehre. Bamb. 1817.

Le même, Anschauungs und Denklehre, ein

Handbuch zu Vorlesungen. Bamb. und Würzb. 1818.

Knigge (*Phil. Freih. von*), Versuch einer Logik fuer Frauenzimmer. Hannov. 1789.

Knutzen (*Mart.*), Elementa philos. rationalis sive logica. Regiomonti 1771.

Kochii (*C. D.*) Specimen polyhistoris logici. V. B. G. Struvii *Bibl. philos.* Jenæ 1728, p. 125.

Le même, Programma de logices abusu. *Ibid.*

Koeppen (*Frd.*), Leitfaden fuer Logik und Metaphysik. Landshut 1809.

Kragii (*Andr.*), Schola Ramea vel defensio P. Rami adversus G. Leibleri calumnias. Basil. 1582.

Krause (*C. Chrsti Frd.*), Grundriss der historischen Logik. Jena 1803.

Krug (*Wilh. Traug.*), Denklehre oder Logik. Koenigsb. 1806, 1819.

Le même, Handbuch der Philos. und der philosophischen Litteratur. Leipz. 1820.

Le même, Fundamental-Philosophie. Zullichau und Freystadt 1803.

Le même, Von der Ueberzeugung nach ihren verschiedenen Graden. Jena 1797.

Le même, System. der theoret. Philos. — Logik. Koenigsb. 1819. Voy. Systema philosophiæ criticæ in compendium redegit, latine interpretatus est et edidit S. Marton. Wien 1820, vol. I.

L.

Lambert (Joh. Heinr.), Neues Organon. Leipz. 1764, 2 vol.

Le même, Logische und philosophische Abhandlungen, herausg. von Bernouilli. Dessau 1786-1787, 2 vol.

Le même, Anlage zur Architektonik, oder Theorie des Ersten und Einfachen in der philos. und mathemat. Erkenntniss. Riga 1771, 2 vol.

Le même, Examen d'une espèce de superstition ramenée au calcul des probabilités. *Mém. de l'Acad. de Berlin,* 1771, pp. 411-420.

Lancelin, Introduction à l'analyse des systèmes.

Lange (Joh. Joach.), Medicina mentis. Halæ 1703. Cet ouvrage fut censuré avec aigreur par Jo. Jac. Ferber, dans une *Exercitatio Acad.* Vitemb. 1709, in-4º.

Laniolle (De), La logique sans épines, et ses matières rendues les plus claires du monde, par des exemples sensibles. 2me édit. Paris 1670.

Lapidanus (Guill.), Methodus dialecticæ Aristotelicæ. Lud. 1542.

Laromiguière (P.), Leçons de philosophie. Paris 1815, etc.

Larroque (P.), Élémens de philosophie. Paris 1831.

Latomi (Barth.) Summa totius rationis disserendi. Colon. 1527 et 1542.

Le même, Enarrationes in Topica ad Trebatium, edente Petro Gallandio. Argent. 1539.

Le même, Scholia in dialecticam Georgii Trapezuntii. Lugd. 1545, in-4º.

Le même, Epitome commentarr. Dialecticæ inventiones Rod. Agricolæ. Colon. 1533. Basil. 1536. Paris. 1533 et 1530. Emendat. Paris. 1542, in-4º.

Layritz (P.), Elementa logicæ. Stuttg. 1765.

Lax (Gasp.), In logicam tractatus varii. Paris. 1511, 1512, 1515, fol.

Le Breton (le P.), La logique adaptée à la rhétorique. Paris. 1788.

Leewis (Dion. a), De scientia universalium. — Compendium philosophicum seu elementatio philosophica.

Le Grand (Ant.), Philosophia veterum e mente Renati Descartes, more scholastico breviter digesta. Lond. 1671, 1678, 1680.

Le même, Institutio Philosophica. Lond. 1672. Norimb. 1679.

Lehmann (J. Jac.), Neue und nuetzlichste Art der Vernunftlehre. 1723.

Lehmus (C. D.), Grundriss des gesunden Menschenverstandes. Heilbr. 1785, 4 vol.

Le Moine (P. J.), Comment. acad. de diversi adsensus formis quæ dicuntur scientia, fides, opinio, nec non de fiducia in rationis humanæ auctoritate collocanda. Lugd. Bat. 1829, in-4°.

Leibnitii (*God. Guil.*) Opp. omnia, edidit Lud. Dutens. Genev. 1768, 6 vol. in-4°.

Le même, OEuvres philos. latines et françaises, tirées de ses manuscrits, etc., par M. Rud. Erich Raspe, avec une préface de M. Kaestner. Amst. et Leipz. 1765. — Trad. en all. avec des remarques par J. H. F. Ulrich. Halle 1778, 2 vol.

Lemonier (*P.*), Cursus philosophicus, ad scholarum usum accommodatus. Paris. 1750, 6 vol. in-12.

Libavii (*Andr.*) Collatio dialectices Melanchtonis et Rami. Norimb. 1593.

Likawetz (*J. C.*), Elementa philos. Græcii 1820, 5 vol. Le second renferme la logique.

Lipsii (*J.*) Manuductio ad stoican. philos. Paris. 1604, et dans ses *OEuvres*. Anvers 1637, t. iv.

Locke (*J.*), Essai philosophique concernant l'entendement humain; trad. de l'anglais par M. Coste. Amst. 1674. Éd. de M. Thurot, Paris 1822. — Trad. en allem. avec des remarques par Tennemann. Jena 1795-1797, 3 vol. — Item par Titel. Mannh. 1790.

Lossius (*Joh. Chr.*), Unterricht der gesunden Vernunft. Gotha 1777, 1778, 2 vol.

Le même, De arte obstetricia Socratis. Erfurt. 1785.

M.

Maass (J. G.), Grundriss der Logik. Halle 1793, 1803, 1806.

Mackensen (W.), Grundriss zu einer Theorie des Abstractionsvermoegens. Halle 1799.

Mackenseus (Geo.), De humanæ rationis imbecillitate, unde proveniat et illi quomodo possimus mederi. Ultraj. 1690, in-12. Jenæ 1691, in-12. Francof. 1700, in-12. *J. G. Grævius fut éditeur de ce livre.*

Madritani (P.), Dialectica seu logica minor. Romæ 1711, in-4º.

Maimon (Salom.), Versuch einer neuen Logik oder Theorie des Denkens. Berlin 1792.

Le même, Die Kategorien des Aristoteles, mit Anmerkungen erlaeutert und als Propaedeutik zu einer neuen Theorie des Denkens dargestellt. Berl. 1798.

Le même, Kritische Untersuchungen ueber den menschlichen Geist. Leipz. 1787.

Majer (G. F.), Vernunftlehre. Halle 1752.

Maki (P.) Compendiaria logicæ institutio. Vindo Bonæ 1760.

Malebranche (Nic.), De la recherche de la vérité. L'édition la plus complète est celle de Paris 1712, 4 vol. in-12. — Trad. en allem. avec des remarques. Halle 1777-1780, 4 vol.

Manderston (Guil.), Tripartitum epitoma in totius dialecticæ artis principia. Paris. 1517, in-4º.

Mangold (J. M.), Philosophia rationalis et experimentalis. Ingolst. 1755, 3 vol. in-4º.

Mansfelt (Reg.), Elementa rectæ ratiocinationis. Ultraj. 1668.

Mariotte, Essai de logique, contenant les principes des sciences et la manière de s'en servir pour faire de bons raisonnemens. Paris 1678.

Marius Nizolius, Antibarbarus, sive de veris principiis et vera ratione philosophandi contra pseudo-philosophos, lib. IV. Parmæ 1553. Edidit Leibnitius. Francof. 1674.

Martiani Capelle (sic) probate et sincere latinitatis auctoris Dialectica perutilis ac jucunda omnibus iis qui spretis barbarici deviis rectum dialectices querunt iter. M. Tullii Ciceronis Topica. Lyptzk. 1510, fol.

Martinet (Carol.), Logica seu ars cogitandi ad publicum scholarum usum. Paris. 1771.

Martini (Corn.) Disputatio contra Ramistas de subjecto et fine logicæ. Lemgov. 1597.

Le même, Commentarii logici adv. Ramistas. Helmst. 1623.

Marsais (Du), Logique et principes de grammaire (publ. par Drouet). Paris 1769, in-8º, et 2 vol. in-12.

Le même, Essais sur les préjugés, ou de l'influence

de l'opinion sur le bonheur des hommes. Nouv. éd. Paris 1822.

Massa (*N.*), Logica. Venetiis 1559, in-4º.

Massias (le Baron), Rapport de la nature à l'homme. Paris 1821.

Le même, Problème de l'esprit humain. Paris 1825.

Le même, Lettre à M. Stapfer, sur les articles qu'il avait consacrés à cet ouvr. dans la *Revue Encyclopédique*, XXXIII, pp. 87 et 414. *Ibid.* XXXIV, pp. 477-479.

Matthiæ (*Aug.*) Lehrbuch für der ersten Unterricht in des philosophie. Leipz. 1823.

Matthisius (*Ger.*), Scholia in organon Aristotelis. Colon. 1565, 2 vol. in-4º.

Le même, Epitome logicæ aristotelicæ, gr.-lat. Colon. 1569.

Maugras, Cours de philosophie. Paris 1822.

Mauterni (*Jo.*) Pannonii, rect. schol. Cassov., tabellæ logicæ duobus opusculis universam disserendi artem brevi, facili, perspicua atque accurata methodo comprehendentes, ex optimis auctoribus concinnatæ, in usum scholæ restauratæ Cassoviensis. Leutschoviæ 1640.

Mazeas (*J. M.*), Institutiones philosophicæ seu elementa logicæ et metaphysicæ, ad usum studiosæ juventutis accommodata. Paris. 1777, 3 vol. in-12.

Mazzarelli, Il buon uso della logica in materia di religione. Fuligno 1787.

Mehmel (*G. C. A.*), Versuch einer volstaendigen analytischen Denklehre. Erlangen 1803.

Meilinger (*Fl.*), Grundriss der Logik und Metaphysik. Muenchen 1826.

Meiners (*Christ.*), de Nominalium ac realium initiis, in comment. soc. Goetting. T. xi.

Le même, Untersuchungen ueber die Denk- und Willens-kraefte. Goett. 1806.

Meisler (*W.*), Logica in compendium redacta. Vindob. 1781.

Meister, Logique à mon usage. Amst. 1772. Reimprimé dans le *Journal de lecture*.

Melanchtonis (*Phil.*) Compendiaria dialectices ratio. Wittenb. 1520, in-4º.

Le même, Dialecticæ lib. iv. Paris. 1522.

Le même, Erotematum dialecticæ lib. iv. Wittenb. 1547. Arg. 1574, fol.

Mellin (*G. S. A.*), Encyclopaedische Woerterbuch der kritischen Philos. Zullichau und Leipz. 1797.

Mendosa (*P. H. de*), Disputationes logicæ ac metaphysicæ. Tolosæ 1617.

Menzii (*Fr.*) Diss. de Socratis methodo docendi non omnino præscribenda. Lips. 1740.

Mercier, Logique, ou l'art de penser. Genève 1766.

Metz (*Andr.*), Institutiones logicæ. Bamb. et Wirceb. 1796.

Le même, Handbuch der Logik. Bamb. et Wirceb. 1802, 1816.

Le même, Ueber den Werth der Logik ein Verhaeltnisse zur Metaphysik und Mathematik. Nebst einem kurzen Ubrisse der Geschichte der Logik. Wurzb. 1813.

Le'même, De philos. criticorum de logica meritis atque nonnullis quæ inter illos adhuc controversa sunt, capitibus logicis, commentatio acad. Wirceb. 1799. Voy. p. 290, n° 9.

Meurisse (Fr. M.), Systema logicum figuris emblematicis representatum. *J. H. Acker*, ad Bibl. phil. Struvii, p. 41.

Miltoni (Joh.) Artis logicæ plenior institutio ad P. Rami methodum concinnata. Lond. 1672.

Molinei (P.) Elementa logica. Paris. 1609.

Mongin, Philosophie élémentaire ou méthode analytique, appliquée aux sciences et aux langues. Nancy 1803.

Mueller (J. F.), Zweifel gegen Herrn Christ. Wolfs vernuenftige Gedenken. Giesen 1731.

Muench (Jo. Gottl.), Diss. de notione ac indole scepticismi, nominatim Pyrrhonismi. Altd. 1797.

Murmellius (Joh.), Isagoge in prædicamenta seu categorias Aristotelis. Paris. 1535.

Murner (R. P. Th.), Chartiludium logicum edente Jo. Balesdens. *J. H. Acker*, ubi supra, p. 41.

Musschenbroek (P. van), Institutiones logicæ

præcipue comprehendentes artem argumentandi. Lugd. Batav. 1748.

N.

Nast (*J. Jac.*), Prog. de methodo Platonis philos. tradendi dialogica. Stuttg. 1787.

Neandri (*C.*) Tabulæ in dialecticam Petri Rami. Francof. 1591.

Neeb (*Joh.*), System der kritischen Philos. auf den Satz der Bewustseyns gegrunden, t. I, formale Philosophie. Bonn. und Francof. 1795.

Nehr (*Joh. Geor.*), Logik fuer die oberen classen in gelehrten schulen bearbeitet. Nuernberg 1797.

Neldelii (*Joh.*) Institutio de usu organi Aristotelici in disciplinis omnibus. Helmst. 1666.

Nicephori Blemmydæ Epitome logicæ doctrinæ Aristotelis, gr. et lat. edidit Jo. Wigelinus. Aug. Vindel. 1605.

Nicolaï Cusani Opp. Basil. 1565.

Nicolaï, Sur les abstractions, les imperfections qui en sont inséparables et leur fréquent abus. *Mém. de l'Acad. de Berlin*, 1803, pp. 25-54.

Le même, Sur le *regressus* logique et sur l'idée qu'attachaient à ce mot les anciens commentateurs d'Aristote *Ibid.*, 1803, pp. 55-72.

Nieuport (*C. F. de*), Essai sur la théorie du raisonnement, précédé de la logique de Condillac. Bruxelles 1805.

Nobilii (*Fl.*) Quæstiones logicæ variæ. Amberg. 1611, in-4º.

Noël, Logique de Condillac, à l'usage des élèves des Prytanées et Lycées. Paris 1802.

Nolini (*Petr.*) Elementa logica. Amst. 1638.

Nordin (*P.*), Theses methodum philosophandi corrigentes. Christianst. 1820.

Nuesslein (*Georg.*), Kritik der falschen Ansichten der Logik. Bamb. 1803.

Nuesslein (*Fr. Ant.*), Begriff und Eintzeilung der Philosophie, als Einleitung in das Studium derselben. Bamb. 1824.

Le même, Grundlinien der Logik zum Gebrauche bey Vorlesungen. Bamb. 1824.

O.

Occam (*Guil.*), Doctoris invincibilis et nominalium parentis, summa totius logicæ. Venet. 1532-1598. Oxon 1675.

Oosterga (*Cyp. Reg. ab*), Logica juridica. Ultraj. 1638.

Osterrieder (*H.*), Logica critica. Aug. Vind. 1760.

P.

Paludani (*M.*) Dialectica. Antverpiæ 1628 et 1636.

Pardi (*Hier.*) Medulla dialectices. Paris. 1505, in-fol.

Pascal (*Blaise*), Pensées. L'édition la plus complète a été donnée par M. Raynouard. Paris 1812.

Perionii (*J.*) Dialecticæ lib. III, ejusdem orationes duæ pro Aristotele. Basil. 1549.

Le même, Epitome dialecticæ. Basil. 1551.

Petrus (*Barth.*), Præceptiones logicæ, lib. II. Duaci 1625.

Pettermann (*Aug.*), Philos. Cartesianæ adversus censuram P. D. Huetii Vindicatio. Lips. 1690.

Pfaffradii (*Casp.*) Commentatio de studiis Rameis et legibus optimæ institutionis. Francof.

Philippi (*Guil.*) Medulla logicæ, physicæ et metaph. secundum princip. Aristotelis. Lov. 1661, 3 vol. in-4º.

Le même, Logica. Lov. 1658.

Philoponi (*Joh.*) Comment. in analyt. prima. Græce, Venetis 1536. Latine ex versione Q. Dorothei. Venetis 1541.

Le même, Comment. in analytica posteriora. Gr. Venetis 1534. Latine ex versione Andr. Gratioli. Venetis 1542.

Platner (*Ern.*), Philosophische Aphorismen. Leipz. 1776, 1793 et 1800, 2 vol.

Le même, Lehrbuch der Logik und Metaphysik. Leipz. 1795.

Ploucquet (*Gottf.*), Methodus tam demonstrandi

directe omnes syllogismorum species, quam vitia formæ detegendi ope unius regulæ. Tuebing 1763.

Le même, Principia de substantiis et phenomenis, accedit methodus calculandi in logicis ab ipso inventa, cui præmittitur commentatio de arte characteristica universali. Tuebing 1773.

Poelitz (K. H. L.), Elementar-Logik fuer paedagogische Zwecke. Dresden und Leipz. 1802.

Pomelli (Alex.) Methodus syllogistica. Venetiis 1572, in-4º.

Porphyrii In categorias Aristotelis expositio, græce. Paris 1543. Latine vertit J. B. Felicianus.

Pselli (Mich.) Introductio in sex philos. modos, græce, latine vertit Jac. Foscarenus. Venet. 1532.

Le même, Compendium in quinque voces Porphyrii et Aristotelis prædicamenta, græce. Paris. 1541.

Le même, Paraphrasis libri Aristotelis deinterprete, gr. cum Ammonii et Magentini comment. Venet. 1503.

Le même, Synopsis logicæ Aristotelis, gr. et lat. Aug. Vindel. 1600.

R.

Radacus (Phil.), Disputatio pneumatica de errore. Traj. ad R. 1720.

Rami (Petri) Institutiones dialecticæ, lib. II. Paris. 1543. Francof. 1580.

Le même, Dialectica cum prælectionibus Audomari illustrata. Colon. 1572.

Le même, Animadversiones in dialecticam Aristotelis, lib. xx. Paris. 1543.

Le même, Scholæ in artes liberales. Basil. 1569.

Le même, Opp. elegantioris methodi philosophiæ studiosis pernecessariæ. Basil. 1584.

Raymundi Lullii Opera t. x. Moguntiæ 1721 et 1742.

Le même, Opera ea quæ ad adinventam ab ipso artem universalem.... pertinent. Argentor. 1609 (accedunt Jord. Bruni, Henr. Corn. Agrippæ, Valerii de Valeriis commentarii, J. Henrici Alstedii Clavis artis Lullianæ, atque nova species logices minus vulgaris).

Regis (P. Sylvain), Système de la philosophie, contenant la logique, etc. Paris. 1690, 3 vol. in-4º.

Regnault (le P.), Logique en forme d'entretiens, ou l'art de trouver la vérité. Paris 1746.

Reid (Th.) Ses OEuvres, publiées par M. Th. Jouffroy. Paris 1829, 6 vol. in-8º. Cette édition est enrichie de fragmens de M. Royer-Collard et doit être précédée d'une introduction écrite par l'éditeur.

Reimarus (Herm. Sam.), Vernunftlehre als eine Anweisung zum richtigen Gebrauch. der Vernunft in der Erkenntniss der Warheit. Hamb. und Kiel 1756 et 1790.

Reimmanus (Jac. Frid.) Critiserender Geschichts-Calender von der Logica. Francof. 1698.

Reinhold (K. L.), Versuch einer neuen Theorie des menschlichen Vorstellungsvermoegens. Prag. und Jena 1789.

Le même, Ueber das Fundamente des philos. Wissensch. Jena 1791.

Le même, Versuch einer kritik der Logik aus dem Standpuncte der Sprache. 1806.

Le même, Die alte Frag : *Was ist die Wahrheit?* Altona 1820.

Reinhold (Ernst) Begruendung und neue Darstellung der logischen Formen. Leipz. 1819.

Rennemanni (Herm.) Enodatio totius philosophiæ Rameæ. Francof. 1599.

Reusch (J. P.) Via ad perfectionem intellectus compendiaria. Isenaci 1728.

Le même, Systema logicum. Jenæ 1734.

Reuss (Matern.) Logica universalis et analytica facultatis cognoscendi. Wirceb. 1789.

Le même, Vorlesungen ueber die theoretische und practische Philosophie, 1ste theil, ueber die Logik. Wuersb. 1797.

Le même, Initia philosophiæ solidioris, p. 1, initia Logicæ. Salzburgi 1798.

Richter (K. A.), Logik. Wien 1800.

Ringelbergii (Jo.) Dialectica et Rhetorica. Antv. 1529.

Le même, De disputatione inter disputantes dialectice instituenda libellus. Lov. 1551.

Ritter (Hein.), Vorlesungen zur Einleitung in die Logik. Berl. 1823.

Le même, Abriss der philosophischen Logik. Berl. 1824.

Rivii (Jo.) Dialecticæ lib. vi. Lov. 1546.

Rixner (Thad. Ans.), Aphorismen der gesammten Philos. Sulzbach 1818.

Rochow (F. Ebh. V.), Kleine Logik fuer Frauenzimmer. Braunschweig 1789.

Rodolphi (C.) Dialectica. Moguntiæ 1548.

Roeser (Columb.), Institutiones Logicæ. Wirceb. 1775.

Romagnosi (J. D.), Che cosa è la mente sana? Indovinello massimo che potrebbe valere poco o niente. Milano 1827.

Rothii (E. R.) Logica practica adjecta Logicæ Paulinæ. Ulmæ 1772.

Ruediger (J. A.), Disp. de eo quod omnes ideæ oriantur a sensione. Lips. 1704.

Le même, De sensu veri et falsi, lib. iv. Halæ 1709.

Le même, De usu et abusu terminorum, de novis ratiocinandi adminiculis.

S.

Saccheri (P.) Logica demonstrativa. Aug. Ubior. 1735.

Salat (*J.*), Grundzuege der allg. Philos. Muench. 1820.

Le même, Vernunft und Verstand. Tuebing 1808-1809, 2 vol.

Saure, Élémens de logique, à l'usage des gens du monde. Paris 1794.

Saxonia (*Alb. de*), Sophismata. S. l. et a., in-4º.

Schad (*J. B.*), Neuer Grundriss der Logik. Coburg 1801.

Le même, Institut. philos. universæ, t. 1, Logicam compl. Charkow. 1815.

Scharfii (*J.*) Manuale logicum. Wittenb. 1635.

Schaumann (*J. Ch. Gl.*), Elemente der allg. Logik nebst einem kurzen Abriss der Metaphysik. Marb. 1795.

Schegkii (*Jac.*) Responsio ad quatuor epistolas P. Rami contra se editas. Tuebing 1570. — Rami defensio adv. Schegkuim. Lausan. 1517.

Scherbii (*Phil.*) Dissertatio pro philos. peripat. adversus Ramistas. Giessen 1610.

Scherfer (*Car.*), Institutiones logicæ. Viennæ 1753.

Schiekhardi (*M.*) Logica juridica. Herb. Nass. 1615.

Schmidt-Phiseldek (*C. F. de*), Philosophiæ criticæ secundum Kantium expositio systematica. Alton. 1796-1798, 2 vol.

Schmitt (*K. Chr.*), Grundriss der Logik. Jena 1797.

Schopenhauer (Arthur), Die Welt als Wille und Vorstellung, vier Buechen nebst einem Anchange, des die Kritik der Kant'sche Philos. enthaelt. Leipz. 1819.

Schotani (Jo.) Discussio censuræ Huetianæ cum præfatione Jacobi Romani. Amstel. 1702. Voy. p. 377.

Schulse (G. E.), Grundsaetze der allg. Logik. Helmst. 1802, 1810, 1817. Goettt. 1821.

Le même, Kritik der theoretischen Philosophie. Hamb. 1802.

Le même, Aenesidemus oder ueber die Fundamente, der von Reinhold gelieferten Elementar-Philosophie. Helmst. 1792.

Le même, Encyclopaedie der philos. Wissenschaften. Goett. 1818.

Scribonii (G. A.) Triumphus logicæ Rameæ. Basil. 1583.

Seguy (Ant.) Philos. ad usum schol. accommod. — Logica. Paris. 1762.

Sels (H.) Initia Logicæ. Confluent. 1778.

Sextus Empiricus, Pyrrhoniæ hypoth. ed. Fabricio. Lips. 1718. Voy. plus haut pag.

Sievers (G. J.), De methodo Socratica. Slesv. 1810.

Sigwart (H. C. W.), Handbuch zu Vorlesungen ueber die Logik. Tuebing 1818.

Simeonis (Rabbi) Logica. Basil. 1527.

Simonii Varia in Aristotelem scripta. Genev. 1567.

Simplicii Comment. in Aristotelis categorias, gr. Venetis 1499. — Cum latinis Justi Velsii ad singulas categorias scholiis. Bas. 1551. — Cum latina interpr. Guill. Dorothei. Venet. 1541.

Snell (F. W. D.), Erste Grundlinien der Logik. Giesen 1804, 1810.

Snell (Ch. W. und *F.W.)*, Logik und Metaphysik; Handbuch der Philos. fuer Liefhaber. Giesen 1804, 1807, 1819.

Snell (F. W. D.), Leerboek voor het eerste onderwijs in de wysbegeerte, uit het hoogduitsch vertaald door A. J. Aitzema. Winschoten 1821.

Snellii (Rud.) Comment. in dialecticam Rami. Herborn. 1597.

Le même, Prælectiones in Rami dialecticam cum collatione Rami et Melanchtonis. Francof. 1596.

Soto (Dom.) Summulæ logicæ et physicæ. Salmanticæ 1547, fol.

Spalding (J. L.) Vindiciæ philosophorum Megaricorum. Berol. 1795.

Spieghel, Ruygh bewerp van de redenkaveling ofte nederduytsche dialectike. Amst. 1585. Cette dialectique en cinq livres, avec un abrégé en vers de cet ouvrage, sorti, comme le précédent, de la plume de Spieghel, fut publié par la Chambre de Rhétorique d'Amsterdam : *In liefde bloeijende*.

Spinoza (Bened. de) Opp. quæ supersunt, ed. E. H. E. G. Paulus. Jenæ 1802.

Spruyt (M. H.), Introduction à la dialectique légale, ou exposition sommaire des principaux argumens admis en jurisprudence. Bruxelles 1814.

Spumberger (J. C.) Oratio de præstantia et utilitate artis dialecticæ, deque definitione ejusdem. Wittemb. 1598.

Stahlii (Dan.) Institutiones logicæ. Jenæ 1662.

Stattler (Bened. J. S.), Philosophia methodo scientiis propria explanata, t. 1, Logica. Aug. Vind. 1769-1772.

Steinbart (G. S.), Gemeinnuetzige Anleitung des Verstandes zum regelmaessigen Selbstdenken. Dritten Aufl. Zullichau 1793.

Stengelii (G.) Libellus de bono et malo syllogismo. 1623.

Stewart (Dugald); Élémens de la philosophie de l'esprit humain; trad. de l'anglais par P. Prévost et Farcy. Genève et Paris 1808 et 1825.

Stierii (J.) Præcepta logicæ peripateticæ. S. L. 1632, in-4°.

Stoeger (B.), Introd. in studium philos. theor. P. 1, Logica. S. a.

Storchenau (S. von), Institut. Logicæ. Ofenb. 1795.

Strauss (K. G.), Lehrbuch einer system. Logik. Berlin 1783.

Sturmii (J.) Disputationes logicæ pro veritate et Aristotele conceptæ. Gryphisw. 1643.

Le même, Partitionum dialecticarum, lib. iv. Argent. 1560.

Superville (Dan. de), La culture de l'esprit, par Watts; trad. de l'anglais. 1762.

Syrbius (Jo. Jac.) Institutiones philos. rationalis eclecticæ una cum historia logices. Jenæ 1717 et 1723.

T.

Talœus, P. Rami dialectica Audom. Talæi prælectionibus illustrata. Colon. Agripp. 1578.

Tartarettus (Petr.) In summulas Petri Hispani, in Isagogen Porphyrii et Aristotelis logicam. Venet. 1592.

Tetens (J. N.), Philosophische Versuche ueber die menschliche Natur ihre Entwickelung. Leipz. 1777.

Thanner (Ignat.), Handbuch der Vorbereitung und Einleitung zum selbstaendigen wissenschaftlichen Studium, besonders der Philos. I Th., die Denklehre. Muenchen 1807.

Themistii Paraphrases in Arist. analyt. post., physica, de anima, de memoria et reminiscentia, gr. ed. Trincavelus. Venet. 1534.

Thiebault (Dieudonné), Grammaire philosophique, ou la métaphysique, la logique en un seul corps de doctrine. Paris 1802, 2 vol.

Thomasii (*Chr.*) Introductio in philosophiam aulicam. Lips. 1688. Halæ 1702.

Le même, Introd. in philos. rationalem, etc. Lips. 1601.

Le même, Einleitung zu der Vernunftlehre. Hal. 1691.

Le même, Ausuebung der Vernunftlehre. Hal. 1710.

Thomasius (*Jac.*) Logica. Lips. 1692.

Thomasius (*Joh.*) De secta nominalium orat. Lips. 1683.

Thuemmig (*Lud. Ph.*), Institutiones philos. Wolfianæ. Francof. et Lips. 1725.

Tieftrunk (*J. H.*), Grundriss der Logik. Halle 1801.

Titelmanni (*Fr.*) Summa Aristotelici organi cum scholasticis collati, sive dialecticæ considerationes. Paris. 1545. Lugd. 1580.

Titius (*J. G.*), Ars cogitandi. Lips. 1702 et 1723.

Tittel (*G. A.*), Erlaeuterungen der theoretischen und pract. Philos. nach Feders ordnung. — Logik. Francof. 1783.

Le même, Kantsche Denkformen oder Kategorien. Francof. 1786.

Toellner (*A. G.*), Baumgarten's acroasis logica aucta. 1765.

Trieu (Ph. du) Manuductio ad logicam sive dialectica studiosæ juventuti ad logicam præparandæ conscripta. Leod. 1667 et 1670. Mogunt. 1678. Luxemburg. 1690.

Treutleri (Hier.) Rudimenta dialecticæ P. Rami. Herborn. 1589.

Tschirnhausen, Medicina mentis sive artis inveniendi præcepta generalia. Amst. 1687. Lips. 1695, 1705 et 1753.

Twesten (A. D. Ch.), Die Logik insbesondere die Analytik. Schleswig 1825.

U.

Ulrich (J. A. H.), Institutiones logicæ et metaphysicæ (ad mentem Kantii). Jenæ 1785 et 1792.

V.

Valerii (C.) Dialectica. Antv. 1575.

Vallæ (Laur.) De dialectica lib. III. Venet. 1499. Par. 1530, in-4°. Et Opp. Bas. 1540.

Le même, Nicephori compendiaria de arte disserendi ratio. Basil. 1542.

Vallii (Pauli) Logica. Lugd. 1622, fol.

Velsius (Justus) ou *Welsens*, Disputatio de universalibus.

Le même, Tabulæ in Aristotelis topica.

Veromandui Institutionum dialecticarum lib. III. Paris. 1554, in-4º.

Villaume (P.), Practische Logik fuer junge Leute, die nicht studiren wollen. Berlin und Liban 1787, 1794. Leipz. 1819.

Le même, Populaere Logik zur Einleitung in die Schulwissenschaft. Hamb. und Mainz. 1805.

Viottus (Barthol.) De demonstratione lib. v. Paris. 1560.

Vives (Lud.) Opp. Basil. 1555 et

Le même, De disputatione.

Le même, Anfuhrung zu der Weiszheit. (trad.) Wolffenb. 1656.

Vladeraccus (Christ.) Epitome dialectices Hunnæi, Sylvæ Ducis. 159...

Vossius (J. G.) De logices et rhetoricæ natura et constitutione lib. II. Hagæ 1658, in-4º.

W.

Wagner (L. H.), Grundriss der reinen und allg. Logik. Hof. 1806.

Walch (J. G.), Einleitung in die Philos. Leipz. 1727.

Le même, Philos. Lexikon. Leipz. 1726, 4e aufl. 1775.

Walch (J. J.) Commentatio de philosophiis veterum eristicis.

Walchii (J. Geor.), Voy. p. 289, n° 3.

Walchii (J. Gottl.) Novum logicæ systema, methodo Euclidea in usum auditorum compositum. Jenæ 1766.

Walker's (J.) Familiar commentary on Logik. London.

Wandelincourt (Hubert), Cours d'éducation pour les écoles du second âge, t. 1, la Logique du second âge, ou l'art de bien diriger ses idées. Paris. 1801.

Watts (Isaac) Logic, or the right use of reason in the enquiry ofter truth, with a variety of rules to quard against error in the affaire of religion and human life as well as in the sciences. Lond. 1736, 1802.

Le même, Supplement to his treatise of Logik, etc. Lond. 1741, 1804, 1825.

Weber (Jos.) Logica in usum eorum qui eidem student edita. Landshuti 1799.

Weise (F. C.), Architectonik aller menschlichen Erkenntnisse. Heidelb. 1820, in-fol.

Weisens (Christ.) Curieuse Fragen ueber die Logica. Leipz. 1676.

Weishaupt (A.), Ueber die Gruende und die Gewiszheit der menschl. Erkenntniss, zur pruefung von Kant's Kritik der reinen Vernunft. Nuernb. 1788.

Weiss (Chr.), Lehrbuch der Logik. Leipz. 1801.

Wendel (J. A.), Skeptische Logik. Coburg und Leipz. 1819.

Wendelini (*M. F.*) Logicæ institutiones. Amst. 1640.

Wenzel (*G. J.*), Canonik der Verstandes und der Vernunft, ein commentar ueber Kant's Logik. Perth. 1810.

Werenfels (*S.*) De logomachiis eruditorum. Amst. 1716.

Wiedeburg (*Fr. Aug.*), Ueber die praetische Logik und die Verbindung der Logik und Rhetorik. Helmst. 1789.

Wild (*J. C. D.*), Logik und allg. Encyclop. der Wissensch. Hannov. und Goett. 1802, 1810.

Wittichii (*Chr.*) Anti-Spinoza. Amst. 1690.

Wolf (*Chr.*), Vernuenftige Gedenken von den Kraeften des menschlichen Verstandes. Halle 1710.

Le même, Philosophia rationalis sive logica methodo scientifica pertractata. Francof. et Lips. 1728 et 1740, in-4º.

Le même, Philosophia Wolfiana contracta logicam...... complect. edita a Stiebritz. Halæ 1744, 1745, 2 vol. in-4º.

Le même, Logique, ou réflexions sur les forces de l'entendement humain. Voy. *Deschamps*.

Woetzel (*J. K.*), Versuch der einzig zweckmaessigen Prapaedeutik der Vernunftlehre oder Logik, etc. Leipz. 1802.

Wynpersse (*Dion. van de*), Institutiones logicæ. Groningæ 1767. Lugd. Bat. 1779.

Wyssii (Casp.) Logica. Genevæ 1609.

Wyttenbach (Dan.), Præcepta philosophiæ logicæ. Amst. 1781. Edit. nov. recog. a J. G. E. Maas, Halæ et Berolini 1820.

Y.

Yzendoorn (Gisb. ab), Compendium logicæ peripateticæ. 1640.

Le même, Logica peripatetica. 1645 et 1652, in-4°.

Z.

Zabarellæ (Jacob.) Opera logica. Basil. 1594. Colon. 1597, in-4°.

Le même, Tabulæ logicæ in quibus summa cum facilitate bruta omnia explicantur, quæ ab aliis prolixe declarari solent. Patavii 1580, in-fol.

Zeidleri Introductio in Aristot. de veterum variis disserendi generibus, de genuino docendi modo. Dreiri sapientia prima. Friedemanni Bechmanni institutiones logicæ. Gothæ 1684.

Le même, De modo solvendi sophismata. Rudolst. 1679.

Zeisoldi (J.) Collegium logicum denuo edidit Ant. Chrst. Schubart. Jenæ 1660.

ANONYMI.

Ars rationis, videlicet logica, ad mentem nominalium. Oxon 1673.

Artis argumentandi principia, in usum stud. juvent. concinnata. Lugd. Batav. 1741.

Commentaria in quatuor libros novæ logicæ secundum processus bursæ Laurentianæ Coloniensis ubi doctrina Alberti magni, etc. Colon. 1494, fol.

Dialogus de dialectica Aristotelis a Melanchtone et Ramo exposita. Francof. 1600.

Essai sur les préjugés, où l'on traite principalement de la nature et de l'influence des préjugés philos. Neuchâtel 1796. (Attrib. à J. *Trembley*, gènevois.)

Essai sur la psychologie, comprenant la théorie du raisonnement et du langage, l'ontologie, l'esthétique et la dicéosyne. Paris 1826.

Grammatica rationis sive institutiones logicæ. Oxonii 1685.

Institutio logicæ ad communes usus accommodata. 1687, fol.

Institutiones phylosophicæ in novam methodum digestæ. Antissiodori 1761. 3 vol. in-12.

Institutionum philos. cursus, ad usum stud. juv. præsertimque seminariorum accommodatus. Paris. 1818.

Logica sive ars cogitandi. Adjectæ sunt adnotationes logicæ. Ultraj. 1707.

Logica, pars prima philos. ad usum seminarii Leodiensis. Leod. 1816 et 1817.

Logica sive ars cogitand. Lugd. Bat. 1682, 1694 et 1702. Amst. 1736.

Logica sive ars cogitandi, adj. sunt adnot. logicæ. Traj. ad R. 1707.

Prolegomena zur Analysis in der Philos. Gotha 1804.

Specimen artis ratiocinandi naturalis et artificialis ad Pantosophiæ principia manuducens. Hamb. 1684.

Systema logicæ Dantiscanæ. Hanov. 1618.

Système de Logique. Lausanne 1735.

Tractatus de logica in schol. philos. Lovanii dictata. Lovanii 1817. — C'est la logique de l'ancienne université.

FIN.

TABLE DES MATIÈRES.

Pages.

Dédicace.
Avertissement.

§ I. *Qu'est-ce que la Logique?* . . . . . 1 - 2
  Définition et division de cette science.

PREMIÈRE PARTIE. — L'IDÉE.

§ II. *Des idées et de leur classification.* . . 3 - 14
  Idées simples, — composées, — absolues, — relatives, — abstraites, — générales; universaux; influence de la doctrine des réalistes sur les sciences et les arts au moyen âge. Classes, genres, espèces. — Dieu ne gouverne point par des volontés générales. — Idées collectives. — Idées de choses, de mots, etc.

§ III. *Extension et compréhension des idées.* . 14 - 15
  L'extension et la compréhension d'une idée sont en raison inverse l'une de l'autre.

SECONDE PARTIE. — LE JUGEMENT.

§ IV. *Du jugement et de sa forme.* . . . . 16 - 25

Catégories d'Aristote, — de Kant. — Quantité, qualité, relation, modalité. — Réduction proposée par M. Cousin (voy. aussi l'*Histoire de la logique*, p. 344). — Quantités extensive et intensive.

§ V. *Des jugemens qui répondent aux catégories.* 25 - 28

Le jugement de quantité ne porte que sur le sujet, celui de qualité sur l'attribut; la liaison du sujet et de l'attribut n'est consommée que dans le jugement de relation, et le degré de certitude de cette liaison est enfin affirmé dans celui de modalité.

§ VI. *Jugemens analytiques et synthétiques.* . 28 - 30

Les jugemens analytiques sont tous *a priori*. — Jugemens synthétiques *a priori* et *a posteriori*.

§ VII. *Que toute idée est, en dernière analyse, un jugement indéterminée.* . . . . 30 - 32

§ VIII. *De la proposition.* . . . . 32 - 35

Forme de la proposition. — Ordre chronologique et ordre logique des idées. — Caractère essentiel de la langue française.

§ IX. *Différentes espèces de propositions et leurs lois* . . . . 35 - 44

Propositions individuelles, — particulières, — générales, — affirmatives, — négatives, — simples, — composées, — absolues, — modales, — hypothétiques ou conditionnelles. — Axiome, théorème, corollaire, lemme, scolie, etc.

§ X.　*Des moyens de vérification applicables aux propositions* . . . . 44 - 56

　　Division, partition. — Définition. — Faut-il toujours débuter par des définitions? — En mathématiques les définitions sont des principes. — Si les définitions sont arbitraires. — Qualités d'une bonne définition. — Conversion. — Traduction.

§ XI.　*Opposition des propositions.* . . . . . 56 - 58

　　Propositions contradictoires, — contraires, — subalternes, — sous-contraires.

TROISIÈME PARTIE. — LE RAISONNEMENT OU LA DIALECTIQUE.

§ XII.　*De l'absolu.* . . . . 59 - 62

　　Élémens de la raison : — Idées psychologique, — cosmologique, — théologique.

§ XIII.　*Du syllogisme.* . . . . 62 - 64

　　Ce que c'est que raisonner. — La validité de tout raisonnement repose sur l'absolu. — Principes mathématiques du syllogisme.

§ XIV.　*Du syllogisme catégorique* . . . . . 64 - 81

　　Ses lois organiques. — Syllogismes vicieux, exemples tirés des anciens. — Modes et figures des syllogismes. — Syllogismes composés de propositions complexes.

§ XV. *Du syllogisme conditionnel, hypothétique ou conjonctif.* . . . . 81 - 83

§ XVI. *Du syllogisme disjonctif.* . . . . . 83 - 86

§ XVII. *De quelques transformations du syllogisme.* 87-105

Enthymème.— Exemple.— Induction. — Epichérême. — Sorite. — Dilemme. — Syllogisme dont la conclusion est conditionnelle. — Prosyllogismes. — Episyllogismes.

§ XVIII. *Des sophismes, des paralogismes et des paradoxes* 105-143

Différence du sophisme et du paralogisme. — Sophismes dans les mots : — L'équivoque, — l'ambiguité, — le sens divisé, — le sens composé, — l'abus des mots diversement accentués,—l'altération des termes. — Sophismes dans les choses : juger d'une chose par ce qui ne lui convient qu'accidentellement, — passer de ce qui est vrai à certains égards, à ce qui est vrai absolument.—*Qui-pro-quo.*— Inférer d'un antécédent ce qui n'en est pas la conséquence. — Pétition de principe. — Application à la possibilité de l'institution humaine du langage. — Prendre pour cause ce qui n'est pas cause. — Abus de l'interrogation. — Fausses suppositions. — Induction défectueuse. — Passer du possible spéculatif à la réalité pratique. — Argumens *ad verecundiam, ad igno-*

rantiam, ad hominem, ad judicium. — Démontrer ce qui est indémontrable. — Sophismes du cœur et de l'esprit. — Paradoxes. — Quelques mots sur les sophistes. — Extravagances modernes qui n'ont pas même le mérite d'être neuves.

§ XIX. *Topique, ou des moyens de la preuve dans le raisonnement.* 144-167

Preuve et démonstration : leur différence.

Sources de la preuve. — Lieux communs, internes, externes : — La définition. — Les termes univoques. — La liaison dans le sens des mots. — Le rapport du genre avec les espèces. — Le rapport des espèces entre elles. — La similitude. — La différence. — Les contraires. — Les adjoints. — Les antécédens et les conséquens. — L'incompatibilité des idées. — Les causes. — Lois logiques relatives aux lieux communs. — Autres divisions des lieux communs.

§ XX. *De l'appréciation des probabilités.* . . 167-173

Probabilité *logique* et *mathématique*. — Sur quel principe repose l'appréciation des probabilités. — Divers degrés de probabilité. — Chances. — Mérite des sciences modernes. — Appréciation rigoureuse des probabilités. — Qu'il ne faut pas s'exagérer la puissance du calcul. — Probabilité *simple* et *composée*. — Preuves *a priori* et *a posteriori*. — Auteurs à consulter sur cette matière. — Syllogismes *dialectique* et *démonstratif*.

§ XXI. *Des objections contre les règles de la logique* 173-188

Ces objections remontent à une haute antiquité. — Inconséquence des sensualistes et des spiritualistes. — On a jugé les règles logiques moins en elles-mêmes que par l'abus qu'on en a fait. — Sentiment des péripatéticiens, des stoïciens, des épicuriens et des sceptiques. — Le *diallèle*. — Qu'il y a une généralisation non réflexive. — Sextus Empiricus, Chr. Thomasius, Locke, Leibnitz, Hobbes, Descartes. — Différence de la langue du philosophe et de celle du mathématicien.

QUATRIÈME PARTIE. — LA MÉTHODE
OU MÉTHODOLOGIE.

§ XXII. *Ce que c'est que la méthode en général, et son origine* 189-191

Méthode d'invention, méthode de doctrine. — Importance des méthodes; leur imperfection dans des sciences déjà fort avancées. — Importance de la méthode philosophique.

§ XXIII. *De la vérité. — Élémens subjectifs et objectifs de la connaissance.* 191-201

Ce que c'est que la vérité. — Double élément de toute connaissance. — Folie des sceptiques et des idéalistes. — Qu'il y a de la réalité dans nos connaissances et qu'on ne doit pas admettre deux vérités, l'une *subjective* et l'autre *objective;* mais une seule, résultant de l'accord parfait de ces deux élémens. — Comment on peut les distinguer.

§ XXIV. *Sources de la certitude : — Première source. La conscience* 201-203

Évidence *intuitive* et *discursive.* — Évidence au suprême degré donnée par le sens intime. — Absurdité de ceux qui n'admettent pas d'autre témoignage.

§ XXV. *Deuxième source. Principes* a priori, *ou vérités du sens commun* 204-205

Ce qu'il faut entendre par *le sens commun.* — Caractère des vérités dont il est la source.

§ XXVI. *Troisième source. L'Analogie.* . . 205-208

L'analogie ne saurait fonder de certitude *apodictique.* — Découvertes qu'on lui doit.

§ XXVII. *Quatrième source. Le témoignage des sens.* 208-210

Comment nos sens deviennent moyens de parvenir à la vérité. — Les sens ne nous trompent pas. — Qu'il y a une autre observation que l'observation externe, ainsi qu'il a déjà été dit au § XVIII.

§ XXVIII. *Cinquième source. L'autorité* 210-223

Des témoignages. — Ce qui les infirme ou leur donne du poids. — Du témoignage traditionnel. — Des faits transmis par écrit ou par des monumens. — Faits que les meilleurs témoignages ne sauraient établir. — Témoignages contemporains invoqués par l'histoire. — De l'autorité. — De la foi. — Marche de l'esprit humain.

§ XXIX. *Quelques aphorismes donnés comme criterium de la vérité.* 223-234

Loi d'exclusion de milieu. — Principe de contradiction. — Loi de convenance ou d'identité. — Principe de la raison suffisante. — Loi de continuité. — Examen du système de Leibnitz, que toute évidence mathématique se résout dans la perception de l'identité. — Ce sont les définitions et non pas les axiomes qui servent de principes de raisonnement dans les mathématiques pures. — Examen de la doctrine de Condillac, qui enseigne que toute évidence consiste uniquement dans l'identité. — Si l'on raisonne avec des propositions de même qu'avec des équations. — Opinion de Hobbes. — Comment on peut admettre celle de Condillac.

§ XXX. *Des erreurs et de leurs rémèdes.* . . . 234-240

Connaissance fausse sous le rapport de la *forme* et de la *matière*. — A quoi se réduisent toutes nos erreurs. — D'où elles naissent. — Erreurs générales, particulières, originaires, dérivées. — Remèdes de nos erreurs, préservatifs, curatifs. — Si l'erreur peut être utile aux hommes.

§ XXXI. *Méthodes générales.* — *L'analyse et la synthèse* 241-248

Préoccupation des philosophes qui veulent ramener tous les procédés de l'esprit humain à l'analyse.

§ XXXII. *Méthodes particulières :* — *méthode apagogique;* — *méthode des essais;* — *méthode hypothétique, et, par occasion, de l'art de déchiffrer;* — *quelques mots sur la méthode des mathématiciens.* . 249-268

§ XXXIII. *De l'observation* 268-275

Différence de l'observation et de l'expérience proprement dite. — L'observateur avant l'observation. — L'observateur pendant l'acte de l'observation. — Exemple de ce que peut l'habitude d'observer.

§ XXXIV. *De la généralisation.* — *Méthode historique* 275-282

Ce que c'est qu'une *loi*. — Recherche des lois qui président aux destinées humaines, philosophie de l'histoire. — Danger des généralisations précipitées et vagues. — Utilité des généralisations légitimes.

§ XXXV. *Des systèmes* 283-286

 Unité d'un système. — Sa forme et sa matière. — Ses parties nécessaires et accidentelles; constitutives et dérivées. — Les dérivées se distinguent en coordonnées et en subordonnées. — Ce qui est requis pour construire un système. — Qualités d'un système. — Les nomenclatures. — Les classifications, à proprement parler, ne sont pas arbitraires. — D'où dépend l'importance des rapports qui leur servent de base.

§ XXXVI. *La méthode réduite à douze règles principales.* 286-288

PRÉCIS DE L'HISTOIRE DE LA LOGIQUE.

Sources 289
I.   Écoles d'Ionie et d'Italie. 290
II.   Zénon d'Élée 293
III.   Les sophistes 294
IV.   Socrate 295
V.   Cyniques 296
VI.   Cyrénaïques. . . . . *Ib.*
VII.   Pyrrhonisme . . . . *Ib.*
VIII.   École de Mégare 298
IX.   Platon et la première Académie. . . . . *Ib.*
X.   Aristote et le Lycée 299

XI.	Épicure	300
XII.	Zénon et les Stoïciens.	301
XIII.	Nouvelle Académie	302
XIV.	Les Romains.	303
XV.	Continuation de la philosophie chez les Grecs.	*Ib.*
XVI.	Le christianisme	304
XVII.	Scholastique.	305
XVIII.	Renaissance des lettres	308
XIX.	Depuis François Bacon jusqu'à Emmanuel Kant.	313
XX.	Depuis Kant jusqu'à présent.	325

BIBLIOTHÈQUE LOGIQUE, OU LITTÉRATURE DE CETTE SCIENCE. 350

FIN DE LA TABLE.

ERRATA.

PSYCHOLOGIE. Page 20, n° 1, lig. 5, *ebend*, lisez *Goett.*

Page 217, col. C, ligne 4, placer la révocation de l'édit de Nantes sous l'année 1685.

LOGIQUE. Paragraphe 119, substituer l'exemple de traduction à celui de conversion et réciproquement.

Paragraphe 234, pag. 141, lig. 2 et 3, *l'affirmative*, ajoutez *pour la première partie de la question.*

Page 140, lig. 18 et 19, *qui rompt ouvertement en visière avec les données habituelles de la raison*, lisez *qui rompt en visière aux données. . . . .*

www.ingramcontent.com/pod-product-compliance
Lightning Source LLC
Chambersburg PA
CBHW070926230426
43666CB00011B/2335